古代氏族の研究⑬

天皇氏族

天孫族の来た道

宝賀寿男

青垣出版

目次

第二部　天孫族の源流探索

装幀／松田晴夫（クリエイティブ・コンセプト）
カバーバック写真／飯盛山（福岡県）
見返し写真／玄海灘（唐津湾）の夕暮れ

はじめに―本書の目的

わが国の上古史上に現れる雄族のうち代表的なものを十二氏取り上げて、これを紀年表示にもつながる干支、すなわち十干十二支に敢えてなぞらえれば、この「古代氏族の研究」シリーズにあっては、「十干」が上古中国神話に見える帝堯の時代の十個の太陽（九個が射落とされ一個のみ残ったと伝える）とか殷王朝の帝王の名につながる。「十二支」のほうが、古代日本では和珥氏から紀氏、尾張氏までの国内系諸氏族合計十一氏と渡来系氏族（秦氏・漢氏）を加えた合計十二、三氏にほぼ相当するものともなろう。

もちろん、これはきわめて粗っぽい比喩的な言い方であり、根っこの主要十二氏に何を数えるのかという問題もあるし（大化前代の蘇我氏も重要だが、ここでは応神王統の成立頃までの時期を主に考えて選択した）、百済系・新羅系など朝鮮半島に直接出自する諸氏族もまた重要であって、この辺をを軽視するつもりは毛頭ない。

本シリーズで十三冊目となる本書では、大和王権の根幹をなす天皇氏族を、とくにその遠い祖系まで遡って取り上げ、広く同族諸氏と併せて研究をする。その「遠い祖系」の源流が外地の朝鮮半島・中国大陸にまで及ぶのであれば、遥かなそこらまで遡ってでも史実原型の究明をしていきたい。

とはいえ、この分野までを丁寧に探究、記述すれば著作は大部なものとなるから、本書の一部は基本的な概観、エッセンスということになろう。その意味で、これまでのシリーズ既刊本と色彩が異なる内容を本書は含んでいる。天皇家の大遠祖の大陸への遥かな遡及は、これまでの経緯を考えると、いわば途轍もない試みをしようとするものにもなろう。学界などで総じて論説否定の傾向が強い「騎馬民族説」を頭から鼓吹したり支持するつもりは毛頭ないが、こうした外地からの種族渡来の存否という観点からの検討は、上古史研究には是非とも必要だと言うことでもある。

天皇家の遠祖の問題に関して、江戸後期・明治以来、いろいろな主張・提唱がなされてきた。それらに対して、様々なイデオロギー（国体護持・皇室尊厳、植民地統治・大陸侵攻、人種主義・民族主義、あるいは皇国史観、自虐史観、反植民地主義など）のもとで、それぞれの反対陣営からは激烈な反対論（ともすれば、感情論的でもあるが）が数多く展開されてもきた。第二次大戦の敗戦とその後の「騎馬民族説」の提唱・議論により、天皇家の遠い祖先に関する様々なタブーは一応、解かれたものの、別途のタブーも現在でもまだ多く残るようである。この問題の取組みは、いわば上古史上の様々なタブーに対して、改めて正面から冷静に挑もうとするものでもある。

だからこそ、先入観・主観を厳しく排除したうえで、合理的で総合的な検討が必要とされる（用語も含めて、主観的・心情的な表現・論拠を極力排し、ファンタジー・イデオロギー・プロパガンダの類から極力離れることが必要だが、これを理由に伝承・神話や祭祀・習俗関係の検討を排しては却って真相究明から遠のくことになる。こうした留意も十分に必要である）。

戦後歴史学にあっては、考古学知見の優先の所説が多い傾向（そして、ともすれば文献史料を無視しがちにもなる）にあるが、年代と地理についての把握の問題点を踏まえつつも、この関係の各種知見も十分考慮したい。東アジアという広域的な視点をふくめ、多くの様々な視点からの総合的な考察につとめ、遠い上古について史実の原型探索にあたることにしたい。これが、本シリーズの特徴の一つでもある。

さて、わが国の「天皇家は姓氏・苗字をもたない」という認識が一般にある。これは、氏姓を賜与される臣下としての身分を離脱していることを示すものとみられてきた（姓を持たないことで、「臣下と区別される特別な地位」を確保という意味）。しかし、国内向けに「公式的な姓氏」を名乗らなかっただけの話である。中国王朝など対外的には、氏をもたないではおられず、現実に上古代の皇室（大王家）が氏をもたなかったというわけでもない。とくに、外地からの祖先渡来が事実であったのであれば、この王統一族に氏姓が無いのはありえない。応神天皇以降の天皇で言えば、実質は息長氏族の出となる（舒明天皇の和風諡号「息長足日広額尊」はその一つの現れかもしれない）。

七世紀前半に成立した『隋書』東夷伝に「倭王の姓は阿毎」と見えるが（阿毎は「天」の意とみられている。『新唐書』東夷伝でも、「其王姓阿毎氏」と記載される）、これは「氏」（ウヂ）だとそのままみられがたい。中国南朝に遣使した倭五王たちも、例えば「安東将軍倭国王倭済」と「倭姓」で見えるが、これも、同様に海外に対する、王統のウヂの便宜的な表示であろう。応神より前の神武～仲哀の初期段階の諸天皇系統については、その氏の関係はなんら記録に残らず、その意味で氏の名が不明と言うしかない。さらに遠く源流に遡って（列島渡来前の時期に）、この一族が氏をもたなかったのかというと、朝鮮半島や中国本土の事例から見て、決してそうではないと思われる。

だから、本書の「天皇氏」という表現には多少無理があることは認識する。そうだとしても、古代から続く天皇家とその同族諸氏を含む広い同族グループを、遠い祖系まで含めて総括的に捉え研究するという事情を踏まえる表現のものである。

仮に「天皇氏族」（広義ではその先祖も含んで「天孫族」と同義、狭義では天照大神以降に分出した皇別諸氏を含む天皇家同族の総体、として本書ではこの語を用いる）と表現しても、これは執筆上の定義の問題であり、一応、許容の範囲内であろう。先には、東洋史学者の三上次男氏が一九五〇年の論考「日本国家＝文化の起源に関する二つの立場」で「天皇族」という表記を既に行った例もある（江上波夫氏にも「天皇氏」の表現があり、岡正雄氏は「皇室族」とする。なお、中国三皇の「天皇氏」は、道教及び中国神話における神そのもので、天地人三才である天皇・地皇・人皇の一つであり、夏王朝の竜蛇信仰を反映してか、ほぼ蛇体の人で描かれており、この中国神話的なものとも勿論、異なる）。学界でもこうした事情だから、「天皇氏」は歴史辞書の見出しにもなっていない。

この関係の上古検討におけるアプローチには、一般に、①記紀神話を含め上古史史料、②考古学的知見（古墳などの遺跡、出土品などの考古遺物等）、③中国・朝鮮史の関係史料、という三方面があるとされるが、本書では、このほか、④日本のみならず、中国・朝鮮半島における各種の系譜、祭祀・習俗関係史料や具体的な年代論・地理事情なども、適宜、加味して対応する。平安前期に成立の『新撰姓氏録』に見える系譜記事は、詳細な記事や具体的な系譜は失われてしまい、現存のものは総じて断片的である。そのため、この方面にはあまり使用されてこなかったし、中国史書、『三国史記』等や好太王碑文に見える各種の系譜記事、中国・朝鮮の族譜などでも同様である。

これら系譜などの史料が後世に造作されたものにすぎないという認識もあるが、この辺は十分に内容を精査のうえ用いることは当然、必要である。これらに加え、世には殆ど知られず、私自身も『古代氏族系譜集成』編纂後に知った『朝鮮歴代系図』という著作が明治の研究者鈴木真年翁にあり、これら多くの系図関係の記事や、東アジア各地の習俗・祭祀関係記事も十分に検討のうえ、総合的相関的に考えていく。

二部構成としての記事からなる本書は、これまでの本シリーズの諸書と少し毛色が変わっている。まず、天孫氏族関係について氏族諸氏の特徴的な面を中心に、これまでの本シリーズの記事の補完や総括を行う。それと共に、次ぎに、検討視野を**東北アジア地方**（朝鮮半島及び中国の東北三省やロシア・沿海地方の一部までも包括する地域の表現として、一に「満鮮地方」とも使用される。だから、一国の史観にはとらわれないが、「満」は主に遼寧省など東北三省の南部地域やロシアの沿海地方も念頭におくなど）はもちろんのこと、中国本土など東アジアの範囲まで広げて、天皇氏族の遠祖系・源流の探究を行うこととしたい。そのなかでは、ツングース、扶余の流れを通じるという百済王家・高句麗王家など朝鮮半島の諸王家まで関連して取り上げることにもなった。その検討対象は主に五世紀代までの上古としているので、中世～現代に関して言及するものではまったくないことにご留意いただきたい。

なお、本書で取り扱う問題はきわめて幅広いことから、紙数の制約で、問題点によっては、要点を簡略な結論的なものを示さざるをえないものもあることもお断りしたい（その場合には、既刊拙著や本古代氏族シリーズなど、説明過程が分かるものも示すようにしたい）。

〈**備考**〉　古代天皇家と広く同族の系譜をもつ氏族として、本シリーズではこれまで②葛城氏、③阿倍氏、⑥息長氏及び⑩紀氏、を取り上げてきた。それでもまだ、鴨氏族・服部氏族などの少彦名神系の諸氏族、三上氏族・出雲氏族などの天目一箇神系の諸氏族については、十分な取上げ方とはなっていない。もっとも、少彦名神系諸氏は、②葛城氏及び⑨吉備氏に関連して一部触れており、天目一箇神系諸氏のほうはその一部が⑧物部氏に関連して多少触れてきた。

応神・仁徳朝以降にあらわれる古代の「大臣」輩出の大族諸氏については、その祖系は②葛城氏・⑩紀氏及び⑥息長氏で適宜、触れたが、これら諸氏が大和朝廷内で大きく現れてからの動向は、私としては総じて関心があまり強くない。大化前代の大族・蘇我氏については、阿倍・息長・紀の諸氏において、とくに問題となる出自・系譜関係には触れた（加藤謙吉氏などの説にも見られるように、蘇我氏は決して渡来系氏族ではないことに十分に留意。本書でも若干は後述するし、別途の公刊も考える）。

こうして見ると、地方の雄族たる⑨吉備氏及び⑫尾張氏については既に見ており、毛野氏、出雲氏や、渡来系のうち朝鮮系の百済氏・高麗氏まで取り上げれば、我が国上古史上の雄族は一応、見終えることになる。出雲氏族の起源については、別途、拙著『越と出雲の夜明け』で記述しており、⑧物部氏においても関連して触れたが、近江の三上氏や百済・高句麗については、別途、拙著『神功皇后と天日矛の伝承』で若干の記述をした。毛野氏については、拙稿の掲載（『姓氏と家紋』誌第五三～五五号）もあるが、別途で書いてきているものがあり、これは何らかの形での発表を考えることとしたい。

第一部　天皇氏族の総覧

一　序説

天皇氏族の概観

本書で記述する「天皇氏族」、すなわち天皇家及び同族諸氏と、その遠い祖系までを、「広義の意での天孫族」と捉えて、これについて、一応の概観をまず示しておく。この関係では、本シリーズの他の古代氏族諸氏で書いたような記事を、諸学究が各種の歴史辞典で記述しているわけでもないから、本書を読んでいくうえでの、一つの道しるべとか、概覧的なものとかいうものにならざるをえない。これを、最初にお断りしておきたい。

「天皇氏族」と本書でいう古代氏族諸氏は、大和王権を構成し主要部門を担った古代氏族に限定して取り上げれば、概括的には三つの流れとなる。いずれも天照大神（天活玉《いくたま》命、伊久魂神、生国魂神という異名をもつ「男神」であることに注意）の諸子の後裔であり、太陽祭祀をもった。それらが、

①高天原から「天孫降臨」した瓊瓊《にに》杵《ぎ》命の流れ、

②先に高天原から派遣されて天降った天若日子（天津彦根命）の子の天目一箇命の流れ、

③天目一箇命の兄弟の少彦名神の流れ、

である。『新撰姓氏録』（以下、たんに『姓氏録』ともいう）に掲載の諸氏を見ても、系譜仮冒があるいくつかの諸氏を除くと、古代の天皇氏族諸氏は、これら三流のどれかに収まる。もちろん、天孫族の日本列島における初期段階での支流分岐がほかにも幾つかあったろうが、顕著なものとしては後世までは残らなかった。このことを、私の長年の検討のなかでも何度か認識してきた。

これら天皇氏族諸氏について男系（推定の実系）の流れを示すと、概略は次のようになる。なお、神代における諸祖神が、後裔諸氏と地域分布に応じて複数の異なる名をもって伝えられたことに十分な留意を要する（同一神が複数の名で伝えられたということで、中世的な歴史感覚で受けとめて、時間・場所及び名前を予断的一義的に把握してはならない。氏族によっては、同じ神でも遠祖神の名を異なる形で別個に伝えており、もちろん各々の神名はその現実の活動当時の実名ではない。なお、書紀紀年も現在の普通年ではなく、神武～仁徳紀は四倍年暦、履中～允恭紀頃は二倍年暦、少なくとも雄略紀以降は普通の一倍年暦〔元嘉暦〕による記載であり、こうした実体的な紀年の把握という基礎に誤りがあるから、応神ないしそれ以前を架空造作の歴史と勘違いされてきた。最近、数学者の谷崎俊之氏〔当時、大阪市大教授〕が、『記・紀』の紀年記事を分

析して、「倭地の原始暦は四倍年暦」だとする研究を発表されている）。

①**天孫・瓊瓊杵命**の流れ……天孫族の本拠、高天原（後述）からの支分国となる筑前怡土の王家の流れをこの系統の嫡統にするが、これら北九州にあった王族の流れは、その本宗筋・一族ともども本拠の九州では後に消息不明となる。そのため、残るは、主に畿内で展開した神武以降の皇統とその分岐諸氏（多氏、阿倍氏、葛城氏、榛原氏や、丹比氏以下の真人姓諸氏など）、新羅渡航を伝える神武の兄・稲飯命の後と称する朴氏（この流れは、『姓氏録』右京皇別に新良貴が掲載）とある。

本来は異系統の猪使氏、和珥氏、吉備氏、丹波（日下部）氏、毛野氏などが系譜仮冒により真の皇統のなかに入り混み、記紀や『姓氏録』ではこれら諸氏も皇別とされる。尾張氏などの異系統も、天孫族の神々の系譜に入れ混まれる。本来は異系統のこれら諸氏は、殆どが上古代の后妃を輩出した海神族の流れ（筑紫の大己貴神の末裔）であった。

②**鍛冶神・天目一箇命**の流れ……中央の物部氏・鏡作氏などのほか、出雲国造・土師氏・武蔵国造・額田部氏など（これらは主に「天穂日命」の後裔と伝える）や、三上氏・凡河内国造・山背国造・穴門国造・蒲生稲置など（主に「天津彦根命」の後裔と伝える）がある。地方の諸国造などでも大族諸氏が多く、それぞれに鉄鍛冶部族の色彩が濃い。次の③とももども、月星祭祀も併せ持つ面がある。

③**知恵神・少彦名神**の流れ……宇佐国造・息長氏系の諸族（蘇我氏、紀氏なども含む）や阿蘇・火・筑紫などの九州の諸国造、忌部氏・玉作氏、服部・長幡部・倭文・麻績など繊維衣服関係諸氏、鴨

県主・三野前国造、葛城国造、伊豆国造、弓削氏・矢作氏、鳥取氏・三島県主、荒木田神主、巻向神主などがある。管掌・職掌の範囲が物品製造から祭祀関係まで幅広く、中小氏族までも種々雑多に含む。しかも遠祖神の名をまちまちに伝えており、そのうちの一部の諸氏では、他氏の系統に系譜を仮冒して入り込むというきわめて複雑な行動をとるものもある。

天孫族の特徴としては、上記の諸祖神のほか、熊野大神・五十猛神（八幡神）・角凝魂命・高皇産霊尊（タカミムスビ。高木神、高魂命ともいう）・生国魂神（天照大神に相当する男神）などを祖神の名として奉斎した。職掌や習俗、トーテミズム（トーテム〔祖霊の動植物〕の崇拝）に関係しては、次のような動植物や地名、技術に深いつながりがあった。

鳥（とくに白鳥・鷹・鷲・烏）や熊・猪などの動物、粟・麻などの植物。安（夜須、安芸、安濃）・高（多賀）・三野（美濃）・鏡山・鷹取山（高取山）・嵩山《だけさん》（嶽山、御岳山）などの地名。太陽神（日置部）や巨石・石神の祭祀・信仰。温泉神、医薬神。鉄鍛冶・製塩や土器・鏡・玉、剣・弓矢等の武具、衣類の製作。

関連して、日本列島の上古代における他の主要二種族の特徴的な点をあげておくが、概ねつぎのような要素をもつものといえよう。

海神族……大己貴神・大物主神や宗像神、三海神の奉斎。稲・葦などの植物。竜蛇などの動物。長（那賀、長田）・葦（葦田）・志賀・竜王山などの地名。虚空蔵信仰。青銅・銅鐸・銅矛の製作。海部・磯部・猪養部。なお、水神（罔象女神。保食神でもある）の祭祀はこの系統に多いが、女系遠祖としてでは天孫族系等にも見られる。

山祇族……特徴は必ずしも明確ではない面もあるが、火神迦具土《かぐつち》（火産霊神、香都知命）、九頭竜神、丹生神・埴山姫を奉斎。犬狼信仰・月神信仰（北斗星〔北辰〕信仰、妙見信仰も含む）が見られ、山部・久米部・佐伯部・丸子部などがある。なお、巨石信仰は、天孫族に顕著だが、日本列島ではどの種族にも多かれ少なかれ見られるので、要注意。

これら主要三種族を基礎に、古代日本人は構成されたが、神武天皇以前の初期天孫族の神統譜段階でも、妻女は海神族及び山祇族から迎えられた事情にあるから、母方の祭祀・習俗の影響も天皇家一族にあったことに留意される。これにかぎらず、現代日本人にあっても、上古からの様々な混融合過程を経て形成されてきており、本書で「日本人の起源論」をすべて取り上げるつもりではない旨もお断りする。

天皇氏族関係の系図史料や研究

一般には、室町前期に成立の『本朝皇胤紹運録』が天皇家系図の代表にあげられるが、総じて簡略な記事であり、とくに古代部分については不完全さや混乱を免れない。そのほかの各種の天皇家系譜も世に通行するものは、ほぼ同様である。管見に入ったなかでは、この関係の最も詳細な系図は、明治期の中田憲信編著の『皇胤志』である。とはいえ、同書には疑問な個所ももちろん多々あるので、個別個所にはそれぞれ十分な注意を要する。

天照大神より前の祖系について、遠祖に遡りうる現伝史料では、『斎部宿祢本系帳』（安房の下立松原社祠官の小野氏原蔵）などの系図類や『新撰姓氏録』、『旧事本紀』の記事くらいである。忌部や斎部宿祢氏は天太玉命の流れだと一般にされるが、これと同系統の少彦名神の後裔たる備前の田使首氏（葛城国造族で、『百家系図』巻四七所収の「難波系図」）や摂津の三島県主（『百家系図』巻三七所収の「三嶋系図」）、鳥取部連・額田部宿祢・倭文連（ともに『姓氏録』の記事）の系譜にも、角凝魂命や伊狭布魂命（高魂命に同神で、伊佐布魂、五十狭経魂とも書く）など天照大神より前の代の神々が登場する。

しかも、これらの記事が、実は天照大神より前の皇統関係系譜記事だ、とはこれまで必ずしも認識されなかった。一般には、「天照大神」の存在自体が神話として簡単に否定される傾向が強い。これらと相まって、現在までのところ、天照大神より前の天孫族の具体的な歴代や系譜についての研究・見解は、管見に入っていない。中世以降の天皇家関係の系図類は、宮内庁書陵部などにかなり多く所蔵されるが、総じて言えば詳細なもの、特徴的なものはなく、ほぼ同様な内容なので、ここでは省略する。

天皇氏族・天皇家や個別の天皇に関係する諸研究・諸論については、古代・中世に限ってもきわめて多く、ここでは基本的に省略し（本論では必要に応じて取り上げるが）、まずこのことをお断りする。戦後の古代史研究が、津田学説の影響もあって、応神天皇ないし崇神天皇より前の記紀等の史料をいわば抹殺してきたから、天皇氏族の遠祖に関する研究は、騎馬民族説絡み（後述）の以外ではほとんどなされず、めぼしい内容のものがなかった事情もある。

なお、本書で検討して若干、触れることでもあり、皇室から初期に分岐した**多氏族**の関係だけ取り上げて（『古事記』と太安万侶関係を除く）、主なものをあげておく。

そうしたものには、太田亮博士の「多臣族の研究」（『国史と系譜』第四巻二号所収。一九二七年）など、山上伊豆母氏の「オホ氏とその伝承」（『日本書紀研究』第五冊所収。一九七一年）、田中卓氏の「意富神社について」（『日本国家の成立と諸氏族』所収。一九八六年）、小野田光雄氏の「日本神話と多氏」（『日本神話と氏族』所収。一九七七年)、志田諄一氏の「小子部連」(『古代氏族の性格と伝承』所収。一九六一年)、阿久沢武史氏の「太安萬侶論」(『芸文研究』五九号所収。一九九一年)、などがある。

天孫族の祭祀や鉄についての研究では、真弓常忠氏の『日本古代祭祀と鉄』(一九八一年)及び『古代の鉄と神々』(一九八五年)があり、様々な示唆を与えてくれる。その遠祖や天日矛などを含め、日本の神話・伝承の研究については殆どを省略するが、大林太良氏らの諸著作や岡谷公二氏の『神社の起源と古代朝鮮』(二〇一三年)、出羽弘明氏の『新羅神と日本古代史』(二〇一四年)などを含め、数多い。祭祀関係では、『神道大辞典』や谷川健一氏編の『日本の神々』シリーズにも示唆深い記事があるが、あとは省略する。

主な天皇氏族諸氏に関する問題点

この関係での本書における主要な問題点を順不同であげると、次ぎのようなものとなろう。神武天皇以降の各種問題点については、基本的には拙著の下記、別書を参照されたい。

○「高天原」は現実の地か架空の天上か。それはどこにあったか、九州か朝鮮半島か。
○記紀神話とされる「国譲り」「天孫降臨」の意味するものはなにか。
○天孫降臨は現実にあったのか。現実に起きた事件なら、場所・時間はどのようなものか。
○天照大神から前の祖先系譜(神統譜)をどのように考えるか。どこまで日本列島内で祖系を遡ることができるのか。
○天孫族の淵源が遠く海外まで遡るとしたら、それはどこの地で、その裏付け証拠があるのか。更に遠祖に遡る系譜は具体的にわかるのか。

○記紀に殆ど見えない五十猛神は、天孫族とどのような関係があったか。
○天皇家には姓氏があるのか。姓氏があった場合には、それは何か。
○天照大神は現実の人か、観念的な存在ないし造作された神か。その性別は何か。素盞嗚神との関係はどうなのか（弟、夫婿、祖先その他?）。
○隼人族の首長一族は、天孫族のなかに含まれるのか。
○皇統と邪馬台国王家との系譜関係はどうなのか。女王卑弥呼はどのような位置づけか。
○なお、神武天皇の実在性、東征の意味・出発地など……この辺は、本書では概略に触れるにとどめるが、詳しくは拙著『「神武東征」の原像』『尾張氏』も参照されたい（東征伝承が六、七世紀頃に宮廷内に成立した由来譚で、純粋な説話ないし造作という説が、戦後では主流だが、これは全くの思込みであって、実在性否定論としての具体的な根拠をもたない。狭窄な視野で考え、東征伝承の時期〔ひいては暦〕や場所について様々に誤解した結果の判断ないし思想観ということである）。
また、継体天皇の系譜を天皇家とは別族ではないかと疑う見解もないではないが、これは史実原型を誤って把握したものであることは、本シリーズ『息長氏』を参照されたい。

このほか、神功皇后・武内宿祢の周辺関係者については、拙著『神功皇后と天日矛の伝承』や本シリーズ『葛城氏』『紀氏・平群氏』など、応神天皇の皇位簒奪やその系譜・一族なども『息長氏』などをご参照いただきたい。戦後の歴史学界で否定されがちな倭建命も、史実としての存在を否定されるような人物ではない。

二　天皇氏族の特徴

ここでは、天照大神や神武天皇の日本列島内における祖系を遡って探究するとともに、この天皇氏族・天孫族の様々な特徴を探り、それに関係した諸氏についても見ていく。検討すべき問題が多種多様で、それぞれが大きい問題を含むから、本書が紙数の制約のもとにあることを念頭におき、これまで検討してきた結論的なものを整理して、予めある程度示さざるをえない（このことを先ずお断りする）。

わが国天孫族の主な動向

これまで公刊してきた拙著（『「神武東征」の原像』や『息長氏』など古代氏族シリーズ）を通じて、天皇氏族の基本的な人物たる神武天皇と一族近親、臣下・関係者について、各々の原像を具体的に示してきた。それらなどを踏まえて、以下に要点を記す。

①**神武天皇などの初期天皇**：神武は、当初に居た北九州の筑前海岸部（天孫降臨伝承にいわゆる「日向」。具体的には筑前の早良・怡土両郡あたり）から、兄・彦五瀬命とともに畿内に東征を試み、紀伊の紀ノ川溯上ルートで大和侵攻に成功して、奈良盆地南部地域あたりを押さえ、大和朝廷の初代

の大王（天皇）となった。治世時期は概ね紀元一七五～一九四年の約十九年間とみられる（資料編に掲載の表「古代天皇の治世時期の推定」を参照）。この東征は、邪馬台国本体の東遷ではなく、筑前の支分国の庶子・一族関係者による小勢力の東征活動にすぎない（要は、「神武東征」という事件はあったが、それは「邪馬台国本国の東遷」ではない。当地での前途を悲観した庶子たちによる他地への分岐活動という意味）。

神武に関連して現れる随行・敵対の人々と崇神天皇関係者とを比べれば、それぞれがまったく異なっており、「神武＝崇神」という同一人物のはずがない（神武は崇神の五世代ほど前の祖先となる）。鏡を象徴とする太陽神信仰（この奉祀勢力）の中心が北部九州から畿内に移動したと認めても、それが直ちに邪馬台国東遷だとみるのは論理の飛躍である（筑後川流域と大和盆地の地名の類似も、物部氏東遷の影響のほうが強いか）。

北九州の在地には、神武東征当時はまだ邪馬台国もその怡土支分国もともに残り、その後の一世紀半ほどの期間は、北九州と畿内に各々の王権勢力が列島内に並存した（三世紀中葉頃は、畿内のほうの勢力はまだ小さいから、列島内で二強の王国が並立という構造・規模ではない）。

神武の後のいわゆる「闕史八代」の諸天皇は、実在性を否定する根拠に乏しい。邪馬台国の九州残滓勢力は四世紀中葉頃には滅ぼされたが、これは、最終的には畿内王権・景行天皇の九州巡狩に因る（従って、古田武彦氏の言う「九州王朝説」は成り立たない）。大和王権がほぼ確立した崇神天皇の時代には、日本列島のうち本州主要部を版図としたが、西側は吉備ないし安芸くらいが西限であって、その勢力は北九州にはまだ達していなかった。

神武の父は、天孫・瓊瓊杵《ににぎ》尊の子の彦火火出見《ほほでみ》尊（山幸彦）で、母は海神族首長の娘・玉依姫である。

『記・紀』に神武の父とされるウガヤフキアエズノ尊（彦波瀲《なぎさ》尊）は山幸彦嫡出の長子であって、実際には神武の嫡兄である。その子孫が怡土支分国の王家を継いでいったとみられるが、後裔の系譜や存続の詳細は不明である。

②**天照大神**：高天原を主宰する男性神であり、名を天活玉《いくたま》命（生国魂神）ともいう（論拠は様々に異なるが、山片蟠桃以降、男性神説もかなり多い。天照大神は、卑弥呼ではないし、推古天皇や持統天皇など実在者の反映でもない。後世に造作された架空の人物でもない。本書では詳説しないが、拙著『「神武東征」の原像』『息長氏』等を参照のこと）。天稚彦の親として神代紀に記される「天国玉」や、天照御魂神にも相当する（鈴木真年著の『古事記正義』）。

天照大神は天皇家の遠祖だが、決して抽象神ではなく、神武の四代祖先という具体的な生身の人間である。長子の天忍穂耳《おしほみみ》尊（天忍骨命）の嫡子が天火明命（この神は物部祖神ではないことに注意）で、この系統が本国・**高天原**（筑後川の中下流域で、久留米市の高良山麓に本拠）の邪馬台国王を継いでいった（これも後裔やその存続の詳細が不明で、大和王権側の記録には残らない。景行天皇の九州巡狩や神功皇后遠征の時の討滅対象のなかにあったものか）。

天火明命の弟が、高天原から筑前の「日向」へ天降り（移遷）した者で、これが瓊瓊杵尊である。祖先の居住地から支庶の者が分かれて新天地に遷ることを、東北アジアのツングース系の上古伝承では、「天からの降臨」という形で把握する傾向があり、日本列島でもその例にもれない。東北アジアの習俗・伝承を視野に入れない議論だから、こんなことは実際にありえず、後世の造作だと安易な速断をすることになる。東アジアの太陽神は、殷の太陽神俊や高句麗の例のように、全てが男性神であった。なお、記紀のいう「高天原」及び「日向神話、出雲神話」の舞台は、全て北九州にあった。

③日本列島への到来者：本書では、以下に具体的に検討を加えるが、天孫族の分派が初めて分かれるのは、天照大神の諸子から始まるという形の分支流の系譜などから見て、天照大神のあまり遠くない祖先が北九州に到来したとみるのが自然であろう。

「倭人」を江南にあった呉の太伯（周王朝と同族で姫姓）の裔とする伝承は、『魏略』逸文などに見えるが、種族・経路や時期等から見て、その支配層については疑問が大きい。すなわち、上古の「倭人」の人々の大宗を占める海神族が越人（タイ系種族）と同種族とは認められるとしても、二世紀前半以降に北部九州における倭国連合体の長たる地位についた天皇家の先祖は、これとは系譜・種族が異なる。国の主な住民とその上に立つ支配層とは、朝鮮半島古代の例を見ても、別途考えることが必要である。

弥生時代に日本列島に渡来した主な種族・人々では、江南から（朝鮮半島南部を経て）稲作・青銅技術などの弥生文化をもって渡来した部族と、これにかなり遅れて、東北アジア地方（とくに中国東北部及び朝鮮半島）から渡来して鉄鍛冶技術をもった部族という二系統の部族があった。

これら種族と、縄文時代から列島原住の人々（一種族ではないかもしれないが、とりあえず一括して「山祇族」としておく。総じて、クメール系種族）との混合体が「弥生人」とされよう。だから、単一種族として弥生人を捉えてはならない。なお、始皇帝によって東海に派遣され斉国の琅邪郡から船出した徐福が日本列島にある国の祖となったと言う「徐福伝説」は、肥前佐賀や紀州熊野などにあるが、とるにたらない。

天孫族の始祖・スサノヲ神

わが国における天孫族（皇統）の具体的な始祖から検討に入ろう。この始祖神としては、天照大神ではなく、「**五十猛神**（伊達神、射楯神）」（イタケル、イタテ）があげられる。この神は、『書紀』に言う、たんなる新羅からの渡来神ではない。別名を「渡し神（和多志神）、度津《わたつ》神」と言い、これは外地の韓郷から渡来してきたことに因る。佐渡一宮で式内社の度津神社（新潟県佐渡市羽茂飯岡）は海上交通の守護神として五十猛命を祀るなど、日本各地で同名で祀られる（『神道大辞典』など）。

この神の記事は少ないが、『書紀』第八段（宝剣出現）の一書第四および第五の記事に見える。素戔嗚尊が子の五十猛神を率いて先ず新羅国に天降り、そこから舟を作って出雲に渡ったとあり、また、五十猛神が天降りの際に多くの木種を将来したが、韓地には植えずに、筑紫より始めて列島内に木種を播いたとある。そうすると、韓地からの最初の到来地はむしろ筑紫になるし、渡来航路的にはそのほうが自然である。このように、韓地（朝鮮半島南部）からの渡来が『記・紀』に明確に記されるのは、天日矛《あめのひぼこ》（天日槍）より前の時代の神・人では、ほかにいない。五十猛神と妹

伊太祁曽神社（和歌山市）

二神（大屋姫命、抓津姫命。実態は妻神か）が「伊太祁曽三神」として紀伊国名草郡の名神大社で篤く祀られており、奉斎者が紀伊国造よりも紀臣氏（系譜は皇別とされるが、実態は天孫族系）とみられる事情にも留意される。

記紀神話では、その父「**スサノヲ**」は、高天原にあっては天照大神を困らせる暴れん坊神で、天照大神と争って敗れており、それによる追放後の「出雲」では開拓者的に描かれる。その終焉の地が出雲という伝承もあり、出雲市佐田町須佐の須佐神社（風土記・延喜式に記載）が祀られる。その摂末社に天照社・厳島社・須賀社などがあり、境内に千数百年という老杉や蘇民将来の祭もある。スサノヲの子の大国主神の子、加夜奈留美（女神？）の子孫と称する須佐氏が永年奉斎するが、少なくとも系図の初期段階などには疑問があり、出雲国造一族が祭祀に関与したか（瀧音能之氏が須佐神社周辺の地をスサノオ神の本貫とみるのは疑問で、ここには同神は到来しておらず、子孫と称する家が祀っただけのこと。出雲国造一族が奉斎した神社も当初は熊野神社が主で、杵築神社〔現・出雲大社〕でも長い間、祭神がスサノヲであった）。

スサノヲは、その子孫という大国主神を通じて地祇の三輪氏・賀茂氏や住道《すむち》首などにつながるという系譜を伝える。これが『姓氏録』大神朝臣条や『旧事本紀』地祇本紀などに見える子孫の系譜であり（前者の大神朝臣条では、素佐能雄命の六世孫が大国主と記される）、『古事記』では「いわゆる出雲系」の多数の神々に通じる系譜が記載される。しかし、五十猛神と大国主神との関係はこれら系譜では不明なままである（五十猛と大国主とは、祖先・子孫の関係にない。出雲の大国主神の父は天冬衣命と伝え、その祖系のなかにも五十猛は見えない）。

このため、「スサノヲ」という神には複数の神格（人格）があるようにみられている。実際には、このような名・通称で呼ばれる者が一族・同系統で複数いたり（部族長の通称的な使用もあるか）、子孫が祖先の伝承を伴って各地へ移遷、展開したともみられる。朝鮮神話に見える檀君も、スサノヲに擬せられたり、高句麗からの渡来系氏族・八坂造氏が京都祇園（感神院祇園社）で祀る「**牛頭天王**」も、中国神話で牛首人身神とされる炎帝神農氏（赤帝）や**蚩尤**《しゅう》（兵主神）という頭に角をもつ武神（戦神）、兵器製造神にも通じる。蚩尤が鉄神とも言われる。わが国ではこれら神々の実体がスサノヲ神（ないし大己貴命）に通じるとされることが多い。

この「スサノヲ」の名は、同一部族（天皇氏族）の根幹系統を通じて、遠い祖先から見える「通称」ではないかと把握される。すなわち、五十猛神自身がスサノヲ（の一人）に相当するとしたほうがよい。五十猛神を祀る式内社は、出雲六社、播磨二社、紀伊二社など全国合計で十五社もあり、これら地域分布からは天孫族系の出雲国造族が主に奉斎したことが窺われる。これに関連して、わが国で**兵主神**を祀る式内社は、近江国野洲郡及び大和国磯城郡など名神大社三社を含め、合計で十九社もあり、うち但馬七社、因幡二社、近江二社、播磨二社、丹波一社などという地域分布に留意される（この辺に着目すると、但馬出石に落ち着いた天日矛一族が、韓地の新羅あたりから当該兵主神をもたらした可能性も考えられる）。

兵主神社の祭神は、いまは大己貴命、素盞嗚神などとされて、特に前者とされることが多い。これは、本来の祭神で鍛冶神たる**八千矛神**が、大穴持命に通じる大己貴命と混同され、出雲に兵主神の神社分布が多い事情に因るものか。八千矛神という神は、『書紀』には見えず、『古事記』で高志の沼川比売の求婚譚などに見えて、大国主神の別名として扱われる。同神の子には、「御井神」も見える。御井神は木俣神ともいわれ、多くの樹種をもって天降り、広く大八洲に播種したと伝える五十猛神の縁者というのがふさわしい。滋賀県蒲生郡日野町の八千鉾神社は、大屋彦神（五十猛神のこと）を祭神とする。銅矛・銅戈や銅剣は分布が北九州に多くあり、銅矛の出雲出土はあまり多くないので（最多出土の荒神谷遺跡でも、銅矛十六本に対し、銅剣が三五八本の多数で出土）、その意味でも出雲の大国主神が八千矛神とされるのにはしっくりこない。

八千矛神とは、実はイタテ神（伊太弖、伊達、射楯こと五十猛神）のこととみられる（その場合、御井神とは高魂命〔高木神〕のことか）。銅矛・銅戈の出土が肥前唐津辺りに多く、銅剣も含めて銅製武器が北九州に多く出て、これが「銅剣銅矛分布圏」という把握もある。日本列島では、弥生Ⅰ期に朝鮮半島から銅矛が到来し、鉄矛は同Ⅲ期に出現して古墳時代中期以降盛行した（『日本考古学事典』）、とされるから、鉄矛も併せ持って渡来したのが天孫族か。天孫族の広い範囲に入るとみられるのが、新羅からの渡来を伝える天日矛（天日槍）である。唐津市の宇木汲田遺跡からは多数の銅剣・銅矛や多鈕細文鏡などが出土しており、天孫族の足跡を示すものか。

イタテの神は新羅系の韓鍛冶の奉祀した神だと窺えると、真弓常忠氏は指摘する（『古代の鉄と神々』）。中国の原型である「兵主神」が額に角を持ち鉄を食べる蚩尤（上記）とされており、わが国で同神にも比定される五十猛神が角凝魂命（「角＋鉄塊の意味の凝」）という別名をもつのも肯ける。吉野裕氏は、『風土記』の研究などから、早くに『風土記世界と鉄王神話』（一九七二年刊）や『素尊鉄神論序説』（一九七三年刊）を著し、スサノヲが鉄神だとみた。この鉄神性を同神に認める見解が多い。

端的にいえば、複雑な性格ゆえにスサノヲ神（素盞嗚神）の位置づけが難解であり、たいへん重要なのである。これが、記紀にイザナギ・イザナミ二神の子で、皇祖神たる太陽神・天照大神の「弟」

とされたり、大己貴命の祖先とされたりと様々に混同が生じた（実際、記紀で天照大神と争った〔戦った〕という意味をもつ「スサノヲ」は、大己貴など海神族系の祖という性格では、別神としたほうがよい。現実の出雲と、実体が葦原中国〔筑前海岸部の那珂川流域〕たる記紀神話の「出雲」とを、八世紀段階の記紀の編者たちは混同したことなどに因る）。

人皇ノ鼻祖という鈴木真年の指摘

一般には、記紀神話の影響で、スサノヲ神の子ないし子孫（六世孫〔『姓氏録』〕ないし七世孫）が大己貴命（大国主神）で、いわゆる「出雲族」（あるいは海神族）の祖神がスサノヲ神と受けとられている。しかし、大己貴命は海神族の系統の祖神であるが、そうであっても、スサノヲ神とは男系血筋でのつながりがなく（スサノヲ神後裔の女性を妻の一人としたことは考えられるが）、両神が血統一系というのは原型・実態とは異なる（両神の血縁関係を否定する先学の見解はかなりある。例えば、瀧音能之・藤岡大拙氏など。スサノヲの子に「八千矛神」がおり〔五十猛神のことか〕、兵主神社で祀られるが、これが大己貴命と混同された結果、スサノヲの子ともされたものか）。ともあれ、「出雲神族」という概念は紛らわしく、使用には留意される。

スサノヲによる八俣大蛇（八岐大蛇）の退治の伝承も、竜蛇信仰をもつ種族のトーテム獣を退治したのだから、海神族の祖神であるはずがない。もっとも「八俣大蛇＝九頭竜」という見方もあるようである（ギリシャ神話に出る竜蛇体の巨大怪物ヒュドラーも九つの首をもつ）。これが、『古事記』では「高志之八俣遠呂智」と表記されるが、「高志」が越すなわち北陸地方とまでは、スサノヲの活動地域から読みとれない。ともあれ、皇威に抗う荒神（荒ぶる水神）の象徴として大蛇がでてくることになる。

この伝承も、同神が居て活動したのが北九州だとしたら、竜蛇信仰をもつ種族・国々（海神族系種族の国、主に奴国か）の退治・平定を意味したのだろう。スサノヲについて、韓地から渡来の鉄器・鍛冶集団が信奉する神という説はかなりある。火山の神という見方もあるが、これは火に関わる鍛冶神の祖神、竈の神からの転訛の可能性もあろう。

スサノヲの八俣大蛇退治（国史画帖大和櫻）

明治期の国学者で系図研究者の鈴木真年は、その著書『日本事物原始』や『古事記正義』で、この神について概ね次のような主旨で記している。

「素盞烏命トハ人皇ノ鼻祖ニ坐シテ、二神ノ真名子タリ。故ニ、天神此葦原中洲ヲ賜テ、国土ヲ開闢セシム」（適宜、句読点を付した）と切り出し、高天原から天降って新羅の牛頭《そしもり》方（楽浪郡のうちの地）に至り、伊太氏《いたて》命（亦名を五十猛命、大屋毘古命、伊太祁曽命、神乎多命）・速須勢理比売を生み、その後、太白山（平安北道寧辺の妙香山に比定。平壌の東北方）の下に至り檀木の下に互市（陸上での交易）するなど人事や社会運営を教え、これを国人が追尊して檀君という。また神櫛玉命（亦名を櫛御気野神、気津御子神。すなわち、熊野大神）ともいう。

その子の伊太氏命を率いて東海に入り、多くの樹木種をもって出雲国に着き、須賀の地に宮居したが、伊太氏命は妹と協力して樹木の種を各地に分布した。素盞烏命の子の天忍穂耳命を、天照大神は子として養って天子の位につけた。」（ここで天忍穂耳命を「子」とするのは、天安川の河原における天照大神との伝承から、スサノヲの実子と考えたものか。ただ、この見方には疑問あり、実際にはスサノヲの子孫となろう。後述）

こうした真年の把握には疑問な点もいくつかあるが、スサノヲ神がわが国の「人皇ノ鼻祖」だという基本は妥当な線だとみられる。天照大神が男神だという性格（夫婿が知られずに子孫を残す女性が古代大族の祖先系図にはまったく現れない事情もある）や忌部氏の上古系図等を参考にして、これら記紀の記事を総合的に考え併せる必要がある。そうすると、韓地から日本列島に渡来してきた、わが国天孫族の始祖（天照大神の更なる遠い祖先）こそがスサノヲ神であって、五十猛神とも同神（ないしその父神）だとみるのが適当となる。朝鮮の始祖とされる「檀君」（後述するが、後世の造作神となろう）とほぼ同種の性格をもつ神という程度は認めて良い。

十世紀後葉の北宋に、日本の東大寺の僧・奝然《ちょうねん》らが雍熙元年（九八四）にやって来て、銅器や『王年代紀』などを献上したが、天御中主《みなかぬし》を初代とする皇統譜には、第十八代に素戔烏尊（その前代が伊奘諾尊）、第十九代に天照大神尊、第二四代目に神武天皇の名前が記される（『宋史』日本伝）。平安中期の円融天皇治世のときに存在した『王年代紀』が何に基づくかは不明だが、天照大神の先代に素戔烏尊があげられることに留意される。

スサノヲがスガの地に居たという上記伝承からか、全国の須賀神社はスサノヲを祭神とする例が多い。同社は、牛頭天王・須佐之男命を祭神とする祇園信仰の神社で、全国に広く存在し、島根県・高知県に特に多い。これら須賀神社の多くは、明治の神仏分離まで「牛頭天王社」「天王社」と称していた。牛頭天王は、播磨の広峯神社などでも祀られるが、同社は天孫族の針間国造の領域にあって、同じく凡河内国造一族が長く奉祀した。

なお、素戔嗚命の実体について、卑弥呼と対立関係にあった「狗奴国王」を考える説もあるが、これは根拠に乏しい想像論である（狗奴国の性格・習俗についての誤解が基礎にある）。また、習俗・祭祀やトーテムが異なる大国主神（海神族系氏族の祖）の父祖でもない。

八幡神の実体

豊前の宇佐八幡でも、祭神たる八幡神の実体が五十猛神だとみられる。応神天皇家や宇佐国造など天孫族の一派の実際の遠祖として、八幡神が考えられる。宇佐国造は、高魂尊の裔孫の宇佐都彦（菟狭津彦）を国造初祖とするが、高魂尊の先が五十猛神とみられる。

弘仁五年（八一四）の太政官符や『宇佐託宣集』等に拠ると、宇佐郡の小倉山の麓に八つの頭が一つの身体についた奇異な風体をもつ鍛冶翁がおり、金色の鷹となって示現し、その姿を見ようと近づく者の半数が死亡したが、神官（辛島勝乙目とするのが原型か）の祈祷に応じて三歳児童の姿で八幡神が出現し、「我は始め辛国に八流の幡となって天降り、日本の神となって一切衆生を度す

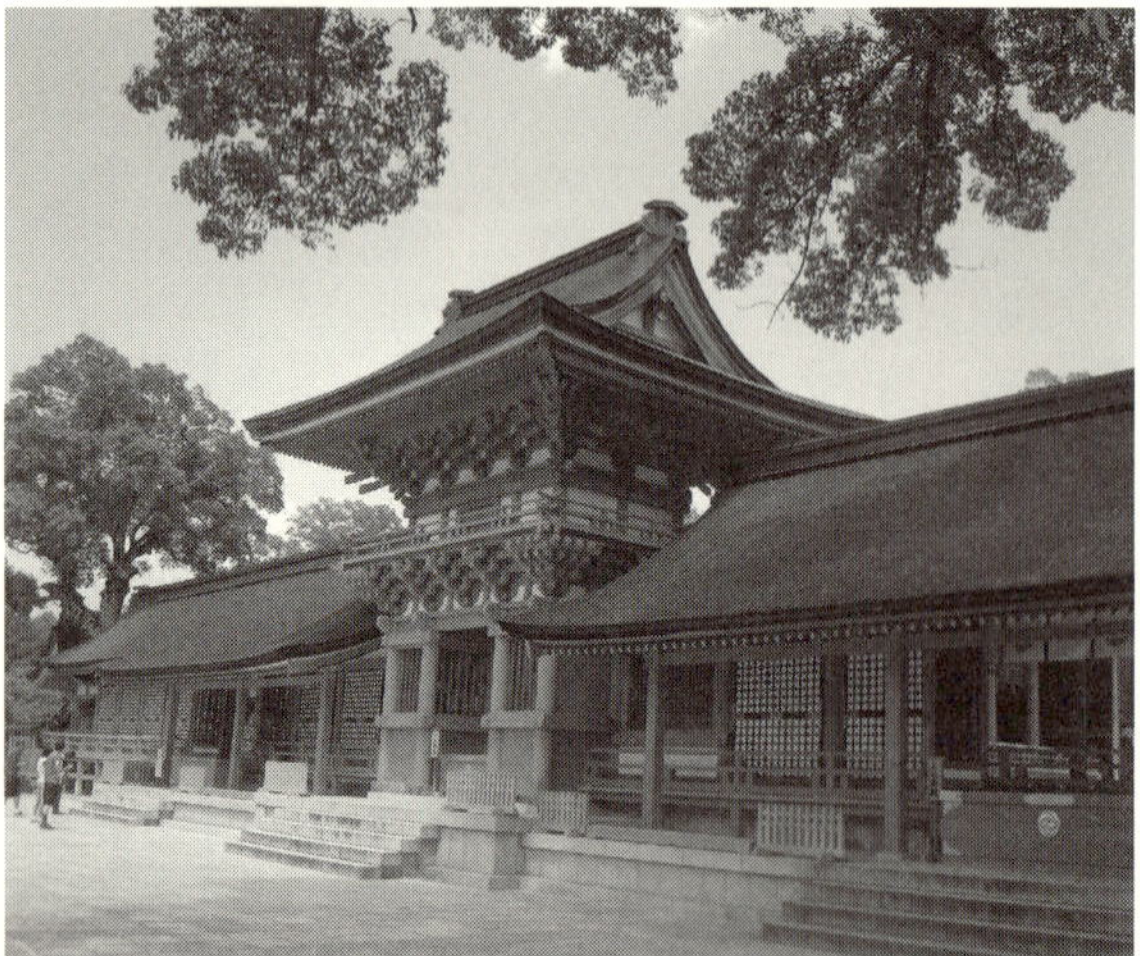

宇佐神宮（大分県宇佐市）

る釈迦菩薩の化身なり」と託宣したという。こうした伝承などから、八幡神はもともと鍛冶神とする見方も古くからある（柳田国男氏ほか）。

後世では八幡大神にも擬せられる応神天皇は、実際の系譜は宇佐国造一族の支流の流れをひく鍛冶部族の息長氏に出ており、遠祖は神武に始まる王統と同じで、高魂命であった。金色の鷹は、金鵄や八咫烏にも通じる天孫族のトーテムである。

素盞嗚神という神は、海神族たる大己貴神（大国主神）の父祖としても伝えるが（記紀ともに見えるが、『古事記』のほうに多く伝える傾向）、その一方、熊野大神として、天孫族系統の物部連や鳥取部によって祖神として広く奉斎された。これら氏族の祖たる天津彦根命（天若日子）やその兄弟神は、素盞嗚神と天照大神との天安河原の誓約の際に息吹きのなかから誕生したと神話に伝える。

こうした両様の複雑な性格をもつ素盞嗚神は、本来は性格ごとに別々の人格神かとも考えるのがよいかもしれない。そのなかでも、最も主なものとしてはわが国天孫族の祖となる（こうした見方は、私の氏族研究の結論的な部分だけを記したので、分かり難いかもしれないが、紙数制約や論旨展開上の見地から、本書ではこのくらいに止める。以上の記述に関連して、本シリーズの『息長氏』『三輪氏』などをご参照）。

天孫族の祖系と祭祀

現存の天孫族系統の系図では、天照大神より先へ遡る神統譜を記すものは少ないが、『姓氏録』では若干は記事が遺る。それが、**角凝魂命**を遠祖とする系譜をもつ諸氏（鳥取連・鳥取、委文連・宿祢〔倭文連・宿祢〕、竹原、美努連、税部〔鴨県主一族〕や額田部宿祢〔物部氏同族〕、雄儀連などで、殆どが少彦名神の流れ）である。

角凝魂命を祀る神社は全国で少ないが、鳥取連が奉斎した和泉国日根郡の式内社、波太神社（大阪府阪南市石田に鎮座。もと桑畑村、東鳥取村で、同国神名帳に従五位上波太岐社と記載。府社）の祭神として鳥取連の祖・天湯河板挙が垂仁朝に祖神を創祀したと伝える。波多の地名は肥前国松浦郡にもあり、当地に波多八幡神社（佐賀県唐津市北波多稗田で、宇木汲田遺跡の西南近隣）が鎮座する。「波多」は秦韓・辰韓に通じるものか。

忌部氏の系図（「斎部宿祢本系帳」）や「宮中八神」などを基礎にして、始祖の五十猛神以降の初期段階の歴代を整理、推定してみると、概ね次のようになる（第1図）。ただ、妻神（后神）は難解であり、推定の度合いが大きい。

第1図　天孫族の初期段階の系譜（推定）

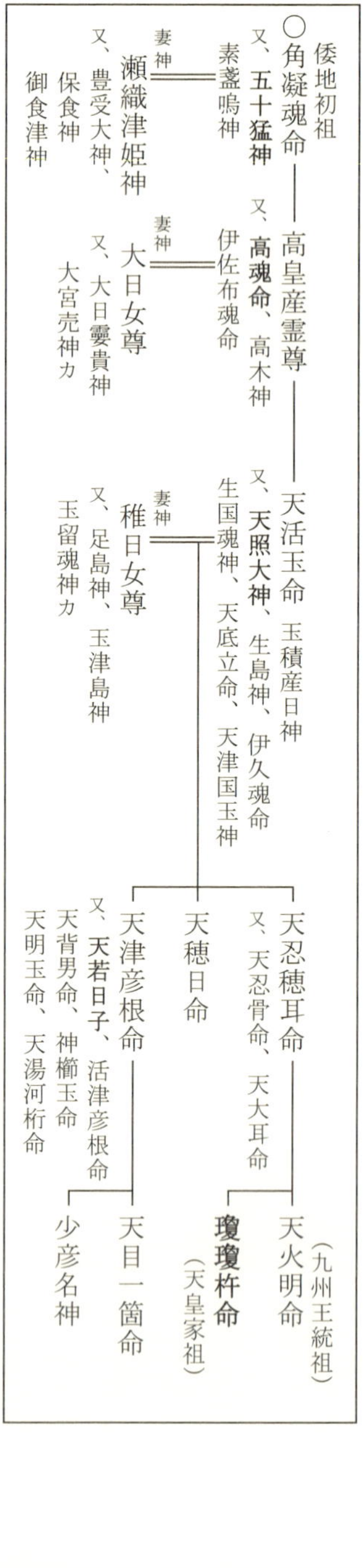

諸氏各々の遠祖神が異なる複数の神名をもつことに留意されるが、天照大神は「斎部宿祢本系帳」では「**天底立命**」として表記される（この名に近い「天壁立命」も天背男命の父神で左京神別の宮部造の祖とされるから同神となる）。

この神は、大阪市天王寺区の**生国魂神社**（東生郡の難波坐生国咲国魂神社）で奉斎される神である。これが、信濃国小県郡では名神大社の生島足島神社（長野県上田市下之郷）でも祀られて、その祭神が大八嶋を統べる「**生島神・足島神**」とされる。摂津国川辺郡（兵庫県尼崎市栗山町）の生島神社では、生島神・足島神、天照大神、須佐男神、八幡大神、伊邪那岐・伊邪那美神をいま祀る（祭神の名に重複がある）。

生國魂神社（大阪市天王寺区）

この生島神・足島神は、天皇の国土支配権の裏付けを企図する祭祀ともみられる八十島祭の主神とされる（この祭は、文献初見が文徳天皇の即位時の嘉祥三年〔八五〇〕九月で、鎌倉前期まで廿二回確認されると言うが、由来は上古に遡るのだろう）。『延喜式』神名帳には、宮中八神殿で御巫祭神八座のなかで生産日神《いくむすび》・足産日神《やるむすび》（『古語拾遺』では生産霊・足産霊）として祀られ、神祇官に坐しては生島巫祭神二座として生島神・足島神があげられる。両名は併せて夫婦神（その場合、足島神のほうは妻神か）とみられ、男神は伊久魂命とも天活玉命ともいわれる。天照大神という名では、『延喜式』神名帳では宮中坐神三六座のなかに見えないし、『姓氏録』にも諸氏族の祖先として見えないことに留意される。なお、天活玉命を祀る神社は少ないが、越中の高瀬神社（富山県南砺市高瀬。同社は五十猛神も合祀）や讃岐の大麻神社（寒川郡の大蓑彦神社。香川県善通寺市大麻町）という式内社があげられる。

『書紀』には壬申の乱の時（天武天皇元年〔六七二〕七月廿三日条）に生島神が見える。そこでは、高市社に坐す事代主神と牟狭社に坐す生霊神が神憑りして、神日本磐余彦天皇之陵（神武陵で、『書紀』にいう畝傍山東北陵か）に馬と種々の兵器を奉納すれば、両神が天武軍の前後に立って守護すると告げたが、この生霊神が生島神（生国魂神）に当たる。いま畝傍山の東北の裾、橿原市大久保町域（旧洞村）にある神武陵旧跡と伝える地の近隣には、生玉神社が鎮座する。

『古事記』には「天津国玉神」とも表記されるが、これは、天若日子（天稚彦。天照大神の子で別名が天津彦根命、天背男命、天湯河桁命であり、出雲国造や物部氏など鍛冶部族や鳥取部等の祖）が大国主神のもと（葦原中国）に派遣された事件に関連して見える。

その父神が高皇産霊尊であり、上記の宮中八神殿で祀られる高御産日神にあたる。この神のときころに筑後川流域に至って定着したとみられる。この神を天孫降臨の指揮者として皇祖神のはじめに置く見方が学究には多いようだが、上記系図に見るように更に父祖の神々を伝えることに留意される。

越中の高瀬神社（富山県南砺市）

「宮中八神」の意義

ここまでに宮中八神にも触れてきたが、『延喜式』神名帳の冒頭に掲げる「宮中八神」には十分留意される。

すなわち、宮中神として大社三十座小社六座があり、そのうちの筆頭に「御巫等祭神八座」並大、月次新嘗とある神々で、①神産日神、②高御産日神、③玉積日神（玉積産日神）、④生産日神、⑤足産日神、⑥大宮売神、⑦御食津神、⑧事代主神、の八神があげられる。さらに、「座摩《いかすり》巫祭神五座」並大、月次新嘗として生井神、福井神、綱長井神、波比祇神、阿須波神の五神、「御門巫祭神八座」並大、月次新嘗として、櫛石窓神と豊石窓神が四面門各一座、「生嶋巫祭神二座」並大、月次新嘗として並大の生嶋神、足嶋神の二神があり（ここまでが「神祇官西院坐御巫等祭神」とされて、合計が二三神）、更に、「宮内省坐神三座」並名神大、月次新嘗として薗神社、韓神社二座、「造酒司坐神」大四座、並大、月次新嘗として大宮売神社四座が掲載される。

「宮中八神」の次ぎにあげれる神々は、御門神（八座）を除くと、おそらく八神の異名・異称で重複するものだろう（ただ、座摩巫が祭る五神は、「大宮地を守り坐す霊神」とされるが、その実体は難解・不明。五神はみな始祖神関係の異名かもしれず、「生井、福井、綱長井」で三井・御井、「波比祇、阿須波」が五十猛神に通じるか）。そして、その皇統譜のなかで大祖先神としての位置づけにあった神々ではなかろうか。具体的には、天照大神夫妻を含めそれ以前の三代の夫妻神とみられる。上記の「第1図　天孫族の初期段階の系譜」は、こうした見方のうえで推定記載をした。

注意すべきは、最も重要な天照大神にあたる神の名が二つ（玉積産日神、生産日神）あり、対偶を持たない「事代主神」があって、合計で「八神」となっている点である。天孫族系統では、「八」

という神聖数をもっていた。

さて、ここの「事代主神」の実体は何だったのだろうか。抽象神としての意味は、「神憑りして神託をくだす神」であり（松前健、佐伯有清などの諸氏）、特定の固有名詞とされる必要はない。ところが、この神は、一般には地祇（国津神）・三輪氏族の祖で、神武天皇の皇后の父神が指される。これは、後代の諸天皇の母系祖神として理解が出来ないわけでもないが、それならば、天照大神の遙か後代の神であって、宮中祭祀のバランスを欠く。

そこで、『姓氏録』を見ると、天神としての「**天事代主命**」（天辞代主命、天辞代主命）が存在したとわかる。この神を祖神とするのが、左京神別の畝尾連、右京神別の伊与部、大和神別の飛鳥直の三氏であり、これら諸氏の系譜を考えると、みな中臣連一族の初期分岐となる（伊与部条には高媚牟須比命の三世孫と記載も、これは疑問）。畝尾連の一族は和泉神別にもあげられ、そこでは「大中臣朝臣同祖。天児屋命之後也」と記載がある。しかも、高市郡明日香村に鎮座の飛鳥坐神社（並名神大）では、事代主神、高皇産霊神、飛鳥神奈備三日女神を祭神とする。すなわち、天事代主命とは中臣氏の大祖神（天孫降臨痔の天児屋根命の父祖神か）の位置づけということになるが、そうすると、天照大神も含め、この神から遡って三世代の夫神の誰かの舅神で、天孫族系統の母系の祖として特掲された可能性があり、この場合には「宮中八神」に所掲の神々の活動年代とも符合するものとなろう（現在の当該飛鳥神社の祭祀では、転訛された影響で、有名な三輪の事代主神と混同されている）。

なお、「宮中八神」のなかに、元は「倭大国魂神」（実体は九州所在の大己貴神）も含まれていたとみる見解（若井敏明氏『「神話」から読み直す古代天皇史』）には反対である。天照大神以前の上古歴代の舅神の位置にはいないからであって、『書紀』崇神天皇六年条の記事には疑問がある。不祭祀のイザナギ・イザナミの諾冊二神も、実体をもつ神ではなかった。

韓国イタテ神の列島渡来

『延喜式』神名帳のはじめに、宮中で祀られる神々が「宮中坐神三十六座」としてあげられる。そのなかに宮内省に坐す神の三座（並名神大）があって、薗神《その》（園神）の社と韓神の社の二座がある。この「韓神」こそ韓（伽耶）から渡来した五十猛神を指す。ちなみに、御巫《みかんなぎ》等祭神の八座にあげる神産日神《かみむすび》も大始祖たる五十猛神にあたるとみられ、五十猛神の妻神の御食津神（御膳神）も同八座のなかに見える。この女神は豊受大神でもあり、食物主宰の倉稲魂神（稲荷神）で保食神なのだから、薗神にあたるとみるのが自然である。織物と酒造を司る女神、大宮売神《おおみやのめ》にも当たりそうな可能性もあるが、それを留保しつつ、この関係では別神としておいた（関連して言うと、丹波国多紀郡式内社の大売神社（兵庫県篠山市寺内）は、大宮売神を祀るが、「オーヒルメ」神社と読まれている。大宮売がアメノウズメの別名だとする平田篤胤説や、これに通じる『古語拾遺』の記事は誤りとみられる）。

かつて、黒板勝美博士は、天照大神より前の神々が皇室の祖先として奉斎されていないとの理由で、それらの実在性は認めがたいと考えた。しかし、上記のように現実に別の神名で宮中で永く奉斎されてきた。出雲でも、

松江市大庭の神魂神社

神産日神も神魂《かもす》神社の名で、意宇郡六社の一としてあり（松江市大庭町）、出雲国造が長く奉仕した。同社は神火相続の神事で知られる。

「園韓神」には一に大己貴神・少彦名神・大物主神をあてる説もあり、平安京遷都以前に京の地を支配したのが渡来系の秦氏だとして、園神・韓神は元々は秦氏が奉斎した神とみる説（水谷千秋氏）もあるが、ともに論拠薄弱である。

園韓神社は宮中では唯一の名神大社であり、応仁の乱頃までの宮殿の宮内省に鎮座した。この神格・鎮座地からみても、秦氏にふさわしいとはとても言えない。例祭は園韓神祭といわれ、『江家次第』では神部四人が榊・桙・弓・剣を持って神楽を舞ったと見え、『百錬抄』では大治二年（一一二七）の大内裏火災で園韓神の御正体を取り出そうとした折に神宝として剣・桙があったと見える。帝王鎮護の神という役割や、皇祖神の系統からみても、これは始祖神の五十猛神夫妻とするのが妥当であろう。もとからこの地にあって平安遷都に伴い遷座させようとしたら、帝王を護りたいという託宣が韓神からあったとも伝える（本来は鴨県主奉斎か）。

御食津神はオオゲツヒメ（保食神）でもあり、穀物神（稲倉魂命）でもあった。五十猛神は大屋毘古神とも呼ばれ、一緒に植樹につとめた妹・大屋毘売（大屋津姫）は、名前の対応から考えて、「妹」とは実際には「妻」の意であろう。紀州にはこの女神を祀る神社もある（和歌山市宇田森に鎮座

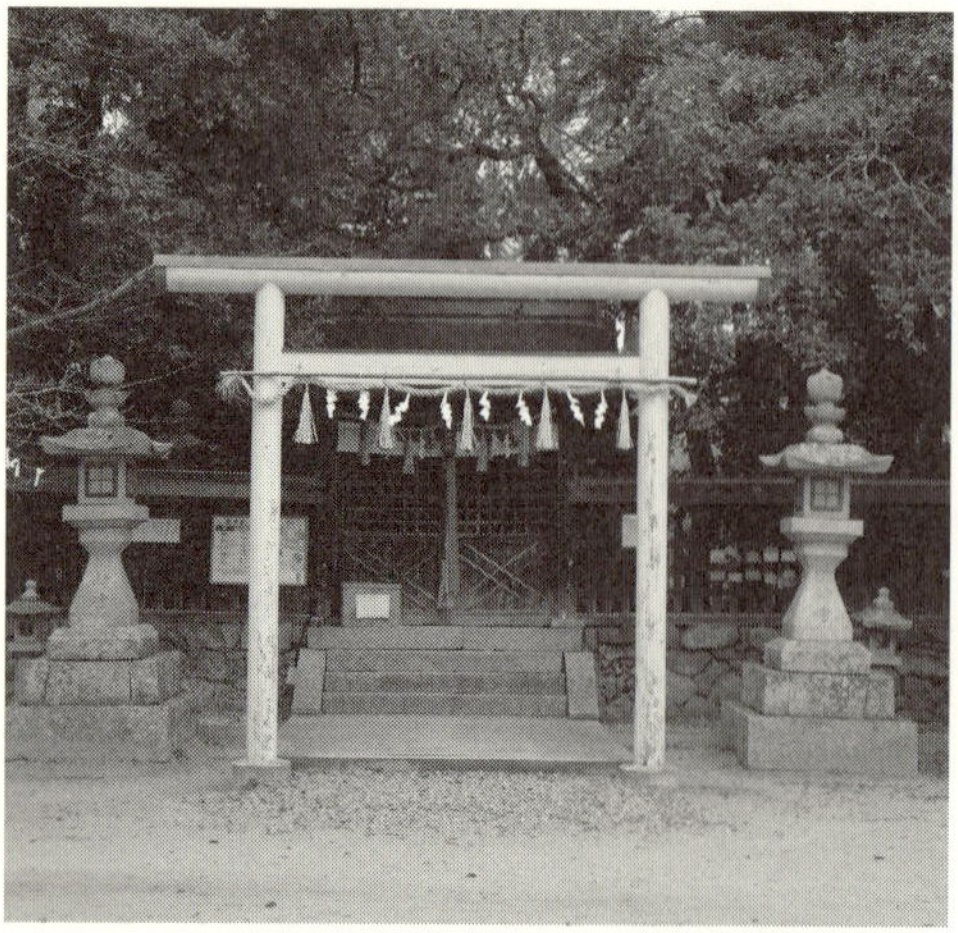

大屋都姫神社（和歌山市宇田森）

の大屋都姫神社など）。この妻神は白山信仰の菊理媛命にも通じ、水神の罔象女神《みずはのめ》であり、多様な神格と名をもつ。八幡大神の妻神たる比売大神でもあって、宇佐八幡宮で祀られる。水神が竜神に通じ、仏教での同種の弁財天にも通じる祭祀もある。

筑後国御井郡や豊前国田川郡（豊比咩命神社という名で、いま香春神社に合祀）など各地の「豊比咩神社」の祭神であって（神武天皇の祖母とされる「豊玉姫」ではないし、「神功皇后の妹」のことでもない）、伊勢神宮外宮の豊受大神にあたる。香春の豊比咩神が宇佐の比売大神に相当すると岡谷公二氏も指摘する（上掲書）。豊比咩（豊姫）については、高良神の妻神という見方もあり、この辺の可能性を留保しつつ、比売大神という見方で一応、考えたい。

比売大神については宗像三女神説（宇佐神宮・石清水八幡宮の立場か）もあるが、大分県杵築市の奈多宮では、沖合の市杵島（または厳島）と呼ぶ岩礁に比売大神が降臨したと伝えるから、主祭神八幡神（＝五十猛神）の后神で、端的に市杵島姫神と考えたほうがよい（その系譜は不明だが、天照大神の娘のはずはなく、海神族的な色彩があるものの、韓地から共に渡来したか、既に北九州にあった種族の出かは判じがたい）。

この女神は、水神の性格からは**淀姫**（與止姫神、世田姫）にもあたる。肥前国一宮たる佐嘉郡の與止日女神社（河上社。佐賀市大和町川上）、予賀神社なども含め、肥前中心に二十数社の多くで祀られ、とくに佐賀県の嘉瀬川流域に六社もあって祭祀が集中する。夫神・五十猛神と同様、石神の性格ももつ（脊振山に鎮座の脊振神社は、弁財天社ということで本地垂迹で**市杵島姫**を祀るが、この神にもあたる〔瀬織津姫や蛇神の宇賀神にもあたる〕）。山城国乙訓郡の式内社、与杼《よど》神社〔京都市伏見区淀〕でも祀る。安芸宮島の厳島神社〔伊都岐島神社〕や近江の竹生島神社〔浅井郡式内社の都久夫須麻神社〕、相模江ノ島でも、市杵島姫〔弁財天〕を祀り、竹生島では、併せ宇賀神・浅井姫・龍神も祀る。淀姫が、一に「八幡大神の叔母、神功皇后の妹」とされるのは訛伝)。

唐津市呼子の加部島（別名が姫島）の宮崎鼻に鎮座する**田島神社**（松浦郡の式内名神大社の田島坐神社）は、肥前最古といわれ唯一の大社とされる。本殿の裏には磐境（祭場）とみられる地があり、立った三個の巨石や二個の平石、太閤祈念石と呼ばれる巨石もある。

唐津市呼子町の田島神社

加部島は、韓地・大陸への交通を考えると「道主貴（ちぬしのむち）」の鎮座地にふさわしく、市杵島姫を含む宗像三女神が祀られる（神名帳には「一座」と表記）。そうすると、韓地釜山（ないし対馬）辺りから筑前大島・沖ノ島を通る

背振神社（佐賀県神埼市脊振町）

海路が「海北道中」と一般に解されるが（「海北」は朝鮮半島を指す）、当該経路は、倭韓間の海上交通における当初のメインルート「壱岐・対馬を経由の線」だとみる田中卓博士の見方のほうが正しいものか。宗像大社では、九州本土の宗像市田島の地に辺津宮（総社）として現在、市杵島姫を祀る（『古事記』では、市杵島姫は中津宮、辺津宮鎮座は田寸津比売と記す）。

道主貴は、『書紀』（巻一第六段の一書第三）に「筑紫の水沼君等が祭る神」と見えており、**水沼君**（水沼県主）は佐賀君（佐嘉県主）と同様、火国造同族とみられるから、これら諸氏の祖神でもあろう。『旧事本紀』天皇本紀には景行天皇の皇子のなかに武国凝別命をあげ、筑紫水間君の祖と記される（同人は、「円珍俗姓系図」に讃岐の和気公・因岐首の始祖とされ、九州の阿蘇君・火君らの祖とみられる。『書紀』景行段に見える水沼別の始祖・国乳別皇子かその近親にあたる。同書の記事では、「弟の豊戸別皇子。是火国別之始祖也」と続ける）。

水沼君氏一族は、筑後国三潴郡の豪族で、久留米市西南部の大善寺町にある大古墳、御塚《おんつか》（全長約一二〇メートル《メートル》という帆立貝式古墳。中期古墳か）及びその北隣の権現塚（外径が全長約一五〇メートル《メートル》かともいう。後期古墳か）の築造者とみられている。東北方近隣の同市高良内町には、これらに先立つ石櫃山古墳（全長が百メートル《メートル》超〔最大で一一五メートル《メートル》という〕で、埴輪Ⅳ式を出土）もあったが、消滅した。久留米市北野町赤司に鎮座の赤司八幡宮（御井郡惣廟を称）がもと豊比咩神社といわれ、與止比咩命・高良大神や道主貴（三女神）、すなわち宗像三女神が祭神で、祠官家が水沼君氏との伝え（境内碑文）もあるが、領域からやや離れる感もある。

「韓」を冠する五十猛神

延喜式の神名帳には全国各地の官祭に関わる多くの古社があげられるが、そのなかで「韓」が頭につけられる神は五十猛神のみである。多くの樹木の種を持って大八洲に植えたと伝えて、紀伊国をはじめ各地で多く祀られる。わが国では伊達神（射楯神）とか韓国伊太神、伊太祁曽神ともいわれて、延喜式内社の奉斎神としてはかなり多くあり、全国で十五社を数える。

とくに、出雲には最多で合計六社もある。それが意宇郡・出雲郡に集中するが、意宇郡では玉作湯社や揖夜社に付属して鎮座する。これらは出雲国造一族の奉斎に係るものか。そして、これら出雲国内の六社が全て、韓国伊太氏神と記されて、式内社では類例の少ない「韓国（辛国）」が冠として付けられる。当地の曾枳能夜《そきのや》神社境内の韓国伊太氏奉神社（島根県出雲市斐川町神氷）、揖夜神社境内の韓国伊太氏神社（同県松江市東出雲町揖屋）など、韓国伊太氏神社が出雲国の九郡中で意宇郡と出雲郡とに三社ずつ見られる（出雲国意宇郡の条に、①玉作湯神社、②揖夜神社、③佐久多神社に「同社坐韓国伊太氏神社」があり、西側の出雲郡条にあっても、「同社（神）韓国伊太氏神社」として④阿須伎神社、⑤出雲神社、⑥曽枳能夜神社が同様）。

このほかの式内社では、薩摩国曽於郡の韓国宇豆峯神社（鹿児島県霧島市国分上井）も、五十猛神（又の名を韓神曽保里神）を祀る。ここでも、とくに「韓国」を冠した神社の名前になっていることに留意される。これらの事情も、この神の韓国からの渡来を示唆する（千家俊信『出雲式社考』にほぼ同旨）。

出雲の西隣、石見国では現大田市五十猛町に近隣して韓神新羅神社・五十猛神社の両社が鎮座する。この韓神新羅神社、出雲国出雲郡の韓竈《からかま》神社（産銅遺跡のなかに鎮座）や安芸国御調郡の賀羅加波神社のほうは、素盞嗚命を祀るというが、五十猛同神か。

五十猛神については、記紀に見えるのは上記の一箇所だけであるが、イタテ神としては、『播磨国風土記』餝磨郡の因達里《いたて》（姫路市街地の北部）の条に伊太氏之神が見える。因達里の伝承が、神功皇后が韓地征討で渡海する際、先導神としてその御船の上に鎮座したのがこの神である、という内容なのだから、「韓国」を冠しないイタテ神の場合にも韓国との関係がみられると石塚俊氏は指摘する。これが、餝磨郡式内の射楯兵主神社（姫路市本町に鎮座）である。イタテ神が神功皇后の先祖・天日矛にも通じるとしたら、祖神たちの加護を受けてその祖国の韓土に進攻したことになる。関連して、九世紀後半の貞観期当時の対新羅関係の悪化という背景のなかで、日本を新羅から守る目的で韓国伊太氏諸社が建立されたという説（瀧音能之氏）は疑問が大きく、この神の祭祀の由来は更に古かった。

伝承では、イタテ神は韓地の新羅から直接渡海し、日本列島に着いて出雲に入り、そこから紀伊に遷ったようにうけとられる。出雲・紀伊には関係社が多くあり、出雲の西隣の石見国安濃郡にも、現・大田市五十猛町に五十猛神社と韓神新羅神社がある。五十猛命の降臨地としては、奥出雲、出雲国仁多郡の鳥上峰（船通山、鳥髪山）という伝承もある。これも、天孫族関係者が高山に天降りするという所伝の一環である。

九州の太宰府付近にも鳥髪山に相当するような山（例えば基山〔後述〕とか砥上岳〔遠賀川源流地〕）がある。一方、対馬、壱岐を経由して九州の有明湾岸に上陸とも伝えるから、多くの関係諸社や遺跡などの分布を具体的に見ると、やはり韓地↓対馬↓筑紫という地理的に自然な経路をとったとみられる。そこで、次ぎに北九州の分布を見てみる。

九州の五十猛神

対馬では、対馬島の北端で河内湾に臨む地に鎮座する**岩立神社**（岩楯神社ともいう。対馬市上対馬町大字河内）がまずあげられる。素盞鳴尊が韓土よりお帰り（到来か？）の時に、この浦に船を寄せたと伝える。元来、本社は岩楯の地に在って神籬磐境だといい、社殿がなく森の中に磐石があって、これを神位とする。

同名社では、備前国和気郡にも、磐梨別君氏（垂仁天皇後裔と称するが、実際には息長氏の一支流の和気氏）の奉斎とみられる同名の石立《いわたて》神社（現・備前市麻宇那《あそうな》）があり、社殿の下に大磐石があって、岩石崇拝に創まるとされる（『神道大辞典』）。姫大神も祀られ、近隣の北側対岸には祇園神社・磐井神社、稲荷神社や荒神社もある。石立神社の南方の備前市域、日生《ひなせ》には高良八幡もあって、その社叢もウバメガシが占める海岸林で知られる。対馬の那祖師神社（対馬市上対馬町豊。島大国魂神社も合祀）など数社も、五十猛神を祭祀する。

大和にも同名社が添上郡式内社であり、「天乃石立《あめのいわたて》神社」と記載される。現社名を天石立神社（戸磐明神）といい、奈良市柳生谷、戸岩山の北麓（奈良市柳生町の岩戸谷）にあって、本殿をもたず、鎮座する巨岩を直接拝する形態をとる。四つの巨石の総体が天石立神社と呼ばれるが、なかでも中心の丸い巨岩（きんちゃく岩と呼ぶ）が日向神社で、これが天照大神を祀り、他の三つは門神（豊磐門戸命、櫛磐門戸命）と天岩戸別命に当てられる。地域的に考えると、同社は磐梨別君同族の山辺県主一族が祭祀に関与したものか。

北九州の五十猛神祭祀では、筑前国御笠郡の**筑紫神社**（福岡県筑紫野市原田）や同国早良郡の五十猛神社（同県福岡市西区金武）が著名である。前者では、筑前・筑後・肥前の交通要衝に、筑紫の国魂たる筑紫大明神として祀られる。その別名の白日別神は、太陽神にも「日向」にも通じる。早良郡の西隣りの怡土・志摩両郡（現・糸島市域）にも、五十猛神を祀る神社が多い。王丸の白木神社、前原の潤神社、草場や西浦の白木神社などがそれであり、潤神社も含め、その旧名が「白木神社」とするものも多い。これらの白木神社の群や、密集する白木の地名は新羅に因むといい、朝鮮半島由来の遺跡や伝承に彩られる。

肥前では、**基山**《きざん》を神体山とする**荒穂神社**（佐賀県三養基郡基山町宮浦）がある。筑紫神社の後背地にあたる基肄《きい》郡の基山山頂には五十猛神が祀られ、玉々石という巨石の磐座や五十猛神伝承による「日本植林発祥之地」という石碑がある。同名社は、基山の別宮として、遠賀川上流域の福岡県嘉麻市牛隈（旧・嘉穂郡）にもあるが、祭神がニニギの尊で、元宮が馬見神社という。

『筑後国風土記』逸文には、荒ぶる「麁猛《あらぶる》神」が筑前と筑後の境界に居て、往来の人々の半数を殺すので、筑紫君等の祖・甕依姫を祝にして祀ったと見え、麓の荒穂神社で祀られる。この実体が五十猛神とみられる。この地に朝鮮式山城の基肄城が築かれ、瓊瓊杵命が基山で国見をした

荒穂神社（佐賀県三養基郡基山町）

との社伝もある。アラは伽耶の安羅（慶尚南道の咸安《ハムアン》あたり）にも通じるし、「基肄」は紀伊国造の紀直氏や武内宿祢後裔と称した紀臣氏の「キ」にも通じる。杵島郡の稲佐神社・妻山神社（ともに同県杵島郡白石町域）なども、五十猛神やその眷属神の祭祀で知られる。

日本列島に杉などの樹種をもたらしたことで、各地の紀伊神社や杉山神社の祭神とされることも多い。とくに武蔵南部（旧都筑・橘樹両郡や横浜市港北区域）には、五十猛神を祭神とする杉山神社の分布が多い。これは、五十猛神を奉じた人々・部族がこの地域の開拓を進めたことに因るものであろう。

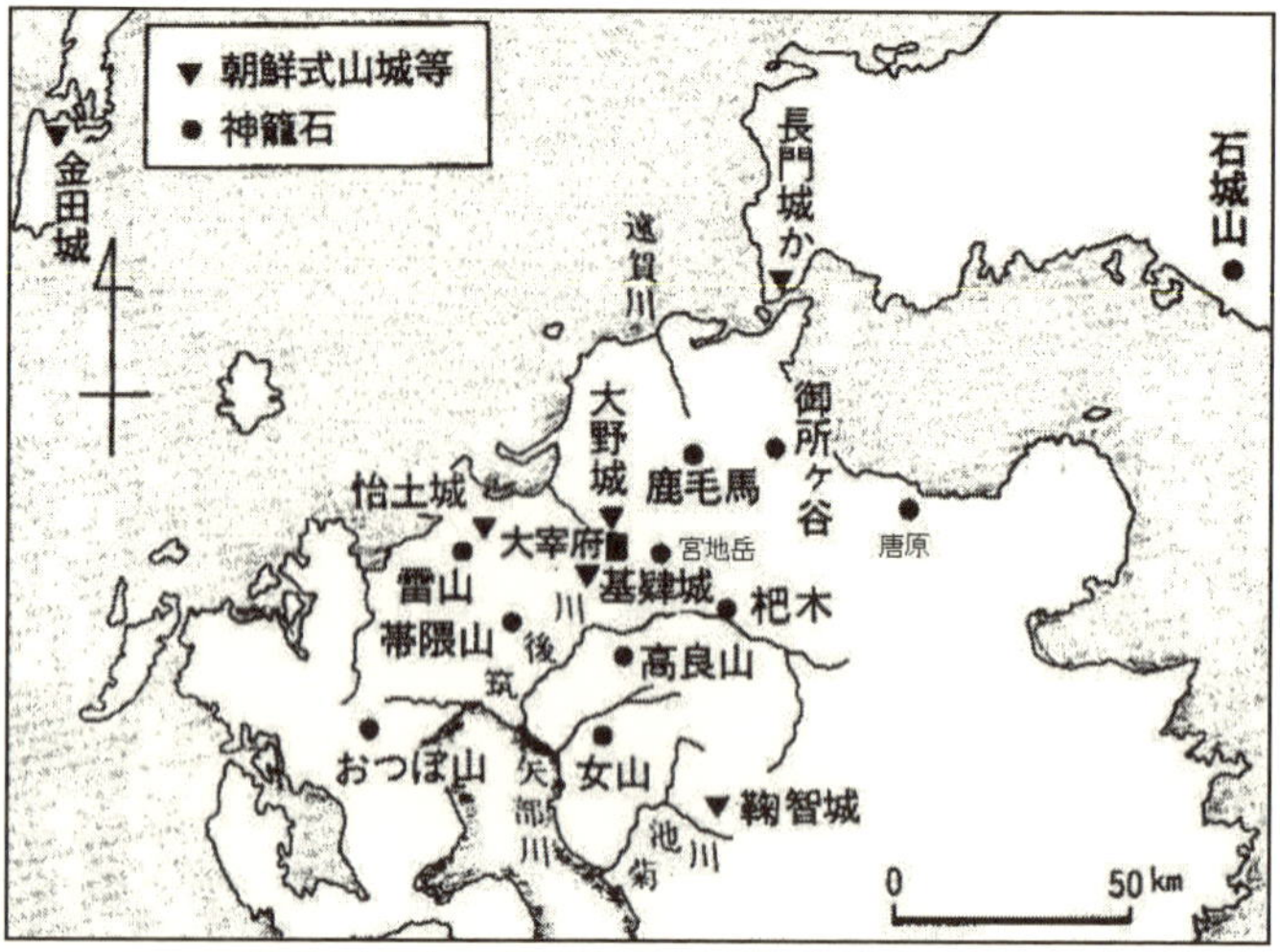

北九州・山口県における古代山城跡の分布

九州に戻って、五島列島、福江島の北部に位置する五島市（前・南松浦郡）岐宿《きしく》町岐宿に巌立神社（岩立三所大権現）があり、社叢は椎の大木やナタオレの木などの原生林として長崎県文化財に指

長崎県五島市の巌立神社

定される。対馬のイワタテ同名社に通じ、ここでは宗像三女神等を祀るが、本来は市杵島姫を祀るものか。長崎市香焼《こうやぎ》町の岩立神社では、境内に樹齢推定二百年という古木のエノキ（市指定天然記念物）がある。

岩立神社について言えば、このほか、出雲の東隣の伯耆西部にも同名社があり（祭神はいま大山祇命とされるが、疑問）、大山中腹の鳥取県西伯郡伯耆町岩立に鎮座する。ここでも、樹齢推定二百年という樅・杉・銀杏の巨樹群が社を深く覆うことで有名で、裏山には「岩滝さん」と呼ばれる古くから信仰の対象とされた巨石があり、周辺に岩立古墳群もある。近隣の金持《かもち》神社（同県日野郡日野町）や石見の物部神社別天神（島根県大田市川合町）などに祀られるのが、天之常立神である。この神は天地開闢の際に、別天津神五柱の最後に現れた神で、天（高天原）そのものの神格化ともされるから、具体的には五十猛神を指すのかもしれない。国常立神は、国土守護神ともされる。

佐賀平野から見る背振山地

これら五十猛神と眷属神を祀る神社や関連遺跡は、北九州では**天山**《てんざん》を含む背振山地の周囲に濃密に点在する。天山は、同山地の西部側、佐賀県のほぼ中央部に位置し、唐津・小城・佐賀・多久の各市に跨る。その標高一〇四六㍍は、同山地東部の最高峰、脊振山（標高一〇五五㍍）に次ぐ。

この辺の事情を踏まえ、天孫族の様々な特徴を次ぎに見ていくことにしたい。

鳥トーテミズム

天皇家・天孫族には、鳥トーテミズムや、始祖の卵生伝承らしきものなど、鳥にまつわるものが多くある。古くは「天の鳥船」や「八咫烏の先導」の伝承があり、倭建命の霊魂が白鳥となって飛び去ったという白鳥伝承も代表的であって、その墓の候補のいくつかには「白鳥陵」という命名がある。

河内の古市古墳群にある**津堂城山古墳**は、前期末頃の巨大古墳で、倭建命の陵墓に擬される。すくなくとも、当時の大王一族関係者の陵墓とみられており、一辺十七メートルの方墳状の特殊な施設には、巨大な水鳥形埴輪三体が配されている。この水鳥はおそらく白鳥ではなかろうか。鳥型の埴輪は全国的に分布するが、応神天皇陵に比定される誉田山古墳や継体天皇陵の可能性が大きい今城塚古墳でも見られ、これらに先行する。古墳の周濠から鳥形木製品が出土した例もあり、天上と地上を結ぶ聖なる動物という意味以上に、こうした鳥トーテミズムが大王一族にあったから祭祀に使われたものだとみられる（鳥形木製品や鳥装シャーマンは弥生時代から見られるが、穀霊信仰の現れとするのは疑問か）。中国の長江中・下流域にあった河姆渡文化期には鳥と太陽が象徴化されるとの指摘もある。

こうした鳥トーテミズムは、同族の息長氏から出た応神王統にあっても同様である。『記・紀』などに見える大雀・隼・根鳥・雌鳥・鷺などを名にもつ応神・仁徳近親の王族も、鳥トーテミズムの現れであろう。この系統の遠祖、少彦名神は鳥の神様ともいえ、天日鷲翔矢命の名ももつ鳥取部造の祖神でもあった。

応神天皇自体が、宇佐八幡の伝承に、金色の鷹が金色の鳩に変じ、さらに小児となって現れて「誉田天皇広幡八幡麻呂」と名乗ったと伝える（『八幡宇佐宮御託宣集』）。この金色の鷹は、菱形池のほとりにいた鍛冶翁の化身とされる。応神の前身（若い頃）は、垂仁天皇の皇子・ホムチワケ（品遅別、誉津別）として記紀に登場する（「ワケ」の名からして、垂仁の皇子ではありえないが）。ホムチワケは成人してもものを言わなかったが、空をいく白鳥の声を聞いて初めて話をしたので、山辺の大鶙《おおたか》が命をうけ捕らえたとの伝承がある（記紀に多少差異があるが、捕獲者は少彦名神後裔の鳥取部造の祖）。「大鶙」は鷲鷹類の鳥を表す名（通称）であり、これに対応して『書紀』に見える名の「天湯河板挙《ゆかわたな》」とは、実際には祖神の名であって、少彦名神の親・天若日子（天稚彦）の別名とみられる。

1937 年発行の葉書に描かれたもの㊧
1940 年発行の紀元 2600 年記念切手㊨

全国各地には**白鳥神社**が多くあり、日本武尊（倭建命）の伝説に因むとするものが多い。これらは、総じて天孫族諸氏の祭祀にかかるとみられる。福岡県にも白鳥の地名や同名社が多く鎮座する。順不同であげると、朝倉市白鳥・柳川市三橋町白鳥・京都郡みやこ町節丸字白鳥など白鳥の地名や、久留米市荒木町白口、田川市猪国、嘉穂郡嘉穂町馬見、八女市黒木町大淵、八女郡矢部村北矢部などに白鳥神社が鎮座する。大分県にも同名社が多い。久留米市白山町や神埼市神崎町城原にある「白角折神社」（前者の地ではシラトリ、後者ではオシトリと訓む）も関係社とみられ、後者には樹齢千年超という楠の巨木がある。

神武の大和侵入に際しては、八咫烏が道案内し、金色に輝く霊鵄（実体は八咫烏同神で、少彦名神後裔によるトーテム表示）が皇弓の筈（弓の弦をかける所）に止まって、抵抗する長髄彦軍の平定に助力したという伝承もあり、天孫の徴表が天羽羽矢であったとも記される（『書紀』）。天日鷲翔矢命（少彦名神の別名）の後裔には、長白羽神（天白羽鳥命）、天羽槌雄神や鴨族諸氏がいる。鍛冶神たる天目一箇命や少彦名神兄弟の父・天若日子（天津彦根命）は、自ら雉を射抜いた「反し矢」によって殺害されたが、その葬儀に際して、川鴈・雀など多くの鳥が役割を担ったと『書紀』に記される（割註では、本文より多くの鳥の名をあげる）。

これは、『春秋左氏伝』の昭公十七年条に見える山東省南部の夷系の国、郯子《たんし》国の多くの鳥の名を付ける官名に通じるようであり、松本信広氏は、死者の魂を他界に連れていく鳥の観念と関連すると説く。朝鮮半島南部の弁辰（弁韓）でも、死者を天上に飛揚させるため、大鳥の羽根を用いて死者を送るという風習があった（『三国志』魏書弁辰伝）。水上静夫氏も、中国の中原東方には郯子国など鳥トーテムをもつ諸氏族があり、殷族がこれらと一群の種族だとみる（『中国古代王朝消滅の謎』、一九九二年刊）。郯子国（郯国）は山東省郯城県（山東半島の基部の南方）の西南境に位置し、春秋時代に魯の属国であったが、東夷族の祖・帝少昊《しょうこう》の後とされ、嬴《えい》姓の国とされるから、秦・趙や徐、黄、江、李などの国・君と同族である。山東にあった大国・斉は、もとは秦と同じく嬴姓の蒲姑（薄姑。殷代の侯爵国）の領域といい、少昊自体もその別名の「鷙《し》」が手で鷹鷲を執るという意味だとされる。

白川静氏も、金天少昊氏と山東の郯子とは同じ系列に属するとみる。殷は種族的には夷系に属するとし、殷の王朝的規模は、倭の五王期とあまり異なるものではなく、殷墟に残される十三基の地下王陵は、わが国の仁徳、応神の諸陵にほぼ匹敵し、殷が直接支配した地域も、西日本の全域程度のもので、絶対年代の異なることを除けば、両者の条件はきわめて似ている、と指摘する（『中国の神話』）。殷の始祖の舜には、もと太陽神であったらしい形跡があり、アマテラスの信仰と似ているといえよう、とも言う。

中国では、『春秋左氏伝』より更に古い『逸周書』の「王会編」に、鳥トーテムをもつ異族が見える。周王が成周（いまの洛陽）に壇を築いて万国を会集する状況を記述するなかに、森林が密集する山陵地帯の異族が多く奇鳥瑞禽を献じており、鳥トーテミズムをもつ秦の出自がこの方面にあると白川静氏も指摘する（上掲書）。これら西方の諸夷は、黄河上流域山陵部の森林密集地帯（上古代の当時。内蒙古のオルドス地方か）のあたりに居たとみられる。

日本では、**天若日子**は、子の少彦名神を通じて、鳥取部造の遠祖でもあった。鳥の名をもつ人名（神名）も天孫族系統にかなり見られる。先にあげた天日鷲翔矢命の一族のほか、素戔嗚尊自体が須佐能烏命とも書かれる。出雲国造の遠祖・天夷鳥命（天鳥船命、武日照命）の実体が、鍛冶部族の祖・天目一箇命に通じると、別書（『越と出雲の夜明け』）で述べた。同国造の初祖の名は崇神朝の鵜濡渟《うかづくぬ》命と伝える。国造家の遠祖・櫛八玉命（伊佐我命のことで、天夷鳥命の子）は、鵜となって水に潜り、水底で採取した埴土（赤土）で「天八十毘良迦《びらか》」（多くの平たい土器）を作り、料理人となって大国主神に供膳したと伝えるが（『古事記』の国譲りの段）、その伝承を思わせる名である（すなわち、「鵜が潜《かづ》く沼《ぬ》」だから、一種の通称か）。

これと同祖の鍛冶部族・三上祝氏一族でも、鳥鳴海命（三上祝の祖）、速都鳥命（穴門国造の祖）、意富鷲意弥命《おおわしおみ》（師長国造の祖）等の鳥の名の人々が見える。長門の穴門国造の系譜は、「国造本紀」には桜井田部連と同祖と見えるくらいだが、鍛冶神天目一箇命の後裔で天孫族たる近江の三上祝の一族であり、代々が式内の住吉坐荒御魂神社（現住吉神社。山口県下関市一の宮）に奉仕した。その由来は、託宣を行って韓地征討に功績のあった住吉三神の荒魂を、践立《ほむたち》が神主となって当地の山田邑に祀った、と『書紀』神功皇后摂政前紀に見える。同社（長門一の宮）及び近隣の忌宮神社（二の宮）では、特殊神事「スホウテー（数方庭）」があり、竹竿の頭に羽根を挿し鈴をつけた道具を用いる風習がある。

北九州でも、吉野ヶ里遺跡を始め弥生時代の出土品には、杆頭《かんとう》にとりつけられる木製の鳥製品が頻出する。このような竹竿は、朝鮮半島の「鳥杆」（鳥竿。杆頭に木製の鳥をつけて寺院の入口等に立てられ、「ソッテ」などとも呼ばれた）や「蘇塗《そと》」（大木に鈴鼓を懸けて鬼神を祀った）につながる。鳥杆に似たものが、佐賀県神埼郡千代田町の詫田西分遺跡でも出ている。こうしたソッテの習俗は、ウラル・アルタイ族に普遍的な信仰である北方的祭天儀礼と位置づけられ、シャーマニズム文化に帰属する（萩原秀三郎氏の『稲と鳥と太陽の道』）。

吉野ケ里遺跡。木に止まる木製の鳥製品が復元されている
（佐賀県吉野ケ里町）

始祖の卵生神話

高句麗の祖・朱蒙（東明王）は、日の光に感精して生まれた卵から成長し、弓の名手であった。鶏卵のような精気が天上から降りてきて女が妊娠し生まれたとも伝える。こうした所伝は早く、「好太王碑文」等にも見えており、始祖鄒牟（朱蒙のこと）は天帝（ないしその太子の）の子で卵を割って

出生したとある。東夷の祖神・帝少昊の子（一に子孫）の揮は初めて弓矢を作り、張姓を賜ったと伝えるが、わが国の鳥取部・弓削部・矢作部を管掌した氏（鳥取連・弓削連・矢作連）は天孫族の出で、いずれも遠祖が少彦名神であった。

『魏書』や『隋書』等の高句麗伝では、高句麗の高官や使者は冠に「二本の鳥の羽」を挿すと記されており、これも鳥トーテミズムに関係しよう。「東明王編」（高麗の李奎報の叙事詩。一一九四年成立）には夫余の祖・解慕漱《ぼそう》（へ・モス）が頭に鳥羽冠をかぶり五竜車に乗り、百余人のお供はみな白鵠《かささぎ》に乗って天降りしてきたと記される。この解慕漱が河伯の娘・柳花を娶るに際して、河伯との変身合戦で最後に鷹に変じて圧倒したので、ほんとうに天帝の子だと認めたという記事もある。高句麗には烏骨という城（遼寧省鳳城市に残る鳳凰山城で、高句麗最大の山城）、烏拙という大官（十二官位のうち第六）もあり、鬼神・社稷・霊星（農業神）を祀った。

古くは『逸周書』王会篇に、周王朝第二代の成王が諸侯を招集したとき、高夷が見えており、これが高句麗族の源流だと、『隋書』を編纂した唐代の孔穎達が言い、鵠（白鳥類）のトーテムを祀るとする。「高夷」は遼寧省撫順市周辺に居たともいう。

新羅の国王初代で朴王家の祖・赫居世、金王家の祖・金閼智《あち》や昔王家の祖・脱解や、伽耶の金官王家の初祖・首露にあっても、卵生神話や誕生時に鳥にまつわる伝承（金閼智の場合は、その到来を白鶏が告知）がある。

わが国の天皇家には、鳥類にまつわる卵生伝承は端的な形では見られないが、これが天孫降臨の際の**真床覆衾**《まとこおうぶすま》に関連するといわれる。この真床覆衾は、殷の王権・即位の儀礼に見られる「綴衣」という先王の用いた衾に通じると白川静氏がいう（『中国の神話』）。

殷は東夷系で、玄鳥（燕）の卵を呑んで懐妊した女性の子・契《せつ》（『荀子』に「契玄王」という表記あり）という者が始祖で、商の地に封じられたという卵生説話をもった。先祖の王亥は鳥形神の字形で表され、その神像は両手で鳥を操り、まさにその頭を食らう、と白川氏が『山海経』や卜辞を踏まえて表現する。鳥トーテムの強い色彩があり、王は巫祝としてシャーマニズムが盛んであった。殷の子孫が周王朝の祭儀に客神として参加して降服の儀礼を再演し白鷺の舞を献じたことは、同様に記される。

殷の伝承などから、この殷族を貊民族の一分派とかツングース族とみる見解（文崇一や、シロコゴロフの『北方ツングース族の社会構成』）がある。殷の起源は、祭祀・主食（オオムギ）などから考えて、西方からの侵入説（西方系の遊牧民族の一派とみるもの）を水上静夫氏が唱えており、これもおそらく妥当であろう。この場合、西戎は東夷に通じる模様である。

鳥のトーテムとシャーマニズムの関係でいうと、もとの筑前国怡土郡にあたる糸島市有田の上鑵《じょうかん》子《す》遺跡では、鳥の羽飾りをつけた鳥装の司祭の絵を刻んだ木板が出ている。これは弥生中期頃からの遺跡とされる（奈良時代の製鉄跡もある）。佐賀県神埼郡吉野ヶ里町大曲の瀬ノ尾遺跡（旧東脊振村域で、吉野ヶ里遺跡の東側の丘陵に位置）からも、羽飾りをつけた鳥人とみられる絵を刻んだ弥生期の土器が出土した。吉野ヶ里遺跡の西方近隣、神埼市神埼町竹にある川寄吉原遺跡からも、頭に羽をつけた人物を刻んだ鐸形土製品や銅鏃が出た。韓国のシャーマン（巫師・祈祷師。「シャマン」とも表現される）は、今日でも雉の羽がついた帽子をかぶる。吉備でも、弥生中期頃の新庄尾上遺跡（岡山市北区御津新庄）から出た絵画土器には、鳥に扮した人（嘴とトサカ状の装飾がついた人）が描かれる。鳥スタイルのシャーマンには山口博氏も注目するが（『大麻と古代日本の神々』）、わが国の祭祀担当の忌部氏一族（中央及び阿波・安房に分布）は天日鷲命の後裔であった。

中国・吉林省南東部の集安市は高句麗の旧都だけあって、同市人民政府の庁舎前には高句麗の象徴である「三足烏」（太陽に住むとされ、足が三本あるカラス。林巳奈夫《みなお》氏は、実は龍山文化から伝統のある大型猛禽のイヌワシだという）の銅像が立つという。その案内板には「太陽鳥（三足烏）は中国古代の伝説に登場する。高句麗の壁画の三足烏は高句麗民族と中原民族が同じ太陽鳥を崇拝したことを示す」と書かれていた。現実に高句麗の古墳壁画に太陽の中に描かれた三足烏が見られる。これは、わが国鴨族の祖・八咫烏にも通じ、三足烏で描かれる。

イヌワシ（金雕）を現在でもトーテムとすることで知られるのが、中国・新疆ウイグル自治区に西隣する中央アジア・カザフスタンのカザフ族で、古代烏孫の末裔という（二〇一五年一月二九日のNHK第一テレビで、イヌワシを扱う少女鷹匠の話が「世界最古のイーグルハンター　モンゴル・カザフ族」として放映された）。ウイグル族・タジク族や清朝（満州人）、エヴェンキ族・ホジェン族などのツングース種族も鷹をトーテムとした。鷹が天神テングリの使者であり、女人との間に生んだ男子が最初のシャーマンだと伝える（以上はネットの「百度百科」）。イヌワシをトーテムとする信仰が上古の華北文化に存在したとの指摘もある。四川省広漢市の三星堆《さんせいたい》遺跡（約三千年前の殷代晩期のものか）から発掘された青銅神樹（扶桑樹、太陽樹）の枝には九羽のイヌワシが止まっており、この鳥が太陽を表すとみられている。

太陽神の祭祀

鳥トーテミズムは、世界各地で太陽神信仰や鍛冶屋伝承に結びつくことが多い。中国の射日神話では、弓の達人・羿（ゲイ。后羿ともいう）が帝堯の命を受け、人々を苦しめる十個の太陽のうち、一つだけ残し九個の太陽を射落としたが、この射落された太陽の実体が三本足のカラス（火烏）だったという。鳥が霊魂を運ぶ太陽の使者だとする中国の神樹思想にも通じる。殷の王族は太陽の末裔だと当時考えられていた。十個の太陽（十日）は、帝俊（帝舜）と妻・義和との子とされる（『山海経』大荒南経）。なお、帝俊の妻・常羲（嫦娥）は天照大神に通じるともみられ、また、后羿の妻ともいわれ、これが月神ともされる。

わが国の天孫族もこの例に漏れず、鍛冶部族で鳥トーテミズム、太陽神祭祀をもった。皇祖神の天照大神が天岩戸に神隠れしたことで、高天原を含め世界が真っ暗になったという天岩戸神話が有名である。もっとも、こうした「日隠れ神話」は世界中にあり、上記の射日神話にも通じるから、わが国天孫族に限った話ではないが、天皇家が祭祀などで太陽神信仰をもったことは疑いない。太陽神を祀る朝鮮半島・日本の巫覡に女性の数が多かったこともあり、これが推古・皇極・持統などの女帝出現とあいまって（推古女帝の出現が直接の契機か）、日本では太陽神が後に女性神に転化したが、原型は男性神であった。三浦茂久氏も、天照大神は本来、月神であったとみており、高天原神話に見える天照大神の機織りは月神の特徴だとされる（『古代日本の月信仰と再生思想』二〇〇八年刊）。

天照御魂神こと天照大神に代表される太陽神を、天皇家は伊勢皇太宮などで奉斎し、これに奉仕する日置部《ひおき・へき》も天孫族の流れから多く出た。日置・日置部を名乗る氏には諸流あるが、応神天皇皇子の大山守王の後（『姓氏録』右京皇別）、忌部首の一族（同・未定雑姓和泉の日置部）や土師連の一族（出雲国造族）などが知られる。

渡来系にも日置があって、高句麗に出自の日置造（左京・右京・大和・摂津の諸蕃）、日置倉人（大和諸蕃）の諸氏が『姓氏録』に見える。こちら諸氏は高句麗の権臣・淵蓋蘇文（泉蓋蘇文、蓋金、伊梨柯須弥）の族裔であり、高句麗王家と同族の蓋（盖）氏の流れであった（遙かな遠祖は、天孫族と同じか）。この一族は、京都に居住して八坂造氏となり、祇園で牛頭天王ことスサノヲ神を祭祀した。日本での先祖で、『書紀』斉明二年条に見える高麗の副使の伊利之とは、権臣の泉蓋蘇文の従弟の蓋須のことであった。その子孫には、日置造と八坂造との二大系統があって、後世に永くつながった。八坂造は後に紀朝臣氏と通婚し、紀姓を称した。泉蓋蘇文は高句麗五部のうちの順奴部の出で、父は東部大人、大対盧の官職にあり、父の職務を承け高句麗軍事の大権を握り、主君栄留王と多数の支持者を殺害し、宝蔵王を擁立して大莫離支《ばくりし》（宰相）にもなって、唐と対抗した。

天孫族の一派、鴨族の祖・鴨健角身《たけつのみ》命（天日鷲命ともいい、実体は少彦名神）は異名が「八咫烏」ともいわれる。その子孫が、神武の大和侵攻を先導した伝承のある八咫烏（先祖と同じ通称）であり、光り輝いて敵の戦意を消失させた金鵄にも化身した（「金鵄＝八咫烏」の平田篤胤等に同意。この「烏」の実態がイヌワシなら、後頭部の羽衣は光沢のある黄色で、英名〔Golden Eagle〕の由来でもある。林巳奈夫氏の著『中国古代の神がみ』では、青銅神樹に止まる「太陽の鳥」は、体つきから見ても、龍山文化から伝統のあるイヌワシだとする）。この八咫烏が、忌部首や日置部の遠祖でもあった。律令時代において、主殿寮に仕える名負五氏のなかに日置・鴨県主があり、日置氏と鴨県主が火を受け持つ類縁の間柄にあった。葛野郡の名神大社、木嶋坐天照御魂神社も鴨氏族の奉斎にかかる。

各地に多く鎮座する**天照御魂神社**は、祭神が物部氏祖神（饒速日命）とか天火明命だと受けとられることが多いが、基本的には皆、男神の天照大神のことである（穂積氏の伝えた系図には、天忍穂耳命の父として「天照御魂太神」と記される）。対馬の天道（天童）信仰も特徴的で（日ノ神、穀霊、祖霊の信仰という）、当地には扶余と同様な太陽感精神話も伝えられる。天孫族は渡来の経路として一族や祭祀・習俗を対馬に遺した。「国造本紀」には、津嶋縣直をあげ、始祖の建弥己己命は高魂尊の五世孫で、橿原朝（神武天皇）の頃に置かれたと記される。この官の設置の時期は早すぎるが、系譜は出雲国造の同族の出であった。

高祖山（福岡県糸島市）

太陽神信仰と鳥トーテミズム・卵生神話が合わされば、霊山信仰・霊鳥伝承や「天帝」の子孫の降臨・天降りや国見の伝承にもつながる。広く伽耶まで含む東北アジア地方諸国の王家や天皇家について、祖先が高山（ないし、その山頂の高い樹）に降臨したという伝承が多い。それ故に、これら各々の国の聖山（新羅の吐含山《トハムサン》、百済の北漢山（高木山）、金官伽耶の亀旨峰（金海の亀山洞）、大伽耶の伽耶山や、日本のクシフル岳（糸島市の高祖山のことで、原田大六などが言う。南九州の日向国ではない））として祭祀対象とされる例が多い。匈奴や鮮卑（遼西の朝陽付近の弾汗山）・烏丸、扶余などでも各々が聖山をもち、山上祭天の儀式をした。

『三国遺事』には、天帝桓因の子、桓雄は父から三つの天符印（「鏡・剣・鈴」という）を授かり、大勢を率いて太伯山（今の妙香山（平壌の東北方）とされる）の頂上の神檀樹の下に天降っており、その教示に基づき人間になることに成功した「熊女」（熊トーテム族の女性と解する李丙燾氏に同意）との間に檀君を生んだ、という神話が見える。新羅の脱解王は、高麗時代にも「東岳神」と言う山神として祀られた。東嶽（東岳）とは、慶州市街地の東方の吐含山のことであり、新羅五嶽のうちに数える同市の最高峰で、日本海を展望できる護国の鎮山として神聖視され、天に祭祀を上げた聖山として知られる。脱解については、日本列島の出身で海路到来と伝えられ、天孫族や天日矛と同族の出とみられる（後述）。

ここまで、天孫族の祖系や祭祀・習俗などを見てきたが、天皇氏族の特徴的なもののうち、主に考古遺物・遺構などに絡まる関係は次の章で見ることにしたい。

三　鉄鍛冶と巨石墓・副葬品

鳥トーテミズムは世界各地で鍛冶屋伝承に結びつくことが多いと先に記したが、ここでは天孫族の鉄鍛冶に絡む物事を考えるとともに、巨石信仰・祭祀やそれにつながる墓制や鏡などの副葬品などについて見ていく。

鉄鍛冶の技術

朝鮮半島における鉄器使用については、その北部でほぼ前四～三世紀頃から始まったとされる。このことは、竜淵洞遺跡（平安北道渭原郡）などで伴出する燕の貨幣・明刀銭から知られる。これら鉄器類の器種・形式も燕の鉄器文化に近似する。この鉄器文化は半島中南部へは、前二～一世紀までに次第に普及していった（武田幸男編『朝鮮史』など）。韓国の西海岸地域で細形銅剣、多鈕細文鏡に伴う鋳造鉄器の出土例が近年、増加し、その年代が前二世紀代に属するといわれ、忠清南道の合松里遺跡出土の青銅器・鉄器（鋳造鉄斧など）の組合せ例が示される。朝鮮半島南部の鉄関連の生産遺構の最古例として、前二世紀後半の鍛冶工房、釜山市萊城《ネソン》遺跡があげられる（ともに、村上恭通氏『倭人と鉄の考古学』）。

そうすると、鉄器関係の技術が海を渡って日本列島に伝わるのは、その辺の時期より少し遅い頃となる。最近、放射性炭素年代測定法などでは、九州などの鉄器で例えば前八、七世紀など、とてつもなく古い年代値を示すものもいわれるが、これは、むしろ測定値（ないし推定値）のほうに問題があって、疑問が大きい（自然科学的な年代算出法による数値は、空中の炭素濃度などを踏まえた較正年代曲線による的確な補正が必要であるが、この補正関係に問題があろう。弥生時代の始期も随分な遡上となるが、稲作・青銅器文化の列島将来が越族系種族によることを考えれば、弥生前期の年代には自ずと遡上の限界があり、この辺が無視されすぎている）。

中国・遼寧省から朝鮮半島北部にかけての地域には鉱物資源が多くあり、その辺りで鉱石を採掘して鍛冶技術が進んだ。伽耶や新羅にも鉄資源が多く、弁辰の国々から鉄を産出し、韓・倭・濊がみな鉄を採ると『三国志』弁辰伝に見える。金官伽耶の初代首露王には鍛冶屋の伝承があり、新羅の脱解王にも鍛冶一族との伝承がある。それによると、脱解は、瓠公の家の傍に密かに礪炭（「礪炭」は鍛冶場の痕跡を示す砥石と炭）を埋め、その翌日に瓠公の屋敷の門前に行き、ここは自分の祖先の家だと主張し、この鍛冶痕跡を証拠として瓠公の屋敷を乗っ取ったと伝える（慶州では、一世紀代の隍城洞遺跡の鍛冶工房遺溝がある）。

脱解が流されて漂着したとの伝承は、大隅正八幡宮の八幡神漂着神話と同様であって、「八幡神も脱解と同じく童子で、治匠・鍛冶神として示現する」と大和岩雄氏は指摘する（『日本にあった朝鮮王国』）。両者がともに鍛冶部族の出とされよう。

日本の鍛冶神の祖として、五十猛神をあげる見方もある。この関係社の分布等から見て、「帰化系の韓鍛冶によって奉祀せられた神」、韓鍛冶の祖だと真弓常忠氏はみる（『古代の鉄と神々』）。東国でも上野国多胡郡韓級郷《からしな》の辛科神社（現多野郡吉井町神保）は、速須佐之男命・五十猛命を主神とするなど、「韓・辛」を名づける神社には両神を祀るものが多い。

しかし、真弓説には若干の誤解がある。すなわち、五十猛神は韓から渡来の鍛冶の祖であり、かつ製鉄燃料としての木材の育成にかかわる神でもあるが、「韓鍛冶」より先に入った「倭鍛冶」のほうの祖であり、「韓鍛冶」の祖は後の応神朝になって阿知使主に随行して来た卓素とするのが妥当である。『古事記』応神段には、手人韓鍛で名は卓素なる者を百済が貢上したと見える。卓素は、一に阿智使主に随従し渡来してきたともいうが（『姓氏録』逸文）、後裔には大和国宇陀郡の佐波多《さはた》村主や御池造《みいけ》を出し、これらから大和の手掻《てがい》（天蓋）、保昌をはじめ、美濃の文殊・関、筑後の三池など多くの刀工を各地で輩出した。

日本列島に渡来した卓素の系譜は不明だが、大陸の古い卓姓のなかには楚国の王族から出て、戦国時代に蜀（今の四川省）に遷って、冶鉄で富をなした者があった（「百度百科」）。

鳥と鍛冶とは関係が深いことは、アジア・アフリカなどの神話伝承に広く見られ、鉄鍛冶屋とシャマン（祭司）・鳥とは、北アジア等で親縁性がみられるという田村克己氏の指摘もある（「鍛冶屋と鉄の文化」、『日本文化の探求・鉄』所収、一九七四年）。ヤクート人の諺には、「鍛冶屋とシャーマンは同じ巣から生まれる」ともいう。ブリヤート人には、「白」天神テングリが天上界から地上に鍛冶屋を送ったという伝承がある。

日本でも、鳥と鍛冶に関連する神話・伝承の例が多い。金属神の金屋子神（金山彦神に通じる）が白鷺に乗ってきたという『鉄山秘書』（一七八四年成立）に見える伝承ばかりでない。八幡神も鍛冶屋と縁が深く（この神が「鍛冶の翁」として現れ金色の鷹や鳩に変身する伝承は先に記載）、こうした信仰が対馬の天童伝説を経て、朝鮮の新羅王第四代の昔脱解（もと鍛冶屋という伝承は上述）につながる可能性も指摘される。

　東夷の神「蚩尤《しゆう》」の一族は、兵器を製造した鍛冶神・風神で兵主神といわれる。この神は炎帝神農氏の子孫で角のある牛頭で鉄の額をもつともいうから（『述異記』等）、牛頭天王たるスサノヲ神や、角凝魂命の名に通じる。同族とみられる天日矛一族ともども、五十猛神の後裔一族はわが国有数の鍛冶部族であった。日本の鍛冶神・天津麻羅（金屋子神）とは、天孫族の一員で鍛冶屋にふさわしい天目一箇命という別名をもち、応神天皇を出した息長氏族や物部氏族・額田部氏族（三上氏族）などの鍛冶部族（鳥取氏族もこの性格あり）、鏡作氏族、宇佐国造など、多くの氏族について直系・傍系の遠祖であった。

東北アジア地方の支石墓

巨石信仰と墓制について次ぎに見ていく。天孫族には巨石祭祀が多く見られることを先に述べたが、これに関連して、巨石信仰の現れとみられる支石墓・積石塚などの巨石文化が古代の東北アジア、満鮮地方に多く見られた。『三国志』高句麗伝にも、石を積んで土を盛り、松柏を列べて植えるとの記事があり、主に積石塚をさすものか。

　三上次男氏の『満鮮原始墳墓の研究』（一九六一年刊）を見ると、**支石墓**（ドルメン）について興味深い指摘がいくつかある。これらの要点を挙げると、その築造者が前三世紀末～前二世紀初ごろから活動期に入った貊人（後の高句麗人と同系統）に違いないこと、分布は遼寧地区と朝鮮半島を中心とし、中国・山東省やわが国の北九州にも僅かながらあること、後の高句麗人は支石墓の分布地帯を舞台として政治的に大きな発展を遂げたこと、支石墓は石棺墓の巨大化した形式とみられるが、両者の拡がりは朝鮮半島において完全に一致し、南朝鮮においては両者が合して複合形を取るものさえあること、などである。

　支石墓は朝鮮半島の先史時代を特徴づける遺跡であり、この地域にある支石墓の数が約二・五万基と世界で最も多い。なかでも、西側の全羅南道に遺跡数が圧倒的に多く、東海岸の慶尚南・北道でもかなり見られる。型式は主に二種あり、A北方式（支石が高い卓上支石墓。卓子型）とB南方式（支石の低い碁盤型支石墓。蓋石式。地上の表面におかれた巨石〔塊石〕を複数の小石で支えて、地下に死者を埋葬する方式。変形支石墓という表現もなされる）、に区別され、前者の方式が先行する（紀元前後頃までに後者が出てきたか）。最近、西暦二〇〇〇年には高敞、和順、江華の三支石墓群が世界遺産に登録されたが、これを北から順に言うと、

①江華支石墓群：ソウル西方の仁川広域市江華郡（江華島）に約一二〇余基が広範囲に散在。北方式。漢江以北に分布する、この墓制は無文土器文化人たる濊貊の墓制だと李丙燾氏はみる。北方式は、居住地から見てもツングース系とされよう。仁川あたりは上古の弥鄒忽で、百済始祖という温祚の兄・沸流が都した地と伝える。

②高敞《コチャン》支石墓群：全羅北道高敞郡にあり、一・八キロ弱の範囲

朝鮮半島の支石墓（ソウル西方の江華支石墓群）

に四四〇余基が群集。韓国最大の支石墓密集地域で、北方式と南方式が混在。両形式の境界は、ほぼ全羅北道付近とされる。

③和順《ワジュン》支石墓群：光州広域市の南、全羅南道和順郡にあり、十キロにわたり約五百基が分布。最近発見されて、保存状態が良い。南方式。和順の大谷里遺跡からは細形銅剣5、多鈕細文鏡2や各種の銅鈴類が出土した。

南朝鮮において主要な地位を占めるのが**南方式**で、巨石使用という点で北方式と共通するが、南朝鮮で独自の発展を遂げた。その分布が特に顕著なのは半島南西地域（現・全羅道）であるが、慶尚道にも多く、前一世紀中には南方式の支石墓が姿を見せた、とされる。

慶尚北道では、南西部の高霊あたりにも支石墓が多く造られた（大加耶博物館のHP記事）。紀元前後になると、朝鮮半島の支石墓には銅剣（細型銅剣）が副葬される。高霊の北方近隣の星州《ソンジュ》地区では、支石墓の分布形式、山城の位置・形式から推すれば、高霊よりも早く栄えたとされ、高霊の東隣の大邱《テグ》地区でも、支石墓の形式はかなり古いものを含んで幅広くある。慶尚南道では、金海地区に初期支石墓群などが集中する（光岡雅彦氏の『韓国古地名の謎』など）。この支石墓を北九州にもたらした部族があった。

北九州の支石墓

日本列島の支石墓は朝鮮の南方式であり、対馬・壱岐ではこれが見られずにこの地域を通り越し、直接に北九州に飛ぶ。九州北西部の長崎県北部・佐賀県の分布が多く、これにつながる福岡西部にも分布するが、ここら地域が最古級かそれに続くものとされる。熊本・大分の各県にも少しだ

葉山尻支石墓群（佐賀県唐津市）

がある。総じて、天山を中心とする背振山地の周囲に主に点在する（『日本考古学事典』甲元真之氏の表現では「福岡西部から長崎北部の沿岸地域と佐賀平野に分布」。佐賀県と福岡県玄界灘沿岸とする記事も別途ある）。これまで百余遺跡、五百基超が知られる。

なかでも最古級とされるのが、佐賀県唐津市半田《はた》の**葉山尻支石墓群**（碁盤式の支石墓五基、甕棺墓二六基が検出。甕棺墓には管玉・鉄器片が副葬）である。この地は、松浦川下流東岸の微高地にある（支流の半田川流域で、鏡山（松浦山、領巾《ひれふり》振山。標高二八四メートル）の南方、飯森山の北側に伸びる斜面丘陵にあり、近くには宮地嶽神社・宝満神社や高良の地名もある。これら地名から見ても要地性が窺われる）。

半田の南方の飯森山からは、西側の宇木川（松浦川支流）を挟んで夕日山（標高二七三メートル）があり、その東北に伸びる小丘陵の麓の平坦部（宇木川の西岸部に近い）に宇《う》**木《き》汲田《くんでん》遺跡**が

宇木汲田遺跡（佐賀県唐津市）

ある。この遺跡の弥生期甕棺墓は約一三〇基もの多数とされ、これらから多鈕細文鏡や細形銅剣（世界に数例のみ確認される触角式有柄銅剣もある）・細形銅戈・細形銅矛・銅釧・管玉・勾玉などが数多く発見された（三種の神器セットも含む）。これら副葬品から、末盧地域の初期王墓とすらみられる（弥生時代中期前半の遺跡とされることが多い）。

宇木汲田遺跡とその周辺にも、瀬戸口支石墓群（十四基）・森田支石墓・岸高支石墓などがあるから、近隣に立地する葉山尻・宇木汲田の両遺跡を一体的にとらえる必要がある。前期古墳の久里双水古墳（墳丘長は約九八メートルないし一〇八メートルで、柄鏡形に近い形態という）も近隣にある。ここからは、二重口縁壺や鉄製刀子・平縁盤龍鏡（越後〔胎内市〕の城の山古墳出土に類似という）・碧玉製管玉が出たが、これも三種の神器セットに準じるか。

葉山尻支石墓群に、近在の大友遺跡支石墓（呼子町）・森田支石墓群（同市宇木）及び桜馬場遺跡（中国鏡など豊富な副葬品が出土。王都に比定される）を併せて、唐津松浦墳墓群という総称で、国指定の特別遺跡とされる。わが国の支石墓は、この唐津辺りを基点に拡散したと一般にみられている。

佐賀平野では、佐賀市金立町にある弥生前期頃かという**金立《きんりゅう》支石墓群**（もと**久保泉丸山遺跡**）が知られる。長崎自動車道（九州横断自動車道長崎大分線）の建設にともない、同市久保泉町大字川久保（背振山地の金立山南麓で、神籠石のある帯隈山の西方近隣の台地上）にあった久保泉丸山遺跡が、西側へ五百メートルほど近隣の金立公園内に「丸山遺跡」として移設・復元された。そこには、支石墓十六基のほか、甕棺墓・箱式石棺墓や五、六世紀頃の円墳八基などが原型を踏まえ復元されたものの、原状が失われている。もとの遺跡には、古墳群の墳丘下に残された墓壙などが百十八基あって、これが上石を失った支石墓の下部構造として残り、その他の形状の墓もあって元の総数は百数十基にのぼる（百五、六十基ほど）ともいう。副葬された縄文晩期～弥生期頃の壺には籾の圧痕が認められ、初期稲作と韓地渡来系の支石墓との関係も明らかになった（「日本大百科全書」の高島忠平氏の記事などに拠る）。

金立山（標高約五〇二メートル）の南麓の同市大字金立には**金立神社**（『三代実録』に見在の神社）があり、保食神・罔象売《みずはのめ》（両者は同じ女神で、食物神、水神）を祭神とするとともに、当地あたりには、不老不死の薬を求めてきた秦の徐福伝説も残るので、併せて同社に祀られる（金立公園には徐福長寿館もある）。同社境内には磐座や多くの巨石が見られる。近隣の金立遺跡からは、弥生中期の甕棺八基や二重口縁壺などが出土した。金立山の前面、北山正嶽の中腹には、正現稲荷神社（金立公園の西北近隣で、金立神社の東北方）が鎮座する。その別名を嶽ノ森神社と言い、古代から山岳信仰の霊地として知られ、この付近にも巨石がある。

金立神社（下宮）＝佐賀市

金立支石墓群南方の佐賀平野では、佐賀市本庄町の増田遺跡甕棺墓と同市大和町の本村籠遺跡甕棺墓から各一面の多鈕細文鏡も出た。佐賀あたりには、肥前の第一・第三の規模の大古墳である中期の**船塚古墳**、前期の金立銚子塚古墳もある（ちなみに、第二位は唐津の久里双水古墳）。前者は大和町にあり、造出しをもつ三段構築の墳丘長が一一四メートル（総長一三六メートル）で陪塚円墳十一基をもち、家形埴輪・大型勾玉を出土し、五世紀半ば頃の築造とされる。後者は、金立神社の南側に位置し、柄鏡式で三段構築の前方後円墳（墳丘長が九八メートル、総長一五〇メートル）であり、墳形と二重口縁底部穿孔壺・円筒埴輪の出土から四世紀後半の築造とみられる（『全国古墳編年集成』）。一部に四世紀末頃の築造とするが、もう少し早い）。

佐嘉郡は佐嘉県主の本拠であり、景行紀などに景行天皇の子で水沼別（水沼県主）の始祖との伝承（もちろん系譜は仮冒）をもつ国乳別皇子の流れを汲む。その子に伊《い》波《わ》狭《さ》賀《が》命（「石佐賀命」の意か）が中田憲信編『皇胤志』に見えており、後に中央の大族巨勢臣につながる系譜となる。これら諸氏は、みな火君・筑紫君と同族の天孫族の流れであった。

同郡には肥前国府（佐賀市大和町久池井）が後におかれ、三瀦郡や吉野ヶ里遺跡の西方近隣に位置する。吉野ヶ里遺跡日吉神社の境内にも三基の支石墓などがある。吉野ヶ里遺跡の東北近隣、三養基郡上峰町堤の船石天神社周辺には船石遺跡があり、ここにも支石墓二基、甕棺など弥生墳墓九十基以上がある。同郡みやき町簑原の香田遺跡にも支石墓群があって、吉野ヶ里近隣の支石墓に注目される。

久留米付近にも支石墓があって、同市北野町の塚島遺跡（塚島天満宮の境内の巨石）、大川市酒見の磯良塚、筑後市水田の平霊石ドルメン遺跡などがあげられる。長崎県では、松浦半島北部に大野台支石墓群（佐世保市鹿町町深江）、島原半島南西部には原山支石墓群（同県南島原市北有馬町。縄文晩期

金立公園内の徐福長寿館（佐賀市金立町）

の土器が出土）もあって、ともに著名である。

更に南方では、熊本県北部（菊池・玉名両郡が主）にも少しあって、菊池市の藤尾支石墓群・古閑山支石墓（ともに同市旭志弁利で、前者には九基あり、弥生中期とされる）や熊本市北区植木町の平畠支石墓があげられ、この辺がほぼ分布の南限となるか（このほか、大分県では宇佐市、速見郡日出町に例がある。鹿児島県にも僅かながらあるという）。

福岡県の糸島半島の南西側にある糸島市志摩新町の**新町遺跡**（弥生前期頃か）では、人骨十四体が支石墓や甕棺墓（墳墓は合計五七基が確認され、その約三分の一が支石墓かとされる）から出た。糸島市大字志登には**志登《しと》支石墓群**（十基で、明確な支石は見えない。柳葉形磨製石鏃の出土）があるほか、同市域に井田用会及び井田御子守の支石墓、石ケ崎支石墓（明瞭な支石は見えない。管玉の出土）、三雲加賀石支石墓（棺内から二十二個の碧玉製管玉が出土）、長野宮ノ前支石墓があり、福岡市西区には小田支石墓、千里支石墓が分布する。

これら支石墓はいずれも朝鮮の南方式（碁盤型）で、縄文終期から弥生中期頃前半にかけての伝播がいわれる。わが国伝播の始期は、前掲の例からみて、総じて言えば、前一世紀以降であろう（従来のわが国考古学界の見方でも、弥生時代の比定時期が総じて遡り気味であり、最近ではこの傾向が更に強まるが、放射性炭素年代測定法などによる推定値に対しては、「年代較正」に問題がありそうで、拙見では疑問視することを上述）。西暦紀元後になると、支石墓と石棺墓とが複合するようになり、西暦二、三世紀、場合によっては四世紀まで続いたらしいと三上次男氏はみる。

北九州以外の地では、支石墓の検出がほとんどない。出雲で最近、支石墓とみられる遺構二基が、出雲市大社町鷺浦の鷺銅山跡（「石の森」と呼ばれる一帯）で見つかったという程度である。長門でも、響灘に面する下関市豊浦町の中ノ浜遺跡に支石墓様の遺構が遺る。この辺の分布事情は、支石墓の文化・技術をもった渡来部族が先ず北九州の松浦半島あたりに到来し、しばらく時間を経て、長門北岸経由で出雲に到ったことを示唆する。

積石塚とその分布

積石塚は、高句麗・百済や新羅王都の慶州あたりにあり、わが国にも若干見られる。高句麗の好太王陵墓に比定される太王陵（一辺約六六メートル。好太王碑から南西に三〇〇メートルほどに位置）や将軍塚（同約三二メートル）も大型の積石塚であり、その王都たる桓仁・集安など鴨緑江支流域にも積石塚が多く散在する。また、平壌市市街地から東北に三〇キロの地、同市域の江東《カンドン》郡江東邑の西北近隣、大朴山の東南側傾斜面には高句麗時代の積石塚があって、一九九〇年代に発掘され、男女二体の遺骨も見つかった。これを、北朝鮮では「檀君陵」として再築造したが、比定は明らかに疑問である（これより先、平壌の牡丹台に存在した箕子陵は破壊された）。ともあれ、平壌あたりには、積石塚や支石墓があることに留意して良い。

百済でも、都城地域のソウルの漢江下流南岸域、風納土城《プンナットソン》（王の居所たる慰礼城の主候補地）の南西に位置して石村洞《ソクチョン》古墳群など多くの高句麗系積石塚があり、これらは三世紀以降の築造とされる。石村洞三号墳は一辺約五〇メートルの方墳の積石塚で、四世紀後葉の近肖古王の墳墓かとされる。韓地の慶尚道（大邱の鳩岩洞や蔚州郡熊村面など）にも積石塚がある。

これらに先立つ前四世紀には、南シベリアにパジリク古墳やサルビク古墳もあって、これらはスキタイ系古墳、騎馬遊牧民の墳墓との指摘（山口博氏）もある。更に遡る淵源では、遼寧省大連市郊外の甘井子区にある崗上墓・楼上墓や臥竜泉墓などがあげられる。崗上墓は前八〜七世紀頃、楼上墓は前七〜五世紀頃の築造とみられており、そこには各々五十人ほど（ないしそれ以上）の奴隷の殉葬があったと報告される（金両基監修『図説韓国の歴史』など）。これら墳墓は、遼寧省西部にあった古朝鮮王族系の墳墓だったものか。

わが国での積石塚は、あまり多くなく、総じて古墳時代初期〜中期のものが多い。代表的なものでは、香川県高松市の石清尾山《いわせおやま》古墳群、同県善通寺市の野田院古墳や、徳島県徳島市の八人塚古墳、同県鳴門市の大麻山南麓の萩原一号墳（画文帯神獣鏡を出土。既に消滅）があげられる。日本列島の西日本側に割合広く分布するが、とくに讃岐あたりで顕著である。すこし遅い時期だが、長崎県対馬の根曽古墳群もある（対馬市美津島町鶏知《けち》。五、六世紀頃の築造で、対馬県直一族の墳墓かという。古墳時代の中期・後期頃以降の群集墳にも積石塚が見え、長崎県橘湾海上の牧島の曲崎古墳群〔五〜七世紀代の築造か〕、山口県萩市の見島ジーコンボ古墳群〔八、九世紀代か〕や、東国では長野県長野市の大室古墳群、山梨県の甲府盆地北辺の横根・桜井古墳群など〔ともに五、六世紀代か。一部に古いものもあるか〕。主に渡来系の人々の墳墓かとみられている）。

こうした支石墓や積石墓という大陸の石関係の文化・技術をもって弥生中期頃の日本列島に到来したのが、主に天孫族の系統なのであろう。支石墓の副葬品は少ないが、上記の志登支石墓など糸島市域を中心に大陸系遺物が見つかる場合がある。

弥生期に大陸文化を日本列島に伝えた種族には、大別して二系統あり、ともに朝鮮半島南部から渡来した。先に、青銅器・稲作文化を伝えた南方的色彩ももつ種族が来て、それから数世紀ほどの間をおいて、次に鉄器・粟作・巨石文化を伝えた北方系種族の渡来があった、と考えられる。後者のほうの到来時期はおおむね紀元前後頃かともみられよう。日本の式内社などの古社で、巨大な岩石や立石・環状列石などが見られる例が多いことから、そうした古社の起源が縄文期まで遡るのではないかという見方（西田長男氏など）もある。しかし、個別に関係各社の奉斎氏族を考えていくと、巨石や石神への信仰・祭祀を伝えたのも主として天孫族だとしたら、古社の創祀を縄文期まで遡らせるのは無理である。この系統では、物部氏族、鴨氏族、息長氏族や蘇我氏などで巨石祭祀が見られる（この辺の事情は、本シリーズの『息長氏』及び『物部氏』で多くの例を記述したので、参照されたい）。

殉死・殉葬の習俗

墓制に関連して**殉葬**についても簡単に触れておくと、古代の殷王朝や北狄・東夷系統（匈奴・扶余等）に広く見られる風習であり、わが国上古にも顕著にあって、各種史料に見える。

匈奴の例は、『史記』『漢書』に見えて、近臣や寵愛の妾で殉死する者は、多きは数十、百人を数えると記される。中国河南省安陽市の殷墟では、王陵級の大きな墓のなかで人々や犬・馬が副葬される例を多く見ることができ、大きな墓では侍臣・妻妾などや数百人の奴隷が殉葬された。こうした殉葬の慣習は中国では長く続き、春秋戦国の頃まで記録がある（『墨子』説葬篇や『史記』秦本紀等の記事）。秦・漢の王朝以降では、これが廃れたという。

韓地でも、大伽耶国のあった高霊の**池山洞**《ジサンドン》**古墳群**のなかに殉葬墓が複数ある（五世紀後半頃の四四号墳〔径二七×二五ほどの楕円形墳〕や四五号墳〔径二三×二二ほどの楕円形墳。仿製鏡片の出土あり〕で顕著。前者に三十数人ほど、後者には十数人の殉葬があり、このほか七三号墳や七五号墳〔五世紀中葉頃の築造で、馬

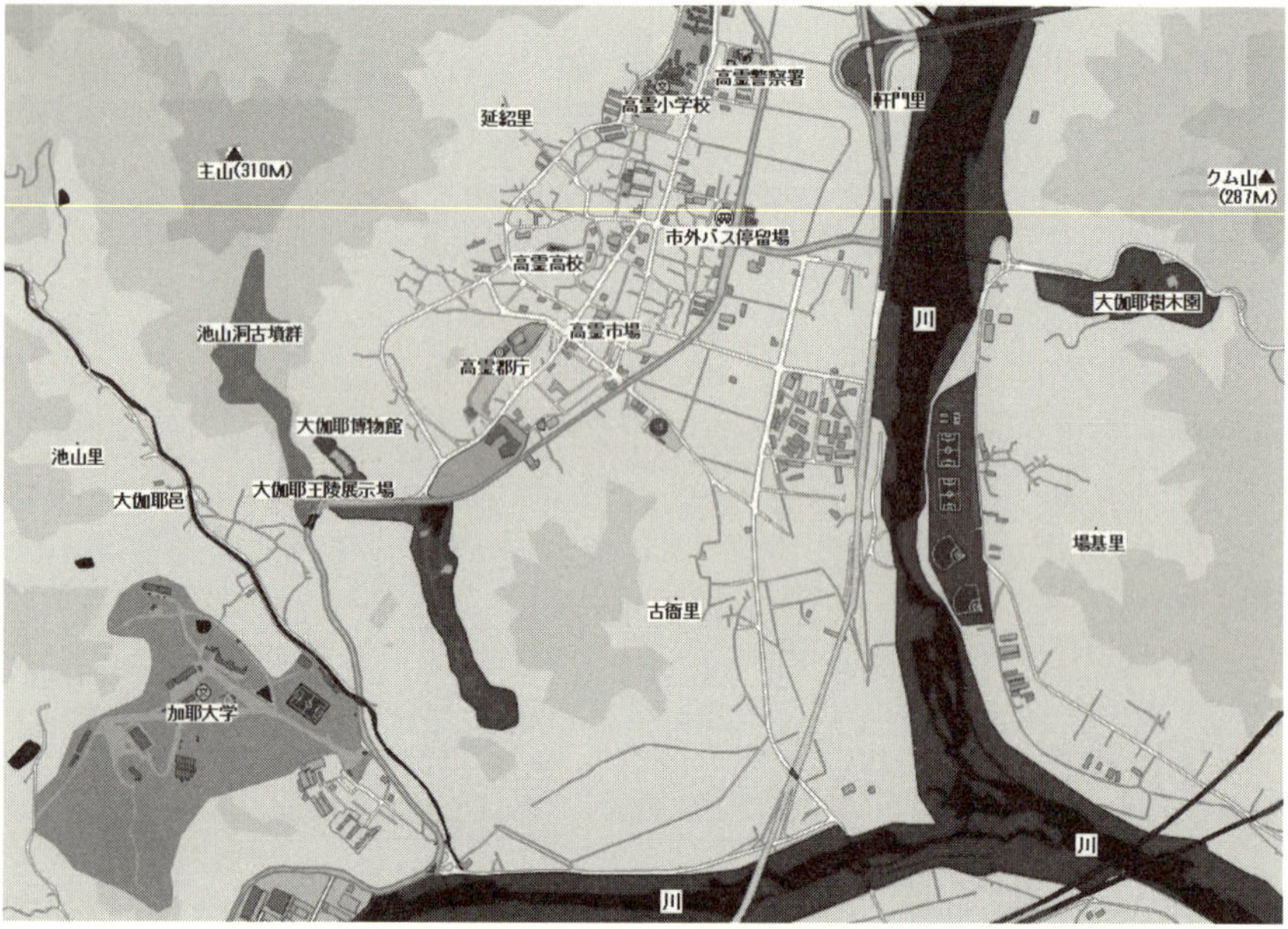

慶尚北道の高霊の池山洞古墳群あたり

具や多量の鉄鋌も出土）でも被葬者が確認される）。池山洞古墳群は約二百基の古墳からなり、槍や刀などの鉄製武器や鞍・轡・馬甲などの馬具類、金銅冠、勾玉などの装飾具類が出土した。関連して言うと、高霊には鉄鉱山があって鉄産が国富の基とされ、支石墓も見られ、初期には山神と天神、太陽神などが祭祀された。

高霊の東南方近隣、慶尚南道昌寧の松峴洞古墳群でも、大型封土墳である十五号墳では金銅冠、金製指輪、様々な馬具類とともに、殉葬された人骨四躯（十代半ばの侍女らしき女性も含む）がみつかった。五～六世紀前半頃の非火伽耶の王陵級墳墓とみられている。金官伽耶の大成洞古墳群でも、王墓級に殉葬があるといわれ、新羅でも皇南大塚南墳に若い女性の殉葬が認められ、智証王三年（五〇二）には殉葬禁止令が出された。殉葬は扶余・高句麗でも行われ、これらが『三国志』や『三国史記』に記される。

日本列島では、「魏志倭人伝」に「卑弥呼以死、大作冢径百余歩、徇葬者奴婢百余人」とあり、女王卑弥呼の死に際して径百余の大冢を築き、百余人の奴婢が殉葬されたとの記事がある。『書紀』（垂仁三二年条）には、野見宿祢が日葉酢媛（『続紀』では対象が倭彦王子とされ、こちらが妥当か）の陵墓へ殉死者を埋める代わりに土で作った人馬（埴輪）を立てることを提案したと見える。これでも殉死が根絶したわけではなく、大化改新の後には大化薄葬令が規定されて、古墳の小型化が更に進み、この時にも人馬の殉死殉葬も禁止された（同書、大化二年〔六四六〕三月条）。

朝鮮系の無文土器

北九州の朝鮮系無文土器も、渡来系との関連で興味深い。

片岡宏二氏は、その著『弥生時代　渡来人と土器・青銅器』（一九九九年刊。当時、福岡県小郡市教育委員会勤務、現・小郡市埋蔵文化財調査センター所長）で、後期の無文土器を出土する遺跡のうち、内陸集中の「土生《はぶ》タイプ」が弥生前期末から中期後半にかけて現れ、それが定着型で渡来集団によりもたらされ作成されたことを示す。土生タイプとは、脊振山地西端の天山の南、天山から流下する祇園川が形成した扇状地、佐賀県小城市三日月町久米の**土生《はぶ》遺跡**（弥生前期から中期末にかけての集落跡）から多量多種で出土した土器の類であり、その辺りから筑後川流域にかけて濃密に分布する。無文土器人の集団が長期間、居住した結果、朝鮮の無文土器の特色をもちながらも、そのものではない土器（擬無文土器）もあって、これが土生遺跡から多数出ている。

弥生後期の無文土器には、福岡市博多区の**諸岡《もろおか》遺跡**（板付遺跡の南隣で細型銅剣を副葬の甕棺墓も出土）で多数出土する「諸岡タイプ」もあり、これら両タイプは筑前では那珂川以西、怡土郡にかけて多く分布する。これら後期無文土器の担い手は、時期・分布等からみて支石墓の担い手とも重なるとみられる。

朝鮮系の無文土器は、吉野ヶ里遺跡でも多数出土する。福岡県では、吉武高木遺跡（同市西区を流れる室見川中流域西岸）や小郡市の三国丘陵の横隈鍋倉遺跡・三国の鼻遺跡、筑紫野市の隈・西小田遺跡（細型銅剣、重圏昭明鏡、鉄戈も出た）からも出た。多鈕細文鏡が吉武高木遺跡や小郡若山遺跡（二面）から出たことにも留意される。長崎県壱岐で一支国の都とみられる原の辻遺跡（弥生前期から古墳時代初期にかけての大規模環濠集落跡）からも、朝鮮系無文土器や細形銅剣（五本分以上）・細形銅矛、貨泉、トンボ玉、大量の鉄器などが出ており、多鈕細文鏡や、勾玉二点も出た。無文土器を祖形とするというのが、弥生前期頃の弥生式土器とされる遠賀川式土器である。

李丙燾氏の著『韓国古代史』等に拠ると、無文土器は朝鮮半島の青銅器時代を代表する遺物であって、時期と地域によって形式に多くの変化がある。早い時期に出現したものは半島の北部に多く分布するが、遅い時期の特徴的な土器には**粘土帯土器**があって、主に半島の中部以南で発見される。これは、口縁部に丸い粘土帯を巻いて付けた深鉢形の土器で、初期鉄器時代にあたる文化といわれる。

現在まで全羅道を除いて韓地南部の全地域から出土し、最も稠密な分布は錦江《クムガン》流域である（訳文では「漢江」とあるが、例示や諸情報から考えて語句訂正した）。忠清南道の大田《テジョン》・槐亭洞と牙山《アサン》・南城里の石棺墓遺跡からは、細形銅剣を始めとする青銅器遺物とともに出土して、銅剣文化と密接な関連を示す。牙山は、天安・天原の西側近隣に位置し、『三国志』韓伝に見える「辰王」（後述）が居住した地域（一説では天安市域とする）に近い。牙山の宮坪里からは多鈕細文鏡が出て、上記南城里や大田・槐亭洞からは多鈕粗文鏡も出ており、牙山の近くには金鶏山、鷹峰、伽耶山（標高六五三メートル）という地名も見える。慶尚南道の陜川・盈倉里遺跡、泗川・芳芝里遺跡などからの出土も著名である。日本の九州地方と周辺地域からも粘土帯土器がかなり出土する。壱岐の原の辻遺跡、福岡市博多区の諸岡遺跡、福岡県小郡市の横隈鍋倉遺跡・三国の鼻遺跡（弥生中期頃の小郡若山遺跡から二面の多鈕細文鏡が出土）や佐賀県小城市の土生遺跡から多量に出土した。山口県下関市の綾羅木郷遺跡や島根県大社町の原山遺跡、松江市の西川津遺跡からの出土もある。

愛媛県松山市の文京遺跡では、弥生中期頃（一世紀頃）の遺物として、大量の土器や石器、及び銅鏡破片、鉄製斧・鏃、石製指輪などが出土した。そのなかには四点の粘土帯土器もあって（いずれも弥生中期後葉～後期初頭の土器とともに出土し、同年代の炭化米の年代測定で紀元前一世紀末～紀元一世紀中頃の年代測定結果が得られたとのこと）、三韓時代前半期に朝鮮半島南東端部の蔚山や慶州で同じ特徴のものが出土している（愛媛大学埋蔵文化財調査室）。

三種の神器

天皇家の宝物として、剣・鏡・玉の「三種の神器」は古来、名高い。記紀神話では、早くもニニギの天孫降臨のとき天照大神から三種の宝物を与えられたと『書紀』一書（九段）や『古事記』に見える。同様のことは朝鮮の檀君関係の天降り伝承に見え、高句麗の初期建国伝承にも三種宝物（内容が日本列島とすこし異なる）があるから、これらに相通じる。遼西の箕氏朝鮮でも、三種の器が祭祀に用いられたという。岡正雄氏は早くに、天孫降臨神話が朝鮮半島経由で日本列島に入り、その担い手がアルタイ系の遊牧民文化的要素をもっていて、皇室の先祖であろうとみた（大林太良氏も『日本神話の起源』で、これに賛意)。

この神器は歴史的に見ると、もともと剣・鏡の二種とするのが正しいという見方もある。『書紀』継体天皇元年の条に、即位にあたり大伴金村が「鏡剣の璽符」を奉上したと見え、宣化天皇の即位前紀にも剣・鏡の奉上が記される。すこし下って、持統天皇四年（六九〇）正月の即位のおりは、「神璽の剣・鏡」を忌部宿祢色夫知が皇后（即位して持統女帝）に奉上した。「大宝令」「養老令」や『古語拾遺』（矛・玉は自ら従うと記載）でも、剣・鏡の二種で記される。

「三種」の神器に関し文献に記されるのはかなり遅く、後嵯峨天皇即位の仁治三年（一二四二）正月条の「三種宝物」からだ（『百錬抄』）、とされる。また、内容が不明だが、允恭の即位に際して「璽符」を奉るとあるのが、『書紀』初見である。この後、清寧・顕宗・推古・舒明・孝徳の即位に際しても、「璽、璽符、璽綬」が用いられた。

一方、『書紀』には三種神器の組合せが、早くも景行天皇の九州巡狩の際に見え、この神器を枝に掲げて、北九州の土豪たちが服属の意思を示したとある。景行に対する服属の意思表示として、豊前の神夏磯《かむなつし》媛は、八握剣、八咫鏡、八尺瓊を賢木に掛けて差し出した。仲哀天皇の熊襲征伐の途次では、岡県主の熊鰐、伊覩《いと》県主の五十迹手《いとで》らは、それぞれ白銅鏡、八尺瓊、十握剣を献上して恭順を表した。『風土記』でも、大帯日子命（一般に景行天皇に比定も、成務の可能性ありか）が播磨国賀古郡の比礼墓（景行皇后の墓といわれる）に関する記事に、三種神器（八咫剣、八咫勾玉、麻布都鏡）を持って登場し、印南別《いなみのわけの》嬢に妻問いしたと見える。神木に宝器を掛け神を迎える風習は、元来、韓地のものだとの指摘もある。

考古遺物では、壱岐の原の辻遺跡から最古級の鏡・剣や勾玉も出土した。福岡市西部の吉武高

吉武高木遺跡。後方は飯盛山（福岡市西区）

木遺跡でも最古級の三種の神器等の出土があり、これは韓地産の多鈕細文鏡・細形銅剣と国産の翡翠製勾玉の組合せであった。唐津市の宇木汲田遺跡でも、同様な組合せが見られることは先に述べた。

『古語拾遺』では、「忌部の祖の天富命が諸々の斎部を率いて、天璽の鏡・剣を捧げ持ち、正殿に奉安し、併せて瓊玉を懸けその幣物をおき、殿祭の祝詞をす」と見える。こうして見ると、時に玉を加えたり、そうしなかったりであるが、三種の神器が珍重されてきた。こうした二種（中国鬼道でも鏡・剣という）ないし三種の神器セットは、日本列島での古くからの習俗としてあった。もっとも、扶余では赤玉・美珠を出すと『三国志』魏書扶余伝に見えるから、玉珠を珍重したのは倭地だけではなく、扶余では玉璧が伝世された。

三種の組合せの由来は朝鮮半島にあるとされ、奥野正男氏は、韓国考古学研究者の全栄来氏（一九二六年生。九州大学で文学博士取得）の著『韓国青銅器時代文化研究』を引いて説明する（『鉄の古代史』）。それに拠ると、鏡・剣・玉セットの出土例は、韓地西南部の錦江流域に多く現れ、扶余・蓮花里、大田《テジョン》・槐亭洞、牙山・南城里、礼山・東西里などの遺跡にそろっていて、「多鈕細文鏡・B1式銅剣・半玦状飾玉」のセットが基本をなす、とされる。箕子朝鮮の後期都邑のあった大同江流域（平壌あたり）の初期青銅器文化遺物が、南部の馬韓地域でも集中的に分布する。これが錦江流域（大田あたり）で見られ、国を失った箕準王は、王権の象徴的な宝器をもって南遷し、馬韓王となったとされる。

錦江流域より先行する遺跡は、北方の大同江流域にあるはずだが、現時点ではセットでの出土例はないという。平壌付近には大同郡などに多鈕鏡の出土が知られるから、三種セットという確認がなされていないだけかもしれないのだが。

更に、全栄来氏の報告では、一九八七年に全羅北道益山郡王宮面平章里の丘陵上の土坑墓から、細形銅剣二点・細形銅戈一点・中細形銅矛一点と蟠地文鏡（前漢鏡）一面が一緒に出た（『馬韓百済文化研究』第十輯。小田富士雄氏等の訳・解説が『古文化談叢』第十九集に所収、一九八八年）。この銅剣二点・銅戈一点・銅矛一点のセットは、吉武高木遺跡三号木棺墓と同じである。岡内三真氏の論考を踏まえると、このセットは朝鮮青銅器文化第Ｖ期（前一〇八～後八年）にあたりそうで、吉武高木遺跡の時期はそれより若干遅れる（当該高木遺跡は多く前一世紀中頃とされているようだが、私見ではもっと遅い二世紀前葉頃かとみる）。

こうした全栄来氏の説が正しければ、倭地に来た三種の神器をもつ部族は箕準王朝の後裔となり、箕子朝鮮の滅亡後に二百年かかって紀元前後に渡来したとの見方を、山崎仁礼男氏は示す（この見方の基礎では、吉武高木遺跡の時期を一世紀から二世紀とみる）。私見としても、わが国天孫族がなんらかの形で箕子朝鮮の流れを汲み、紀元一世紀初頭頃から前半頃に韓地から九州北部の松浦半島付近に到来したのではないかとみる点で、概ね合致する（ちなみに、箕子朝鮮後裔の渡来説は、洪相圭氏『日本古代史疑』〔一九七八年刊〕も唱えるが、平壌あたりから直接、渡来したとみるようである。その場合には、時期も前一五〇年頃までに来たことになり、しかも『魏志』の記事の誤解も所説の基礎にあると思われるから、そのままでは採りがたい)。

大林太良氏や吉田敦彦氏の研究によれば、三種の神器の源流はスキュタイでの王権の三種の宝器(盃＝宗教・王権、戦斧＝軍事、耕具＝食糧生産)にあり、それがアルタイ系遊牧民などを通じて伝わったとみるから、淵源は遠く中央アジア方面にある。崑崙山脈の北側、タリム盆地の南西辺に位置する新疆ウイグル自治区南部のホータン(「和田」と表記)は、かつて仏教国として栄えたホータン王国の都で、古く玉の産地として知られた(ユルン・カシュ河の旧河床は玉の最大の産地の一つ。月氏が中継貿易で玉器を中国に運んだ)。

紀元前後には、朝鮮半島の支石墓に銅剣(細型銅剣)が副葬されるようになる。多鈕細文鏡は次項でもう少し詳しく見るが、これは東北アジアに由来がある。わが国の「三種の神器」の製作を管掌したのがいずれも天孫族系の諸氏である。すなわち、剣は三上氏族・物部氏族(額田部連、物部連など)、鏡は鏡作造(以上の諸氏は天目一箇命系統)、玉は玉祖連(少彦名神系統)が管掌し、いずれも天若日子(＝天津彦根命)の後裔にあたる。神社でも玉神社はないが(玉祖神社は長門などに数社あり、玉祖連の祖神を祀る)、鏡神社は肥前・近江にあり(神功皇后や天日矛を祭神とする)、剣神社は越前・長門・阿波などにあって(素盞嗚神や都留支日子命〔素盞嗚神の子神というが、実体は天目一箇命か〕などを祀る)、みな天孫族関係社か。

玉は、玉(魂)のほかニ(瓊)・ヌ(沼)で表記される大王族の人名でも見え、天活玉命(＝生国魂神・天照大神)、天明玉命(玉作部の祖。玉祖命、櫛明玉命)、瓊瓊杵命や、彦太瓊(孝霊天皇の名)、五十瓊殖(同、崇神天皇)、五十瓊敷(景行天皇の実際の名に当たるとするのが妥当。忍代別は、景行の本来の名ではない）などがあげられる。

多鈕細文鏡の分布

多鈕鏡は、中国遼寧省や朝鮮半島に分布する線影文鏡の一種である。漢式鏡とは異なって複数の鈕をもち、朝鮮北部を中心に中国東北部・ロシア沿海州及び日本列島に分布する。祖型は中国東北地方西部にあり、遼寧省西北部で大凌河流域の朝陽市朝陽県の十二台営子第3号墓から出土したのが最も古い鏡（第1段階）ではないかとされる。この地特有の遼寧式銅剣とともに、勾連文三鈕鏡が出土した。遼寧省の東部のほうでは、本渓の梁家遺跡、瀋陽の鄭家窪子遺跡からも粗文鏡が出た。

これらの影響で、朝鮮半島独自の多鈕粗文鏡が前三世紀にまず出現し、前二世紀には細文鏡（精文鏡）が成立した。その第3段階を前漢前期（前二世紀）、第4段階を前漢後期（前一世紀）の頃に比定できるという（『日本考古学事典』岩永省三氏の記事など）。

宇木汲田遺跡出土の多鈕細文鏡（佐賀県立博物館提供）

多鈕細文鏡は、細形銅剣（遼寧式銅剣より発展して朝鮮独自の武器となる）や天河石製飾玉・小銅鐸を伴うことが多いとされ、平壌付近や益山・大田等で出土する。粗文鏡より発展した細文鏡も韓地にあって、全栄来氏は、平壌から南遷して韓王と名乗った箕準王の亡命地が錦江流域で、**多鈕細文鏡**は王権の象徴と考える（『韓国青銅器時代文化研究』一九九一年）。

この細文鏡の段階で多鈕鏡が日本に現れる。朝鮮半島と同様、細形銅剣・細形銅矛・細形銅戈（総称して細形青銅武器）を伴うことが多い。日本列島にがもたらされた時期は第3段階であり、それが弥生時代の前期（弥生Ⅱ期頃）ないし中期頃にあたる。この鏡は日本で用いられた最初の鏡（いわゆる漢式鏡に先立つ鏡）であることで重要だとされる。出土遺跡の年代からも、弥生時代の前期末頃から中期頃の限られた期間に、この鏡が伝来したとする見方もでる。こうした年代観は正しいのか、それとともに、誰がこの鏡を列島にもたらしたのかの問題も併せ考える必要がある。鏡の性格として、太陽信仰に結びつくともみられている。

現在までに、日本列島で同鏡は合計十二面もの出土が知られる。そのうち、佐賀、福岡で合計六面が墳墓の副葬品として出た。具体的には、佐賀県からは出土が三面で、唐津市の宇木汲田第十二号甕棺や、南部の佐賀平野では、佐賀市本庄町本庄の増田遺跡甕棺墓、佐賀市大和町大字池ノ上の本村籠《ほんそんごもり》遺跡甕棺墓がある。福岡県では、福岡市西区の吉武高木遺跡及び小郡市小郡の小郡若山遺跡（二面が土器に収めて埋納）で合計三面が出た。これら六面は、背振山地をぐるりと囲む平野部から出たことに留意される。天山の東南近隣の高取山の南麓に、佐賀市の本村籠遺跡が位置しており、その東南近隣に増田遺跡がある。

福岡市の吉武一帯は、日向峠の東麓、室見川西岸に位置し、天孫・瓊瓊杵尊が降臨した「日向」地域に含まれたとみられる。この早良平野には、野方久保など域内にまんべんなく青銅器の出土が見られて、唐津・福岡平野のそれと匹敵し、糸島平野を凌ぐほどである（高倉洋彰氏の「筑紫の弥生遺跡」、『古代史を歩く3　筑紫』に所収）。

この地の**吉武高木遺跡**の三号木棺墓（俗に「早良王墓」という）と呼ばれる標石墓（大型支石墓の上石に匹敵する広さの石敷の標石があって、支石を有さない）の型式の大型墳墓からは、多鈕細文鏡とともに細形銅剣・細形銅矛・細形銅戈など豊富な青銅の武器、玉類と共に出ており、三種神器の原型ではないかともみられる。この遺跡には端的な支石墓ではないが、標石墓があるとされている。遺跡群からは韓地製の無文土器や磨製石剣の出土もあった。

わが国の多鈕細文鏡副葬の時期は、主に弥生中期初頭頃とされている。これらを主に天孫族関係者が朝鮮半島からもたらしたとしたら、その渡来時期も同じく弥生中期頃となる。上記吉武の木棺墓を国内最古級の王墓ではないかとみる見解もある。あるいは、被葬者が記紀にいわゆる「日向三代」のなかにいるのかもしれない。遺跡で出土する金海式甕棺は、韓国慶尚南道の金海貝塚出土の甕棺と類似する。

平野部の神奈備とされる早良郡の飯盛山（吉武の西方近隣）の中宮には五十猛神が祀られる。いま飯盛神社（福岡市西区飯盛で、高木遺跡の西側近隣）という。早良郡七か村の惣社で、妙見神社、飯盛三所神社ともいわれ、『福岡県神社誌』に五十猛神社と記される。同社の祠官家は青柳氏で、代々平群郷の郷司・田所もつとめており、筑紫国造一族の壬生君後裔とみられる。江戸後期の国学者、福岡藩士で三雲遺跡や金印

飯盛神社（福岡市西区）

研究で知られる**青柳種信**もその末流であるが、この氏は途中で劉姓大蔵氏からの入嗣事情に因み、大蔵姓を称した。

このほか、山口県下関市梶栗浜遺跡の箱式石棺（上部に標石のある厚葬墓から銅剣・銅矛と共伴出土）や、畿内の大阪府柏原市大県遺跡（鐸比古神社の裏手）、奈良県御所市名柄遺跡（銅鐸とともに出土）から出ており、これらは祭祀具として埋納された。以上の八遺跡九面はほぼ完全な形で出土した。これらから遠く離れて、長野県佐久市野沢原町の社宮司遺跡から垂飾（ペンダント）に加工した破片が出ており（翡翠製勾玉や多数の管玉類、板状鉄斧、弥生土器底部とともに出土）、朝鮮半島から北九州までの経路上になる壱岐の原の辻《はるのつじ》遺跡からも破片部分が出ている。最近では、長崎県平戸市田平町の里田原遺跡から出土の小型鏡もある。これらで、合計で十一遺跡十二点の出土となる。

ごく最近（二〇一五年五月）になって、奴国の中心域にある**須玖タカウタ遺跡**（福岡県春日市須玖南）で多鈕鏡の鋳型が見つかるとの報道があった。粗文鏡という見方もあるが、細文鏡につながるとの見方もあり、いずれにせよ、当時の権威の象徴たる多鈕鏡がすべて中国・朝鮮半島製とする従来の定説を覆した。ここで実際に多鈕細文鏡が早くから造られたとしたら、そうした国産鏡鋳造技術の延長に三角縁神獣鏡もあるとみることも可能となろう。これに先立ち、同遺跡では国内最古級となる弥生中期前半頃の銅剣や銅矛などの鋳型片三六点も出土している。近隣の須玖永田《えいだ》遺跡からも、内行花文鏡系倭製鏡の銅鏡鋳型や銅矛などが先に出土し、この辺が青銅器製作の工房跡とみられている。

上記のように、主に背振山地を囲む地域から同種鏡が出ていることとのつながりも関係しそうだが、海神族の奴国領域の地からの鋳型出土は意味合いが不明であり、今後の追加情報も望まれる（「弥生中期前半」の具体的な時期比定にも、十分な慎重性が求められる)。

ともあれ、多鈕細文鏡を含む王墓的な墳墓と支石墓の分布、墓数の多さなどを見ていくと、①唐津市の松浦川下流域(宇木汲田遺跡あたり)、↓②佐賀市等の背振山地南麓(久保泉丸山遺跡あたり)、↓③久留米市の高良山北麓(高良神社及び祇園山墳丘墓あたり)と遷って定着したが、更には↓④福岡市西部・糸島市の飯盛山の周辺(吉武高木遺跡あたり)という順で、天孫族(及び支族)が移遷した匂いがあり、周囲の地名にもそれを窺わせる。神籠石の遺跡も唐津あたりではみられないが(鏡山になんらかの可能性がないだろうか)、②の地域に帯隈山、③に高良山(後述)、④では雷山に各々遺跡が見られる。

このように考えた場合、韓地から渡来した一族の墳墓は、先ず唐津あたりに築造され、次ぎに背振山地南麓(久保泉丸山遺跡や吉野ヶ里あたり)、更には高良山北麓に築かれたとみるのが自然となろう。列島渡来の引率者が五十猛神(ないしその父神で、五十猛神も随行)で、その子の高魂命あたりのときに高良山北麓に落ち着いたものか。『斎部宿祢本系帳』(安房の洲宮神社〔館山市〕の社家小野氏原蔵)では、五十猛神に比定される角凝魂命の先代の位置に神魂命をおいて、この神から系図を始める事情もある(この場合、「神魂命=スサノヲ」として考えれば、初祖の日本列島への渡来時期は、紀元一世紀前半でもその早い時期になるか)。

弥生人の人骨と肥前・長門の諸遺跡

種族の問題には複雑な要素もあるが、人骨の関係について、これを専門とする**埴原和郎氏**等の見解を踏まえて、要点を記述しておく。この関係の埴原氏の著作・記述は多いが、ここでは主に「日本人の起源とその形成」（『日本古代史1　日本人の誕生』一九八六年刊）や『日本人の成り立ち』（一九九五年刊）に拠る。

それらに拠ると、金関丈夫氏は、一九五〇年以降、山口県豊浦郡（現・下関市）豊北町の土井ヶ浜、佐賀県神埼郡東脊振村（現・同郡吉野ヶ里町）の三津永田という弥生遺跡から発掘された人骨（北九州型）が北方モンゴロイドに近い特徴をもつことに注目し、弥生時代に朝鮮北部からの渡来集団があったことを、ほぼ完全に実証したと記される。この人骨の特徴は、身長が高く、顔が扁平で面長であり、特異な列石等を伴うとされる。土井ヶ浜遺跡の配石墓と同じ埋葬形態の女性人骨が出た平戸市の根《ね》獅子《しこ》遺跡もあり、合計四体の人骨が出たが、その左腕には二枚貝を加工した貝輪が残って、巫女の可能性が高いとされる（金関丈夫氏は、小集団の女酋長で巫女と推定）。松下孝幸氏は、土井ヶ浜との交流も考えられると指摘する（出土人骨の骨格は福岡・佐賀県などに見られる北部九州型弥生人とは異なり、縄文的な西北九州型人骨とされる）。その時期は弥生中期頃とみられている。

埴原氏の分析では、さらに北方の北蒙古・中国東北地方・バイカル湖以東のシベリアに住む典型的な北方民族（新モンゴロイド）に極めて近いといわれる。この地域には、狭義の蒙古系民族やツングースなど多くの民族が住んでいた。これらの事情を踏まえて、縄文人を土台として、これに渡来系の東北アジア民族の影響を受けるという、いわば二重構造が日本人の特徴を形成していると、氏は考える。

長門の響灘に面する砂丘から約三百体もの埋葬人骨が出土した**土井ヶ浜遺跡**については、松下孝幸氏（当地の土井ヶ浜遺跡・人類学ミュージアムの館長）の見解も興味深い。松下氏は、「土井ヶ浜弥生人のほうは、山東半島およびその北側の吉林省や黒竜江省、朝鮮半島からロシアの沿海州あたりから渡来した可能性がある」とみるが（『日本人と弥生人』一九九四年刊）、その一方、「人骨の形態的な研究では、ヒトの渡来を論じることはもはや不可能である」とも記される（「人骨から見た騎馬民族と原日本人」、『歴史と旅』誌に所収）。同氏は、土井ヶ浜の人骨を前一世紀頃と考えるが、これは時代が古すぎるのではなかろうか。上記の両遺跡の近隣から多鈕細文鏡が出たことにも留意される。

三津永田のほか、吉野ヶ里遺跡の周辺地域からは、志波屋六本松乙、朝日北、二塚山、詫田西分貝塚などで、弥生人骨が続々と出土した。**三津永田遺跡**は吉野ヶ里遺跡の北方近隣にあり、弥生時代前期から後期にかけての時期（弥生Ⅳ期頃）の甕棺墓百基超、箱式石棺墓・土壙墓などが確認され、中期末から後期初頭にかけての甕棺からは、獣帯鏡をはじめ四面の漢式鏡（前漢の連弧文昭明鏡・流雲文縁獣帯鏡など）と素環頭大刀などの鉄製武器・工具、ガラス玉、貝および鉄製の腕輪、銅鏃など多数の副葬品が発見された。多くの見解を総じて言うと、佐賀平野東部の有力な集団の墓地で、弥生後期頃が主体の模様である。

その東側近隣の**二塚山遺跡**（吉野ヶ里町大曲と近隣一帯）も、弥生前期末から後期（弥生Ⅲ～Ⅳ期）にわたる甕棺墓・土壙墓・箱式石棺墓の合計二五〇基ほどがみつかり、鏡六面（小型仿製鏡も含む）や、鉄製の刀・剣・矛の武器、貝釧、大量のガラス製の小玉・管玉などが、多数の人骨とともに出土した。甕棺から出土した内行花文鏡二面はともに漢式鏡で、そのうち絜清白鏡は前漢鏡、渦文鏡は韓国慶尚北道の漁隠洞遺跡出土と同笵とされる。土壙墓出土の内行花文鏡一面と獣帯鏡は漢式鏡、渦文帯をもつ内行花文鏡は仿製鏡とされる。人骨は、三津永田遺跡の人骨とともに北部九州・山口型弥生人の典型とされている。

三津永田遺跡と二塚山遺跡は東西にほぼ一直線で並び、その東側線上に**検見谷《けんみだに》遺跡**（三養基郡みやき町で、鷹取山の南麓）がある。検見谷遺跡に一括埋納された中広形銅矛は十二本中の十本が研ぎ分けによる綾杉状装飾を持つが、同様な例が島根県荒神谷遺跡から出土した十六本の銅矛のうちの四本にも認められる。

一九七六年には、韓国の釜山の西北方付近の礼安里（慶尚南道の金海市大東面礼安里）という墳墓遺跡の木棺墓・木槨墓から、日本の弥生・古墳時代に相当する人骨が発見された。そのデータは土井ヶ浜人・三津人あるいは福岡市金隈遺跡の人骨と酷似すると分かった。同遺跡の人骨は、巴形銅器・筒形銅器とともに出土し、かなり新しい四～七世紀のものだ（四、五世紀代が主体か）と明らかになった。こうした年代差があってか、その後に礼安里遺跡人骨との比較分析が行われたが、形質的な同質性をみるに至らなかったとされる。

埴原氏は「民族移動と日本人のルーツ」（『騎馬民族の謎』所収、一九九二年）という論考で、基本的に江上氏の騎馬民族説に賛成というが、江上説とは時期がずれるかもしれず、まず東南アジア系の人々がいて、その上に北アジア系（ツングース系）の人々がかぶってきた、と記述する。これはほぼ妥当な見解であろう。糸島半島の新町遺跡では、支石墓から土井ヶ浜人タイプの人骨も出土している。

これらの諸分析等からみて、日本列島への種族渡来があった場合には、弥生中期頃に中国東北地方から朝鮮半島北部にかけての地域あたりから来た人々の可能性が考えうる。吉野ヶ里遺跡の「三眠蚕と四眠蚕」（三回の脱皮で熟蚕となり繭を作る蚕が三眠蚕。通常は四回の四眠蚕）の分析から見て、弥生前期初頭には江南・山東半島から来た弥生人、中期後半には東北アジア系の弥生人がいたと考える見方もある。

同集団内で通婚すれば、形質が変わらないことを考えると、同族内通婚が継続したり集団がかなり大きい場合には、日本列島渡来後に数世代を経た可能性もある。土井ヶ浜の例はこのケースではなかろうか。ここの人骨は箱式石棺に入れられたものもあり、約三百体のなかには、胸の上に鵜を抱く形で鉄製の副葬品をもって埋葬された巫女の遺骸（第一号人骨）も見られて、鳥トーテミズムの関係でも留意される。土井ヶ浜が面する響灘に浮かぶ蓋井島《ふたおい》には、盆になると鳥形の船で魂を西の海に送る風習があるといわれる。弥生期の遺跡からは、鳥形の木製品がしばしば出土しており（朝鮮半島でも同様）、また、鳥の姿をした司祭者が描かれた土器もある。

土井ヶ浜遺跡の南方約三十キロには、弥生中期頃の**梶栗浜遺跡**（下関市梶栗町）がある。これまで九基の箱式石棺などの埋葬施設が検出され、副葬品には銅剣・銅鏡・管玉がある。とくに多鈕細文鏡・細型銅剣（合計四本）など大陸系の遺物の出土で有名である。その近隣には蒲生野・熊野という地名や、「アヤ・アラ・アナ」に由来しそうな**綾羅木**・穴門も見える。この綾羅木川流域と周辺台地の地域を上古代に支配したのが、神功皇后遠征を出迎えた穴門直践立の一族（天目一箇命後裔で、近江の三上祝一族）であった。そこには、長門最大規模の仁馬山《じんまやま》古墳（全長七五メートルの前方後円墳。柄鏡型の墳丘をもつ前期古墳で、下関市延行に所在）のほか、多くの古墳群や遺跡がある。初期のほうの弥生期のものは先住部族の関連かもしれない（例えば、長門国豊浦郡赤間あたりには赤間物部の居住があった）。

綾羅木郷遺跡もそのなかの主要遺跡で、弥生前期頃からとされる二、三重の環濠をもつ大規模集落であり、墳丘墓や前方後円墳・円墳もある。**綾羅木系土器**には遠賀川式土器とよく似た土器も多くあり、同種の土器（貝殻施文）は福岡県豊前地域から福井県若狭湾沿岸まで分布する。その集中分布が出雲にあり、次ぎに丹後が著しい、との指摘がある（田畑直彦氏「山陰地方における綾羅木系土

器の展開」、『山口大学考古学論集』二〇〇三年所収）。

日本列島と東北アジア地方の地名

日鮮の上古史研究における地名の重要性は、新井白石・金沢庄三郎などの指摘にある。多くの場合、洋の東西を問わず、「地名は民族と移動を共にする」とされてきた。先に挙げてきた「朝鮮・日向」といった太陽神祭祀絡みらしいもののほか、東アジアでは、天山・嵩山などの地名分布は興味深い。

天山という名は、中央アジアのシルクロードに近い天山山脈（最高峰に次ぐほどの高さのハン・テングリ山〔標高六九九五メートル〕など。テングリは「天」の意。旧名は白い山）、モンゴル共和国の西部から中央部にかけてのハンガイ山脈の最高峰オトホン・テングリ山（標高四〇三一メートル）、更に、もと遼寧省西北部（現・モンゴル自治区）で東胡系種族の本拠地辺りの天山（赤峰市阿魯科爾沁旗〔アルホルチン旗〕。大興安嶺山脈の東南麓にある内蒙古自治区の地名で、シラムレン河の北方、烏丸山の付近）などがあり、西から東へ続いている。

日本列島でも、肥前の天山（標高一〇四六メートル）を同地名の源流としており、いくつかある。それが、「天」（「高天原」の領域という意か）から天降ったものとして、それに続く伊予国伊予郡の天山（松山市域）、阿波のアマノモト山（徳島県名西郡神山町鬼籠野。天岩戸立岩神社の社殿の背後に巨岩）、さらに大和三山の一つ、天香具山があげられる（『風土記』逸文）。

嵩山《すうざん》（嵩岳）は、上古中国の羌族・殷族が崇拝した聖山（聖山五嶽のなかで、中央の中嶽）として著名である。泰山に次ぐ中原第二の高山（標高一四四〇メートルで、奇異な峻峰をもつ）であって、中原の西側の河南省（洛陽の東南の登封市〔鄭州市のうち〕の北部で、黄河の南岸側）に位置する。古代から山岳信

嵩山（維基百科より）

仰の場として有名で、いまも山麓に少林寺武術の道場がある。

同名の嵩山が、日本列島でも出雲（松江市域）や周防大島（岩屋権現を祀る）、三河（山名ではない）などに数か所あり、多く「だけさん」と訓まれる。各々の地の古族、出雲国造一族や周防の大島国造一族がこの命名に関与した可能性があり、これらは天孫族の流れを汲む。嵩山が群馬県では「たけやま」と訓まれ、以上の訓みに音通する岳山、御嶽山、御岳山としても同じもので、これらの山名はわが国に多い。わが国では、奈良・平安時代に嵩山《すせ》忌寸という姓氏も見え、これを賜姓した孟氏・張氏ともに、姫姓周王室一族の後裔ないし同族と称した者が帰化して名乗った。

稷山の地名も興味深い。「稷」とは五穀の一つ「たかきび、コウリャン（高粱）」のことで黍（きび）の同種であり、粟にも通じて、もと東北アジアの種族が主食とした。

周王朝は、その遠祖が后稷以来、稷官《しょくかん》（中国上古の夏王朝の農政責任者）の地位にあり、代々世襲したと伝える。周の出自は北狄系であったと白川静氏がみるが（『中国の神話』）、むしろ東夷の色彩が強く、ないしは東夷・北狄の混合の可能性もあろう。『春秋左氏伝』（成公十六年条）に見える呂の夢を占う記事には、「姫姓は日なり、異姓は月なり」という言もある。

韓地にも「稷山」の地名があり、それが「月支国」の比定候補地あたりにあって（忠清南道北部の天安市西北区稷山一帯）、中国（山西省運城市、山東省臨淄）にも、日本（千葉県成田市台方字稷山《あわやま》で、近隣に十八社もある麻賀多神社〔勾玉の大神〕の本宮所在地。そこの神木は東日本一という大杉で、根本に勾玉が埋葬。多氏族の印波国造に関係か）にも同地名がある。

仰韶期文化の著名遺跡、半坡村の聚落遺跡（陝西省西安付近で、周の本拠の付近）では、彩陶とともに大量の食用・種子用の粟が出土して、粟が主穀であったらしいとみられる。北狄系の夏王朝の先祖・鯀《こん》は崇伯と呼ばれるが、嵩山と関係があるかもしれないと白川氏が述べる。鯀・禹親子には熊となった伝承があり、禹の子の啓は嵩山の石から生まれたといわれ、扶余初期の王・解金蛙も石から生まれたと伝える。

大興安嶺の東方地域については、田中勝也氏の指摘も注目される。氏は、『孟子』告子篇にいう黍しか生育しない貊の地とは、大興安嶺東部の平野部（東北平原）であり、これこそが貊族の故地とみる（『環東シナ海の神話学』）。そうすると、地名や習俗・生業などから、烏丸（烏桓）・鮮卑と貊・扶余との同種族性が窺われる。田中氏は、騎馬民族とされる「烏桓も、貧しくはあるが一定の定着農業を営む社会を併せ持つ」旨を記述する。この烏丸の脅威を感じた魏の曹操により徹底的な討滅がはかられ、余衆は北シナに移住させられて、その後は遂に勢力復興がならなかった。

ここまで見てきたわが国天孫族の特徴をとりあえずまとめると、東北アジアの扶余・高句麗や箕子朝鮮、韓地諸国の王家に見られる様々な特徴を天孫族が備えていた。これは、これら国々の伝承・習俗・祭祀だけを受け継いだということではない。人骨・言語などから見て、これら特徴をもつ種族が現実に日本列島に渡来してきたとみるのが自然であろう。

四　天孫族の列島内移遷

この辺まで見てきた上古の日本列島の諸遺跡などの殆どが、天孫族一族の移遷の経路の上にあり、このあたりで出土した古代人骨は、主に関係集団の構成員のものであろうか。北九州の背振山地南麓から長門北岸を経て出雲への人々の流れも、弥生時代中・後期頃におぼろに見えてくる。

高良山の神籠石

遺跡・遺物の諸事情から見て、韓地から渡来してきた天孫族系の先祖は、対馬等を経由して、まず唐津あたりの松浦半島に上陸した。これは、『魏志倭人伝』に見える邪馬台国への路程と同様であろう。そこから南方へ松浦川に沿って遡り、山地内部に分け入って、佐賀平野西端部に達した。そこで早く分かれた一部支流は松浦半島西部（さらには五島列島へ）まで行った可能性もあるが、本流は向きを東方に変え、有明海沿岸部、佐賀平野に到ったところでいったん拠点を置いた。その後、更に東に進んで筑後川を渡り、筑後の高良山麓に本拠地をおいた、というのが全体の動向とみられる。その道筋に支石墓や神籠石などの巨石・石神がらみの遺跡も見られる。

福岡県久留米市域には、巨石に関する神社・遺跡が顕著である。たとえば、同市大石町には伊勢**天照御祖神社**があって、大石太神宮ともいわれる。筑後国御井郡式内社の論社であるが、神体は本殿土間にある巨石で、支石墓の上石あるいは古墳石室の蓋石かと推測される。いま天照国照彦天火明尊（物部氏の祖・饒速日命と混同されるが、この名は本来は別人であって、天照大神の孫。高天原の主）を祀る。同社の論社が、高良大社（高良玉垂宮）の参道にもある。その祭神の天照御祖神とは天照御魂神（天照大神）のことで、すなわち高良大社で祀る高魂命（高木神）の子である。同社は江戸期まで山麓の御井町の「伊勢の井」付近にあったと伝える。同市東櫛原町の櫛原天満宮の周辺には石丸遺跡があり、巨大な石や多数の甕棺墓があって銅矛・管玉が出土した。石は甕棺墓の上に置かれていたともいう。

　久留米市域の巨石遺跡の極め付きが、高良山の中腹を巡る山城遺跡「**神籠石**」（国史跡）である。高良という名が『肥前国風土記』では数か所で「高羅」と書かれるが、これなら「高の国」（かつ、鷹の国か。「羅」は朝鮮語で国、地域）の意であり、別名の「高牟礼」

高良山の神籠石（福岡県久留米市）

なら「高の村」であって、その高所たる聖山・高良山が高天原に通じる。高良が音では「香春」（金の村の意か。香春岳は古代の銅産地）に通じるとの指摘もある。

百済では、始祖温祚王が治世の二二年に高木山に城を築いたという（「百済本紀」）。この地は、いまソウル市街地の北に聳える北漢山（標高八三七メートル）である。温祚が国見して良く住める土地を探したという負児岳（同上書）にもあたりそうだが、北漢山の南方十三キロ弱、漢江北岸には鷹峰（標高一七五メートル）もある。高木神（高い木に降りた檀君の父神にも通じる）の祭祀の聖山とされたともいう。江北の北漢山のほか、江南の南漢山にも王宮の防御のため城が築かれた（最古の築城が何時かは不明で、北漢山からは高麗時代の城壁が発見された）。

高句麗でも、集安では鴨緑江に臨む平城（国内城）を王の居所とし、背

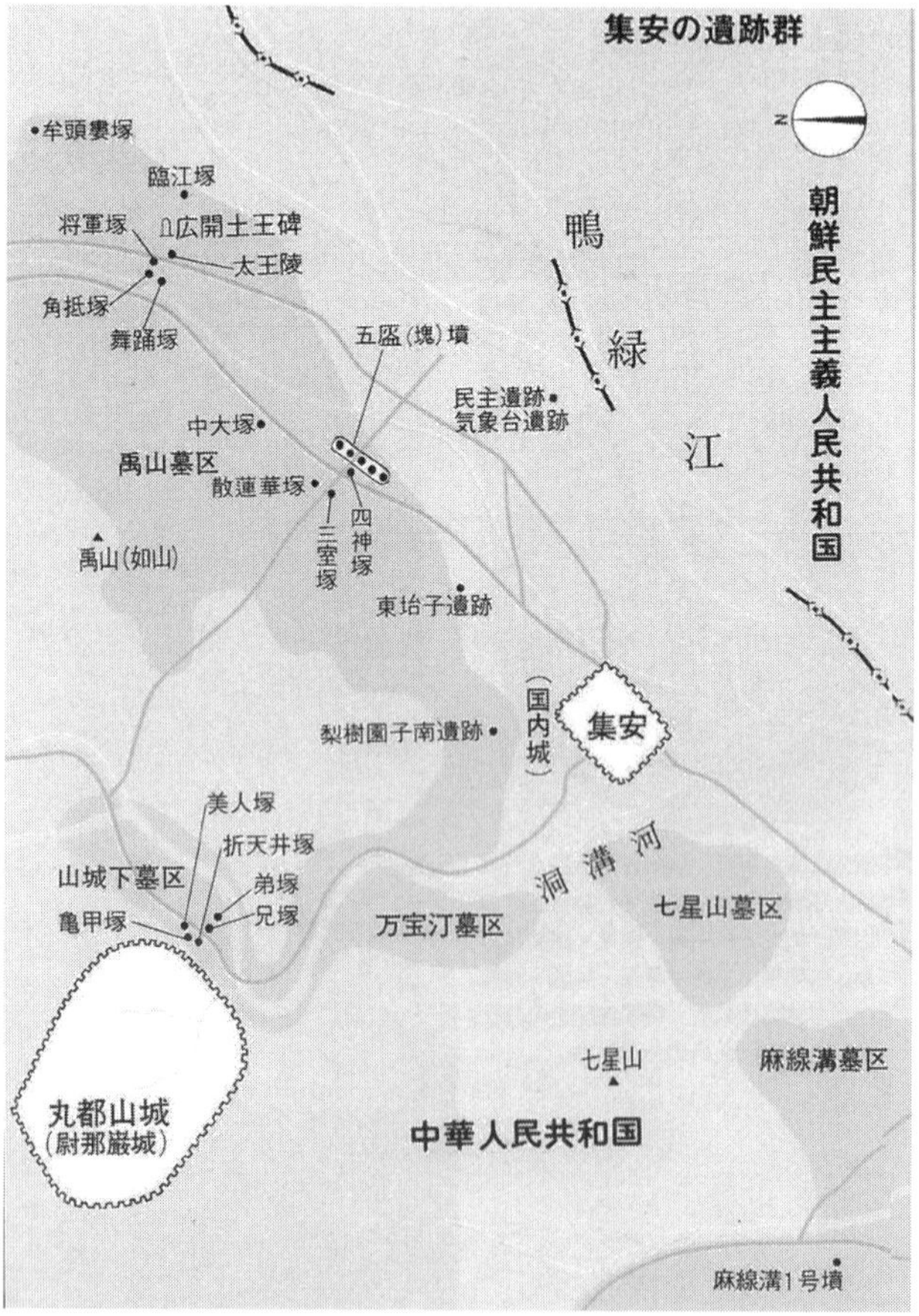

高句麗・集安の遺跡群（『図説　韓国の歴史』に拠る）

後に大規模な山城（丸都山城）をもって、これが一体として王都を構成した。平壌遷都後の王都では、平壌市街から東北に数キロ離れた大城（大聖）山城を背後にし、その西南麓で大同江北岸の清岩里土城を当初の居城とした（その後、南西にあたる現・平壌市街地の長安城に六世紀半ばに遷都）。新羅でも、南川に臨む独立丘陵に月城（半月城）を築き、王宮としたが、西方に仙桃山城をもつ。このように山城と平城を一体として構成する都城の姿が、朝鮮半島では認められる（李成市《リソンシ》氏、武田編『朝鮮史』等）。

さて、高良山の神籠石では、一メートル前後の長方形の切り石が並び、千三百個超もの巨石が連なる。高良山神籠石は、高良大社の社殿裏の付近から時計回りに吉見岳（高良山支峰で標高一五七メートル）の西麓の虚空蔵堂付近までを、延長一・六キロにわたり現存するが、推定線をたどれば全長二・五キロにも及び、壊れた水門もある。巨列石で取り囲まれる地域は防御施設の機能が推定され、帯隈山・おつぼ山でも同様の機能がある。

これまでの学界の検討では、「神籠石」には霊域説も一部にあったものの、古代山城とされる。その場合、七世紀後半代に唐・新羅に備えて大和朝廷が構築した朝鮮式山城の一つとされがちだが、文献には存在が明らかではない。その規模や立地・配置、域内に建物跡が見えないなどの点では、基肄《きい》城跡などの朝鮮式山城と様相が異なり、この時期の築造とするのはむしろ疑問が大きい。『書紀』天武七年（六七九）十二月条には筑紫国の大地震の記録が見え、この地震の震源となった活断層は、耳納山地の北麓に沿う水縄活断層とされるが、高良山神籠石は当該活断層の真上に位置する前田遺跡を見下ろす位置に築造されており、この断層線に沿う虚空蔵山～高良大社社務所北側の間の列石は未確認で、これが上記地震動により崩壊したことが十分想定されるから、その場合は天武七年には既に存在したことになるとの指摘がある（久留米市教育委員会の発行資料など）。

古墳石室の構築法との比較から、築造年代を推古朝以前とする説もある。高良山神籠石が天武七年の上記大地震以前に築造されたことが分かり、七世紀代の朝鮮式山城とは異なる古式な山城遺跡とみられる。朝鮮式山城と技術的に関連するとはいえ、大野城など七世紀後半代の築造に対して遥かに先行する古式の山城型遺跡という可能性が高い（祭祀性も感じられるから、霊域でもあったか）。私見では、要地に配置された上古の朝鮮系山城とみるが、いくつかの朝鮮式山城のなかには神籠石の旧地辺りに築かれた可能性もあるものもある。例えば、基肄城が築かれた基山（標高四〇五メートル）の南麓に位置する基山町の南部、園部には皮篭石の小字地名が残る。

森浩一氏も、霊域説も全部が否定されたわけではないとし、高良山について、「その前段階にも何らかの施設があったことは予測できるので、筑後平野での注目すべき要地である」と記す。『肥前国風土記』基肄《きい》郡条には、景行天皇の九州巡行の際、御井郡高羅の行宮にいて国内を遊覧したと見え、その要地性が示される。山中耕作氏も、「築城当時、すでに高良山で三つの磐座の祭祀は行われていたものと考える。…（中略）…『肥前風土記』によるかぎりは対外的な軍備とは思えぬ」とし、筑後鎮護の山城で、高羅行宮もこの山域内にあったと信じられていたかもしれない、と記述する（『日本の神々1　九州』の高良大社の項）。

「神籠石」とされるものは主に北九州に分布しており、現在までに十個所が見つかり（ほかに中国・四国地方に六個所）、高良山神籠石を取り囲むように配置される（高良山を中心にして、その東西に「帯隈山—杷木」、ほぼ南北に「阿志岐山—女山」が並ぶ。配置図参照）。出宮《でみや》徳尚《とくひさ》氏は、有明海沿岸の古代山城を見ると、朝鮮式山城の基肄城及び神籠石系山城五城が筑紫平野とそれにつながる筑後川中流域に展開しており、これら六城の間隔は直線距離で一六～三二キロ、実行距離で一八～四〇キロしかなく、「相互の視覚的連繋はもちろん、人的連繋と支援の可能な間隔で展開しており、高良山城を中核にした城郭網の形成と評価できる」とまで述べる（傍線は筆者。「瀬戸内の山城」『新版古代の日本第四巻中国・四国』、一九九二年）。

上記のように、基山にも神籠石があった可能性も考えられ（『肥前国風土記』には神埼郡及び小城郡に各々「烽《とぶひ》一所」との記事が見え、前者は帯隈山か日ノ隈山か、後者は鏡山か両子山かとされ、「烽」が神籠石につながる可能性もある）、これら山城の築造者は誰であったのか。邪馬台国所在地の一説もある山門郡（現・みやま市瀬高町）にも女山神籠石があるが、これが分布の南端に位置する。糸島郡にも雷山神籠石があり、玄海灘を望む雷山の中腹に築かれる。

高良大社には至聖の霊地が三か所ある。それが、神籠石（馬蹄石という大磐石）と別所の清水（奥宮、水分神社）、朝妻の泉（頓宮、味水御井神社）とされ、みな磐座とみられる。

久留米から遠くない福岡県小郡市大保には、**御勢大霊石神社**が鎮座しており、御原郡十九ヶ村の産土神とされる。いま、主祭神を仲哀天皇とする。延喜式内社にあげられる筑後四社の一つ（明治期に県社）であって、造営は御原郡・御井郡の両郡でとり行われたという。社伝では、仲哀天皇が熊襲征伐に当たり、行宮をここに設けたという。ところが、天皇が戦線を巡視した時に敵の毒矢に当たり、この地で崩御したので、神功皇后はこの喪を秘し、熊襲征伐の後に香椎の宮（現・福岡市東区）にもっていき、そこで発喪したともいう。その後の韓地出兵にあたって、天皇の御魂代の霊石を軍船にのせて同行し、凱旋後には、その石を韓地を守る不動石（社前の立石）として祀った、と伝えられる。

高良大社の祭神と祇園山古墳

高良大社の登り口にある大鳥居の近隣には、**祇園山古墳**（「古墳」の名は疑問で、実態は弥生墳丘墓）がある。九州縦貫の高速自動車道建設工事のなかで見つかっており、当該自動車道の設計変更によりなんとか保存された（しかし、保存状態は悪く、墳頂部に石棺が剥き出しにされる）。いま、墳丘西側の一部を削り取って、その下方を高速道が走っている。近隣には、高良大祝家・同大宮司家の旧邸宅、高樹神社（祭神はこの地の地主神で、高牟礼神とも高魂命ともいう）・高良下宮社（地元では「祇園さん」と呼ばれる）があり、礫山《つぶてやま》古墳・愛宕山古墳や御手洗池（高良の神の手洗い伝承があり、中島の石祠に弁財天〔厳島女神〕を祀る）もあって、高良山中腹を巡る神籠石からも遠くない。御井町清水からは広矛が出土した。

祇園山古墳は、その先祖を「日往子《ひゆきこ》尊」という高良大社大祝家（物部公姓鏡山氏）の墓所と伝えられ、高良山の祭りは同墳の祭祀に創まるともされ、旧大祝屋敷は同墳に殆ど隣接していたという。魏志倭人伝の数値記事を短里法で受け取り（一辺ないし径長が約三〇メートル）、墳丘の形や

高良大社（福岡県久留米市）

殉葬痕跡なども考えると、日本の現存遺跡のなかでは卑弥呼墓に最もふさわしい（当時の魏王朝の薄葬令から見て、箸墓古墳のような巨大墓は考えられないし、また築造できるような情勢でもなかった。こうした社会状況判断がどうして主流派考古学者にはできないのだろうか）。

高良大社は、近隣に千栗八幡宮など末社・分社や由緒の神社が多く、九州屈指の名社として、豊前の宇佐八幡宮や山城の石清水八幡宮（摂社に高良社がある）では格別の扱いをうける。本社祭神は、後には八幡神補弼の神として高良玉垂命とされるが、その実体については諸説ある。高良大社の祭神は、神社名からして、近江国犬上郡の甲良神社（犬上県主が奉斎者として推定される）や相模国中郡の高来神社（高麗権現。同、師長国造）とも関係しよう。両社とも、高天原の主宰神たる高魂命の後裔の天津彦根命の後裔氏族が奉斎する神社とみられる。日神・石神の信仰や鍛冶、玉・鏡などの製作管掌氏族の祖神とも関係しよう。

従って、八幡大神たる素盞嗚神（祇園社の祭神で、実体は筑紫国造の遠祖・五十猛神か父神）から高魂命、日神たる天照大神、さらにその子孫神に至る天孫族の祖神系統の神々（人々）のなかに、高良大社の祭神に比定されるべき者がいる。地主神たる高魂命に替わったのが高良玉垂神という所伝からいって、現在の武内宿祢（「八幡神＝応神天皇」の補弼ということに由来か）というのは明らかに疑問で、高魂命の子孫神が同社の祭神となろう。その場合、具体的には、当初は高魂命の孫神にあたる「天明玉命（玉祖神）」かとも考えたが、むしろ子神のほうの天活玉命、すなわち男神たる天照大神が妥当である。この神は「宮中八神」の一柱としては、玉積産日神《たまつめむすび》（玉留魂神、魂留産霊神。鎮魂祭中の主体の神）という神名にあたる。ともに名に「玉・魂」を共有しており、三種の神器の玉にも絡むか。そして、この者のときには高良山麓に定住したとみられる。

『魏志倭人伝』の卑弥呼も、高魂命の流れを汲む高天原支配者一族の出自とみられる（畿内中心の記紀の記事に卑弥呼が登場するはずがない）。祇園山古墳の近隣、久留米市域には前掲の高樹神社のほか、御井郡の式内社として伊勢天照御祖神社もあることは先に述べた。

高良大社は古くから筑紫の国魂とされ、高良山は古くは高牟礼《たかむれ》山（鷹群山）と呼ばれ、高羅とも書くから、「高＋ムレ・ラ（村、国、地域の意）」であって、「高」のほうに意味があった。本来の祭神「高木神（高皇産霊神）」の信仰に由来してか、「鷹」の神祇と呼ばれるものもある。この辺も百済の例に通じる。鷹巣や鷹取、鷹群など「鷹」地名を散在させる神祇・祭祀が、九州北半域に広がっており、天孫族の列島内移動経路には日本の各地に高取山の地名が多く残る。高良あたりには物部氏族関係祭祀の痕跡も色濃くある。名神大社「豊比咩神社」は、かつては高良玉垂宮と並んで高良山に鎮座したが、失火により高良大社に合祀されたと伝える。

高天原の意味と主宰神

ここまで「高天原」をとりあえず現実の地と扱ってきたが、改めて考えてみたい。

津田史学の大きな影響のもとで今や忘れかけているが、戦後の邪馬台国所在地論争に対比するような形で、高天原の位置論がかつては随分、論じられた。学究の多くでは、総じて架空の地（天空）とされがちだが、大和王権の主たる天皇家の祖先が居た現実の地がこの語で表現されたとすれば、それは架空の土地であるはずがない（このような認識が、津田史学の学究にどうしてないのだろうか、不思議である）。

高天原の具体的な比定地については、国内説では大きく分けて、九州説（『新唐書』などにも見える筑紫説のほかに、「豊葦原」などに由来する豊前説などもある）と大和説とがあり、これに対し、海外説たる朝鮮半島起源説（戦後では江上波夫氏などの説）があった。

朝鮮半島起源の説は、天孫降臨の「日向」の地が韓国に向かうという『古事記』天孫降臨の段の記事（ニニギの言に、「此の地は韓国に向かい、……朝日の直刺す国、夕日の日照る国なり」）にも基づくようである。しかし、記紀に描写される高天原には、地名・風景をはじめ韓地を示唆する表現がなく、まず成り立ちがたい。高天原が広く「天上（すなわち天皇家の祖先の居地）」を指すのであれば、外地にあっても不思議ではないが、記紀にいう天照大神の居地だと特定すれば、これが日本列島内となる。ちなみに高天原の主宰神は、原型では皇祖神タカミムスビ（高木神、高魂命）で、これが天照大神に先立つ皇祖神だ、と上田正昭氏はみる（『日本神話』一九七〇年）。先にも岡正雄氏の指摘があって（『日本民族の起源』）、この辺が妥当であろう。出雲国造の神賀詞には、「高天の神王、高御魂命」と表現される。『延喜式』に拠れば、大嘗祭の斎場の神々の中心がタカミムスビで、これこそ本来の祖神であった。高天原の創始者ということでもある。しかし、それより先はないのだろうか。

高皇産霊尊と天照大神の関係についても、とくに説明せずに記してきたが、記紀神話では、天照大神が天皇家直系の祖神と記し、それとともに高皇産霊尊のほうは女系を通じる祖神（外戚祖神）という内容で記される。すなわち、この神の娘・万幡《よろずはた》豊秋津姫が天照大神の嫡男・天忍穂耳尊に嫁し、その間に生まれた瓊瓊杵尊が天皇家の祖という形である。しかし、これは天照大神を男子直系の始祖神とする形で、神統譜の原型が改変された結果にすぎない。本来は、天照大神は女神ではなく、男神たる皇統の始祖神の一人で、高皇産霊尊の子に位置づけられる。両神はともに高天原の主宰者、わが国天孫族の祖であった。

『アマテラスの誕生』を著した筑紫申真氏は、アマテラスが天皇家の祖先神となったのは壬申の乱に勝利した天武が即位の七世紀末頃とみたが、そうした新しい神ではなく、当初から天照神（天照御魂神）という男性神が祖先であった。皇祖神になる前は地方神だったとみる見方（溝口睦子氏）もあるが、妥当とは思われない。

具体的にいうと、天照大神の原型には、①皇祖、②高天原の統治者、③太陽神の祭祀者、という性格が認められる。その場合でも、日本国土を生んだ諾冊二神（イザナギ・イザナミ）の嫡子とか「大日孁貴《ひるめの》」という女神（巫女神）とは決してならず、これら二点は記紀成立までに潤色された結果である。女神を始祖としてあげる古代氏族は皆無である（天鈿女命の後とする「猿女君」は職掌の尊称にすぎず、姓氏ではない）。記紀以降の氏族系譜の勅選書で平安前期に成立の『姓氏録』には、始祖神・遠祖神としての天照大神の名はまったく見えない。同書には、高皇産霊尊を天孫族系統の諸氏の遠祖神や大伴・久米など山祇族系諸氏の遠祖神とも記すが、後者は系譜仮冒であって、本来の遠祖・神魂命を置き換えたものにすぎない。他でも書くが、天照大神の祖先も『姓氏録』に見え、角凝魂命などとある。

高天原の位置

ここでは、高天原関係についての諸学説の網羅的説明はしないが、例えば、**太田亮博士**は、その主宰する『系譜と伝記』誌の創刊号（第一巻第一号。一九二二年三月刊）の巻頭で「高天原の所在」という論考をかかげ、邪馬台国とも関連して双方の所在地の考察をする。そこでも、「天祖」（天皇の大御祖先とする）の居住した都についての論だと先ず断っている。戦後でも、安本美典氏が『高天原の謎』（一九七四年刊）を著して、かつての論争や本問題の整理を行い、具体的な地として九州説を提示した。

太田博士は、その論の前提として、古代郷里の研究の必要性を説き、人口密度や考古遺物・遺跡の分布から郷の密集した地に高天原・邪馬台国の双方を求めた。先祖が天から降ったという信仰から先祖居住地を高天原と名づけたが、「天皇の先祖の都」という意味に解すれば、それは神話を離れても存在する。それが邪馬台国にもあたり、九州の肥後国北部の菊池郡山門郷にあったとみる。その場合に、「日向」を南九州の日向とみる事情があるが（「出雲」も後代と同じ地域とするが、これら両地の比定はともに疑問）、「日向」が北九州の筑前沿岸部とみれば、高天原の所在地に関し太田博士の見方も変わったかもしれない。

ともあれ、天祖（天照大神の先祖）の誕生地が筑前海岸部であり、宗像三女神の降臨や高天原の神々の下向、更には天孫降臨の地などの関係からも考えて、太田博士は朝鮮半島南部に高天原を求めてはいない。高天原・邪馬台国の地が重なるという認識も示される。黒板勝美や金子武雄氏なども九州北部説をとり、往時はこの説が総じて優勢だった。

安本美典氏も、『古事記』に出てくる関係地名を分析して、考古遺物の玉・鏡・剣の出土状況などの検討の結果から、「高天原は邪馬台国で、天照大神は卑弥呼である」という結論に至った。しかし、このうち前半部分関係がほぼ正しく、高天原が北九州の筑後川流域にあったとしても（そうした広域のうち、具体的な中心所在地としては、安本氏の言う甘木・朝倉説では位置に若干のズレがある）、後半のほうは疑問が大きい。

天照大神は卑弥呼よりも百数年ほど早い時期の人であり、しかも天照大神は女神ではなく、原型実体が男性神だからである。安本氏の言う「邪馬台国東遷＝神武東遷」も根拠がきわめて薄弱であって、邪馬台本国の移動は考えがたい。年代的に言うと、神武は卑弥呼に先立つ数十年前に活動した者であった。安本氏の説が神武の出発地を九州の日向国だとすれば（これも疑問であるが）、これは天降り後の支分国にすぎないのだから、邪馬台国本国の東遷とはそもそも矛盾する。安本説では総じて地名等の素朴な把握が多く見られる。

鷲崎弘朋氏も、「高天原＝邪馬台国」「卑弥呼＝天照大神」としつつ、豊前説（中津・宇佐あたり）を主張する（『邪馬台国の位置と日本国家の起源』一九九六年）。豊前説は、江戸期の多田義俊から見える。安本氏の甘木・朝倉説に対する鷲崎氏の批判はほぼ的確で、私見でも同感することが多いが、そうであっても、豊前説そのものの根拠が弱い。豊前が上古関係の史料に見えるのは、国産み神話の姫島や神武東征の経路、景行天皇九州巡狩の絡みであって、高天原絡みではない。豊前宇佐との所縁が深い関係者は息長氏や応神天皇などであり、これらは天孫族の一支流にすぎない。宇佐の辛島勝《からしまのすぐり》氏は五十猛神の後裔という系譜を伝えるが、端的には宇佐国造の支流でもあった。天皇家以外の他の有力氏族でも、豊前起源の伝承をもつものはない。

一方、筑後では、御井郡の東隣が、語義的にヤマトにつながる山本郡であり、安本氏も当初では山本郡を重視した事情がある（『邪馬台国への道』一九六七年刊の初版。その後に「新考」「最新」をつけて同名書が出るが、この見解は変更された）。安本氏が筑後川流域を広域として邪馬台国の版図に考える見方は、上記批判の後でも十分に成り立つとみられる。

三世紀代の倭国の都を邪馬台国の中枢域とすれば、筑後国御井郡あたり（東隣の山本郡を含む）で、高良山北麓（筑後川南岸）の一帯とみる説が出された。この見方では、植村清二・榎一雄や井上光貞、谷川健一、片岡宏二の諸氏などもふくめ、論者がかなりいる（インターネット上にもかなり見えるが、具体的な詳細や論拠が不明な点もあり、これ以上の掲名列挙は省略）。福岡県南部に多い高良大社系神社の鎮座地域の範囲（筑後川の中下流部のほぼ南側地域）が広く邪馬台国の国域だった可能性がある（このあたりが天孫族の流れを汲む物部氏の原郷であること〔太田亮博士、谷川健一氏の説〕とも矛盾しない）。

古代信仰の霊地（筑後国の総鎮守の神の鎮座）・祭祀や考古学的な視点、景行天皇巡狩の高羅行宮伝承、太田亮博士の言う人口集積（筑紫平野を領域とする戸数・人口）、交通要衝・古代地形など地理学的視点、言語学的視点（山門や山本の上古代音韻・意味）等の諸事情を総合的に鑑みれば、拙見でも、高良地域の比定が穏当なところであろう。コウラの名義も、もとは高羅、すなわち高の国の意味とみられるから、「高天原」にも通じる。高は、高木神・高木城や鳥類の鷹でもあった。高良神は、中世には宇佐八幡宮の影響を強くうけその傘下に入る形となるが（高良大社でも左殿に八幡大神を祀る）、これは八幡信仰が朝廷・武家に広まった結果にすぎない。

ともあれ、邪馬台国所在地の問題について、記紀の高天原の観点から論じたり、解決しようとす

筑後川。流域は邪馬台国の有力候補地の一つである。右の山並みは高良山を含む耳納山地

る姿勢やアプローチは、論理的には順序が逆であろう。

邪馬台国は熊襲か

邪馬台国所在地問題について、早くにこれを論じた本居宣長は、邪馬台国は熊襲で、卑弥呼はその酋長が著名な女王（＝神功皇后）の名を騙って中国に使いを出したとみた（『馭戎慨言』）。これを承けた鶴峰戊申は『襲国偽僣考』をあらわし、菅政友も『漢籍倭人考』で邪馬台を熊襲にあてることを認めた。ここでの邪馬台国は『魏志倭人伝』に見える国で問題はないが、これら論者の言う「熊襲」とは記紀に登場するもので、皆が、後の隼人と同一視した南九州在住の種族であって大和王権に強く抵抗した勢力を指した。

これは、『風土記』では球磨囎唹・球磨贈於と表記されること（九州地方の『風土記』に共通であり、現存するものに拠ると、豊後・肥前・肥後に各二個所ずつ、合計で六個所に見える）から、「クマ（＝肥後南部の球磨郡地方）＋ソオ（＝大隅北部の囎唹郡地方）」と解した津田左右吉博士とも同じである。これら以来の見解、すなわち肥後南部から薩摩・大隅にかけての地域の原住民を「熊襲」が意味すると当然のことのように受けとられてきた。これが現在まで強固な通説であり続けた。

ところが、このことが日本の上古史を大きく見誤るもととなった。「熊襲＝隼人」という誤った先入観が、いまの日本の上古史研究に大きな桎梏の一つとなっている。上古史研究を阻害するのは、こうした強い先入観と固定観念である。

すなわち、記紀神話など上古史に関する記事では、地名・人名（神名）・時間などの重要な要素が記紀編纂当時の理解をもとに表現されている。こうした基本的なことが、これまでまるで認識されてこなかった。これら主要要素の内容が、時代により変遷があったり、後世の誤解もあったりする、ということでもある。当然のことのように、記紀神話の「出雲」も「日向」も、奈良期以降の地域名と同じだという予断で受けとられてきた。これに対し疑問を提出したのが、辻直樹（『まほろばの覇者』一九七六年など）・古田武彦（『盗まれた神話』一九七五年）・若井敏明（『邪馬台国の滅亡』二〇一〇年）などの諸氏であり、いずれも記紀に見える「熊襲」について、邪馬台国関係の勢力（ないしその残滓）を考える。

景行天皇の九州親征、倭建命の西征・東征及び仲哀天皇・神功皇后夫妻の征討などを取り上げて具体的に地理等から詳細に検討したとき（これらの征討事件を端から史実ではないと否定する津田史学流の見地もあるが、具体的な否定論拠を欠くから、ここでは問題としない。拙著『「神武東征」の原像』や『神功皇后と天日矛の伝承』などを参照）、これら大和王権の征討対象となった「熊襲」なる政治勢力は、実際に南九州に居た「隼人」と同じかという問題意識である。言い換えれば、「熊襲」についての認識は、古代のいつの時期でも変わらなかったのか、記紀の「熊襲」勢力が史実原型として南九州に本当に在ったのか、という問題でもある。

そもそも、政治的・社会的・文化的に見て、本当に一丸であったかどうかわからない二つの地域の名を「合成」して政治勢力の名前で呼ぶという称呼のやり方が、上古代では本当にあったのだろうか。現代用語での簡略化ならともかく、歴史的に見ても、クマソの呼称以外にこんな例はない。だから、「熊襲・熊曾」を単純に地名に因って異種族と考える津田博士以来の通説は、明らかに予断が強すぎて実態に合わず、疑問が大きい。古墳時代の南九州では、大和王権の墓制と異質な独自の墓制文化圏があったことは、よく知られる。考古学的には、南九州東側の日向・大隅の地下式横穴墓（前方後円墳と共存）、西側の肥後南部・薩摩北部の地下式板石積石室墓という分布がともに顕著だから、これら異なる墓制の主な担い手が各々が隼人でも、日・隅・薩地方という地域は文化的に同質均一ではなかった。もちろん、祭祀・習俗でも、隼人と大和王権を担う天皇家一族とは大きく異なる。

　検討の詳細は拙考「「熊襲」の原像」（『古代史の海』誌第六五号掲載。二〇一一年九月）を参照いただくこととして、ここでは結論と若干の補足だけを書いておきたい。

　要は、通説の「熊襲」の理解は誤りで、人種的にも「熊襲＝隼人」ではなかった。記紀にも造詣ある考古学者・森浩一氏でも、「倭人伝の狗奴国→熊襲→隼人」という南九州の地域住民での推移をクマソについて考えるが、これも中間の熊襲を外して考えるべきである（隼人族が実際に肥後中部まで勢力圏にしたかも疑問）。習俗的に考えても、動物の狗（犬のこと）と熊と隼とは各々異なるし、隼人の語源は鳥の名「隼」ではなく、「狗吠《くはい》」（犬のような声で吠える）する習俗をもつ「吠《ほ》い人《と》」「囃人（はやひと）」に由来し、狗人ともいう。

　そして、「熊襲」についての種族・比定地域の認識は異なるもの、宣長等の指摘にも通じて、結論は「熊襲は邪馬台国の残滓」であった。だから、熊襲と北九州で対峙した大和の大王（この実態は仲哀天皇ではなく、神功皇后の夫の原型たる成務天皇とするのが妥当か）が福岡市東部の香椎近隣か筑前辺りで討死し、同国夜須郡（朝倉市）で羽白熊鷲という鳥人（鳥トーテミズムの現れか）が王権に対し抵抗し、神功皇后の軍勢により討伐されるなど、筑前・筑後での活動が中心に『書紀』の記事に見える。この熊鷲こそ邪馬台国王族の末裔か。

「狗奴国」が犬祖伝承あるいは犬・狼トーテミズムをもつ日本列島原住の山祇種族の系統であり、だから「狗」の漢字が用いられたという見方がある。隼人の「狗吠」習俗は先にも述べた。現在でも、中国語ではわが国の「犬」の意味で「狗」が通常、用いられる。「狗奴国」が中国の苗族（犬首の神・槃瓠の後裔と称して犬トーテミズムをもつ）、犬戎・吐蕃（チベット系。『旧唐書』『新唐書』の吐蕃伝に習俗として「狗吠之声」や朱丹の顔面塗布・自発的殉死が見え、隼人と共通する）や「クメール民族」（代表的なものがカンボジア人）、すなわち「クメ（来目・久米）」「クマビト（肥人）」や吠人（隼人）につながることはあっても（田中勝也氏にほぼ同説）、別種類の動物である熊につながることは無理であろう。しかも、クマソ（熊襲）を南九州地域から切り離せば、「狗奴国＝クマソ」とはなりようがない。狗奴国は騎馬民族ではありえないし、邪馬台国などを征服後に畿内に東遷したはずもない。

ちなみに、「高天原」を故地としたわが国天孫族の遠祖としての熊野神（実体がスサノヲ神）が、出雲国造や熊野国造、鳥取部系統などで重要な祖神として祭祀がなされた事情がある（出雲国意宇郡や紀伊国牟婁郡の熊野大社）。朝鮮の始祖神たる檀君の母に通じる熊女の神もあり、『三国遺事』に天降りした桓雄が熊女に通じて檀君を生むとの伝承が見える。

これらを考えると、「熊」とは、天孫族主体の大和王権につながる支配層にとってむしろ女系の祖神的存在であり、蔑視的なものとしてとらえるべきではない。仲哀の筑紫御幸を出迎えた岡県主の祖・熊鰐も見え（仲哀紀八年条）、明らかに蔑視の「土蜘蛛」（穴居民）という表現とは異なる。夜須郡の「羽白熊鷲」は名前に熊をもつとともに、名前のなかに「羽、鷲」があり、強健で「身に翼ありて、能く飛び高く翔る」と描写されるから、神格的ないし神話的な表現の名である（だから非実在で、記事の造作だとは直ちにはいえない）。むしろ天孫族に共通する鳥トーテミズムによく通じる。

山祇族やクメールに通じるアイヌ種が熊を神として神聖視したが、熊トーテムは大陸にもあり、「熊襲」の語源が東北アジアにあったならば、その場合は「熊」はヒグマ（羆）ではなく、別の動物にもなろう（後述）。

周王朝の女性始祖・姜源が巨人の足跡を踏み感精して后稷を生んだと『史記』に見えるが、熊をトーテムとして、姓を姫（便宜上、姫と書かれることが多い）としたという。この場合、「巨人＝熊」となるが（孫作雲著『周祖先の熊トーテム考』）、そうすると、東夷・ツングースに見られる熊信仰にも通じる。

熊襲についての結論

「熊襲」を以上のように各方面から論理的に追求して、辻直樹氏の見解に近いものが妥当だと考えるようになった。すなわち、熊襲とは、北九州のなかで主に筑紫地域にあって、大和王権に最後まで抵抗した政治勢力であった。「往古の倭国宗族の末裔勢力」であり、具体的には「三世紀の邪馬台国の直系宗族及びその版図にあった諸国の四世紀代における残滓勢力及びその党与の勢力」、とされよう。熊襲の原像は、南九州の隼人につながるものでは決してなかった（とはいえ、仮りに隼人の族長が天孫族の流れだとしても、これはツングース系などによく見られる支配層・人民の二層構造からいって、ありえないわけでもないが）。

辻氏は著作『上古の復元』で、北九州において「神功皇后の平定したその範囲が、ヤマトタケルに討たれたクマソの残党の勢力範囲」とみており、クマソが高天原・邪馬台国と関係あること、北九州のクマという地名が佐賀県の佐賀市・大和町（ともに現・佐賀市域）から久留米市にかけての地域に多く分布すること、三角縁神獣鏡がヤマトタケルの西征・東征の行路の地域に多く分布すること、なども具体的に指摘した。その著作に、「クマソが南九州でなく北九州でなければならぬという考察」は、古田武彦氏『盗まれた神話』にも見えると記される。

『風土記』や倭建命を祀る神社の分布も、福岡・佐賀両県の遠賀川流域や有明湾北岸地域に多く見られる。倭建西征の随従者が、後の豊後の比多国造（日田市域）や肥前の松浦国造（唐津市域）として残った事情もある。倭建命の熊襲討伐伝承が創祀の基という佐賀市神野西の堀江神社（嘉瀬川対岸で真西の小城市三日月町堀江にも同名社が鎮座）では、「小津河上に住む河上梟帥」の征伐のために小碓命が来たと伝える。これに当たるのが、『書紀』景行二七年条に倭建命討伐の対象と見える熊襲の川上梟帥としたら、居地が佐賀あたりとなる。嘉瀬川（川上川、佐嘉川）と多布施川の上流には川上の地（佐賀市大和町大字川上）があり、佐賀郡式内の与止日女《よどひめ》神社（祭神は石神の性格の女神だが、実体不明も、肥国造の祖先か）が鎮座する。その東方近隣には金立山や久保泉丸山遺跡、さらに帯隈山神籠石もある。こうした要地の首長が川上梟帥だとしたら、邪馬台国を構成する主要国支配者の末裔という可能性がある。

「熊襲＝北九州在住」説はほかにも論者がおられそうである（本稿は諸説の紹介ではなく、「熊襲」の検討が目的であるので、所説・研究者の見落としなどはご寛恕いただきたい）。ともあれ、これら「熊襲」の解釈は、記紀に見える地理・種族などの用語については、後世の認識や先入観で考えてはならないという具体的な例証ともなろう。

津田博士亜流の戦後の歴史学主流にあっては、地名・人名（神名）など固有名詞の解釈が総じて素朴すぎる傾向がある。そのため、上古代の実態究明に至らないまま、研究者の先入観とも相まって、史実や実在性の否定論の循環に陥っている面がある（例えば、「戦前の皇国史観の反省の上に徹底した史料批判を行うことで古代を復元してきた二十世紀後半の文献史研究」という学究の表現をよく見かけるが、論理的合理的にみて「徹底した史料批判」なぞ、津田史学ではほとんどなされない。素朴な理解・解釈と恥ずかしいほどの単純な論理、先入観で無雑作に史料切捨を続けてきた。切り捨てられた「応神より前の諸大王」の時代の人として記紀に見える人々は、皆が皆、後世の造作による架空の人物だというのだろうか。神代の話のなかにも神武以前の史実が含まれるとみなければ辻褄が合わないし、氏族研究から遡るとこのように断言したくなる、と太田亮博士も言われる）。

記紀に見える地名及び現実の地名の認識は、古代にあっても、時代に応じてかなりの変遷をする。こうした地名や時代、関係する人名などを、各種史料からその原型から考え当時のものを的確に把握しなければ、古代史の解明がしがたいということである。

ここまで見てくると、朝鮮半島からの渡来種族（天孫族）は九州北部に渡来してきて、唐津あたりから佐賀平野を経て高良山麓一帯あたりで落ち着いたのが理解されよう。

筑前・筑後や肥前には、新羅神社や「高木」の名の神社・地名、鷹取山（高取山）・鏡山も集中して分布する。この地域には支石墓も多くある。その後の天孫族の動きでは、支流には、更に分かれ福岡市西部から糸島市方面に行ったものや、日本海側の長門北部を経て出雲など山陰道に展開したものなどがある。もちろん出雲にとどまらず、瀬戸内海等いくつかの経路で畿内方面に向かう流れもあった。こうしたところが、一応の総括である。

天孫族王統の永続性

ここまでに西暦二世紀後葉の神武東征まで見てきたが、神武以降では、奈良盆地での所謂「闕史八代」という雌伏期ないし助走期（百数十年ほど。勢威・版図などから「大王」の実態を備えたとまでは言えないとしても、実存した諸王たちの治世期であり、この期間を安易に否定できない。実存性否定の論理は、粗雑で視野が狭いことに留意）を経て、崇神朝には大和王権を確立し本州の大半を版図にもつようになる。版図を広く拡大させた崇神天皇を実在した最古の天皇（大王）とする見方は説得力が大きい。崇神から景行までの三代にわたり、纏向の地に宮都を構えて畿内の大王権が確立された（当該地を崇神より前の王の宮居でもあるとの見方には反対だし、記紀にもそうは記されない。年輪年代法や放射性炭素年代測定法による推定数値の問題点は上述）。

更に、景行朝に繰り広げられた日本列島内の征討・平定事業の仕上がりをまって、次の成務朝の後末期には九州から渡海して韓地への進出の動きを始める。その一方、神武以来の王統は、仲哀天皇の死をもって外戚のホンダワケ（誉田別、誉津別で、応神天皇のこと）により簒奪され、ここで王統が変わったことになる。

神武～仲哀の初期皇統の具体的な系譜・親族関係は確かめ難い点が多いが、史実原型を通婚先などから敢えて考えてみると、大王位には傍系相続がなんどか入り、四世紀前葉の崇神以降では、崇神（御間城入彦五十瓊殖）、その子・垂仁（活目入彦五十狭茅）、その弟・景行（五十瓊敷入彦と同人）、その子・成務（五百城入彦と同人。次に、成務皇后の神功皇后〔日葉酢媛。名は「息長帯姫」ではないことに留意〕の執政時期が入る）、その次が成務の甥・仲哀（倭建命の子）の順で皇位（大王位）の継承がなされたとみられる。

現在に伝わる記紀等の皇室系譜は、応神天皇の簒奪事情があって、垂仁～応神の間で原型改編がかなり大きくなされた。そこには、王族の続柄ばかりではなく、后妃、子女までずいぶん変更がなされており、応神の一族・祖先も系譜のなかに多数追加されている。その結果、倭建命・神功皇后まで後世に追加の架空の人物と受けとられかねない内容ともなっている。だから、関係者の事績や活動年代等を冷静に分析して史実原型の追求をしたうえで、検討する必要がある。

応神自体は天孫族の支流、宇佐国造同族の流れから出ており、広い意味では天孫族の王統の範囲におさまる。応神天皇に始まる王統にあっても、六世紀前半の継体天皇による大王位簒奪があったが、継体も血統的には応神天皇の弟の流れであった。応神も継体も、従来の大和朝廷の機構・臣下団を殆どそのまま引き継いでいる（広義の息長氏一族といえる紀氏・平群氏や蘇我氏などの中央進出が見られる事情も、応神王統の時代にはあったが）。応神簒奪のときは、物部・大伴・阿倍など主要諸氏の一部は、その後しばらく活動が見えなくなるが、継体継承のときは臣下諸氏の動向に特段の変化は見られない模様である。だから、これらは確かに新王統の開始ではあるが、すくなくとも継体の場合は新王朝の創設とまでは言えない。

こうした諸事情を踏まえれば、天皇家は、観念的な「万世一系」ではなく、『記・紀』の天照大神にあたる男神・天活玉命以降は、現実的にも万世一系（支系も含むから、正確には「万世が同一族一系」）である。その意味で、高天原の天活玉命は、匈奴のレンテイ氏の祖・冒頓単于（匈奴単于の初代）や、蒙古の黄金氏族（キヤト・ボルジギン氏。蒙元皇室）の祖たる「チンギス・カン（成吉思汗。モンゴルの初代大可汗）と嫡妻ボルテ」夫妻の生んだ嫡出四男子、のような位置にある。

四世紀末頃からの応神天皇の治世より前の時期に、神武天皇以降の皇統から分岐した支族諸氏は、記紀等の記事に反して、実態では非常に少なかった。本シリーズで既に取り上げた葛城氏、阿倍氏のほかは、多氏くらいであって、残りの皇裔と称する諸氏は系譜に大きな疑問がある。広く天皇家同族としての天孫族では、息長氏、物部氏、紀氏を既に取り上げてきた。あとは、鴨氏族や服部氏族、三上氏族・出雲氏族が、天孫族系の主な氏族として残る。なお、尾張氏族は本来は海神族系だが、初期皇統の祖系（神統譜）に混入されたことに留意される。ここでは、多氏一族について、次ぎに概略を触れておく。

多氏とその一族後裔

多氏族は神武天皇の皇子・**神八井耳命**の後裔とされる。この皇子は、綏靖天皇（神渟名川耳命）の同母兄で、綏靖が当時の執政だった兄の手研耳《たぎしみみ》命（多芸志美美命）を殺害したとき（実質的にはクーデター）、怯えて手足がふるえ行動加担ができなかったため、皇位を弟に譲って祭祀のほうを担った、と記紀に記される（この手研耳殺害事件だけ見ても、「闕史八代」という表現は誤りと言えよう）。

一方、中田憲信の手による『皇胤志』では、手研耳命の同母弟（母は吾田邑の吾平津媛）の位置で神八井耳が記されるから、そうした血縁が実際なら綏靖のほうの動きに同調するはずがない。「譲位」は、当時の「末子相続」の故だと太田亮博士はみるが、これは記紀記載の系譜に眩惑されすぎている。当時の日本には末子相続という相続制はなく、兄弟順よりも、生母の身分・出自のほうが重視されていた。だから、嫡后・媛蹈鞴五十鈴媛（伊須気余理比売）所生の嫡長子となる神渟名川耳が大王に最も適格であった。

ともあれ、ここに、大和国十市郡多村（和名抄の飫富郷で、現磯城郡田原本町多）に起る多臣氏の流れが始まった。『皇胤志』の同母弟の記事を尊重する場合には、手研耳命の弟にあげられる岐須美《きすみ》美《み》命（『古事記』。「皇孫本紀」では研耳命）が神八井耳命と同人として重なり合うことにもなるが、この辺の系譜の是非は判じがたい。

　この多一族は、多村の多坐弥《み》志《し》理《り》都《つ》比《ひ》古《こ》神社（式内社、旧県社。俗に多大明神ともいう）を氏神として奉斎して、現代まで祭祀が続く。多神社の三輪山の真西に近い地理的位置（北緯三四度三二分九秒）から見て、太陽神祭祀に関与したとも考えられる。その祭神・弥志理都比古神とは「水知津彦」の意とみられ（偽書とされる『多神宮注進状』の記事にあるが、この表記自体は妥当か）、水神であろう。多氏族から船木氏が出るなど、海神族系の色彩もある。支族の科野国造領域にも海神族の色彩が多少あるものの、皇祖神たる生島足島神（天活玉命で、天照大神のこと）を奉斎するから、皇族から出たという系譜は信拠できそうである。

　表記の多（オホ）は「太、大、意富、飯富、於保」とも記され、姓は八色の姓制定のときに臣から朝臣を賜った。皇別（天皇の皇裔氏族）としては最古の分岐に位置づけられ、分出したと称する氏も多く、一族分布は全国的とされる。

　その流れは大きく五つほどに分けられ、大和・河内など畿内、尾張・伊勢地方、常総・磐城地方、信濃、九州・四国の西海方面に分かれる。しかし、実際の系

多神社（奈良県田原本町）

譜としてはおそらく二流であって、①畿内から東海・東国方面の系統と②九州系統とに分類されよう。後者のほうは、実際の系譜は宇佐国造と同族の流れとみられる天孫系の別族であって（血統的に多支族ではない）、本宗の多臣氏を含む前者は古代では勢力があまり大きくない。女王卑弥呼も、多氏一族の肥国造の人とする説が太田亮博士にあるが、これは年代的に見て明らかに謬説である。

　大和の多臣氏では、所伝の系譜から見れば、実質的な氏祖として崇神前代の敷桁彦命《しきたな》があげられる（孝元天皇後裔と称した阿倍臣の祖・大彦命は、この近親か）。『書紀』に見える多臣氏の初出は、景行天皇の九州巡狩に随行した「多臣祖**武諸木**」であり（景行紀十二年九月条）、周芳《すおう》の娑麼《さば》では同地の南方に煙気が立つ様子を見に派遣されている。その前後の一族氏人の活動は殆ど見えず、「国造本紀」には崇神朝に科野国造に任じた建五百建命《いおたけ》（阿蘇国造の祖・建磐竜命とは名前が近いが、別人であることに注意）など諸国の国造の祖が数人見えるくらいである。

　武諸木命の近親子弟から、河内国北西部の茨田《まんだ》郡を本拠とする茨田連氏が分岐した（初祖が武多伎利命か。大和の多の地の西北近隣に「満田」の地名もある）。この系統の系譜には、祖を手研耳命（神武の皇子）とか「彦八井耳命」とかと称する別伝もあるが、各々訛伝か。

　崇神・垂仁朝頃から当地に分岐し、古墳時代前・中期には百メートル超の大古墳（森一号墳、禁野車塚古墳、牧野車塚古墳など）を築造したから、当時は大和よりも勢力を有した。茨田連氏では、茨田連衫子が仁徳朝に茨田堤の築造に関わり（式内社で門真市宮野町に鎮座の堤根神社は氏祖を祭祀）、茨田連小望は継体天皇の即位にも協力し、その妃を出した。

　その後では、天武天皇十三年（六八四）に宿祢賜姓があったものの、奈良時代以降は中級以上の官人は殆ど出ていない（天平期に茨田宿祢弓束女、茨田宿祢枚麻呂に対する外従五位下の叙位〔前者は正五位上まで昇叙〕や宿祢賜姓・任官などや、その後の茨田連稲床の叙位が見えるくらい）。平安中期頃まで、一族が近衛府の下級官人で見えるが（『三代実録』に元慶二年〔八七八〕の蝦夷の乱のとき、右近衛将曹従七位下茨田連貞額を出羽権大目に任命。『今昔物語集』巻二に近衛舎人の茨田重方・茨田為国が登場。重方は『小右記』等に左将監と見える）、具体的な系図は伝わらない。

雄略朝には、一族の**小子部**《ちいさこべ》連の祖・蜾蠃（スガル。栖軽）が『書紀』に見え、天皇の命を受け、養蚕用の蚕の替わりに小児を誤って集め、それ故に少子部連姓を賜った。また、三輪山の神を見たいとの天皇の意向に基づき大蛇を捕らえたとの逸話がある（後裔に壬申の乱時の近江方、尾張国守小子部連鉏鉤《さいち》や雅楽の家も出た）。

それより先、仁徳朝には小泊瀬造（小長谷造）の祖・宿祢臣に「賢遺《さかのこり》」の名を賜った話も『書紀』に見える。同じ仁徳朝には、一族の闘鶏稲置大山主が氷室からの氷献上で見えるが（仁徳六二年条）、その後の闘鶏《つげ》国造が允恭天皇の皇后忍坂大中姫の若い頃に無礼を働いた咎で国造から稲置に格下げされ（允恭二年条。系図では反正朝とする）。このように、多臣本宗の動向は見えないものの、支族・氏人が『書紀』にそれぞれ見えており、それなりの勢力を多氏一族は上古に有していた。

奈良時代には、『古事記』の筆録で有名な民部卿・従四位下勲五等の**太朝臣安万侶**（『続紀』には安麻呂と表記）も出た。その墓が奈良市此瀬町の茶畑で見つかり、火葬された骨などを納める木櫃と墓誌が出土した。とはいえ、安万侶による『古事記』筆録を記す同書序文には疑問があり、実際に安万侶が本書に関与したことの確認はできない。安万侶の父は、壬申の乱のときに見える功臣多臣品治《ほむち》（当時、美濃国安八磨郡〔安八郡〕の湯沐令）とされる。品治の父は、妹が百済王子余豊璋の妻となった（『書紀』天智称制紀）と見える多臣蒋敷《こもしき》が一説にいわれる（注進状。ただし、『阿蘇家略系譜』にはこのような記載がない）。

族裔には、平安初期にごく一時期、参議となった従四位下**多朝臣入鹿**（藤原薬子の乱を契機に左遷された）や、日本紀講書の中心役の従五位下多朝臣人長などがいたが、安万侶以降の系図は不明である（入鹿と人長は兄弟か従兄弟で、安万侶の曾孫にあたるか）。現多神社宮司の多忠記《ただふみ》氏は、太安万侶から数えて五一代目（初祖からは六六代目）に当たるというが、所蔵の系図は公開されておらず、具体的な歴代の名は不明である。一族から出た中世武家も見られず、本拠の田原本町多のあたりでは顕著な古墳も知られないから、古代中世を通じ、総じて大和ではさほどの勢力を多氏は有しなかった。

支族には、九世紀後半に活動した**楽家多氏**の祖・多宿祢自然麻呂《じぜまろ》もいた。近代まで長く続いた楽人（伶人）の多氏の祖先系譜は、これも不明であって、何時どのように分岐したものの流れかは分からない。自然麻呂は当初は臣姓で見えて、右近衛將監のとき貞観元年（八五九）に外従五位下に叙され、同五年（八六三）に宿祢姓を賜り、翌六年に下総介に任じた。近世末まで長年にわたり雅楽の一者（いちのもの）の座を占め、宮中の御神楽の型式を定めるのに関与した。明治以降でも、クラシック音楽の場で活躍した多忠亮や、ジャズの世界で活動した多忠修も出た。

楽家多氏の系譜で、『諸氏家牒』には、「飲鹿―入鹿―藤野麻呂」の三代を自然麻呂の前に置く系図があるが、この辺は疑問が大きい。藤野麻呂の父祖は不明も、父におかれる入鹿は上記のように多朝臣だからありえないし、「飲鹿」なる者も存在等が疑問である。

同じく楽家として笛を相伝し、室町前期頃まで続いた**戸部氏**（小部氏）もあった。こちらは**多氏**支族の小子部連氏の流れで、平安中期の雅楽允小部春吉の後である。『平安遺文』には、長承三年（一一三四）八月（近衛家本知信記の裏文書）に「正六位上行左近衛府生戸部連清延」も見える（清延には春吉の六世の孫との所伝）。管弦長者と称された貞保親王の笛師匠は、戸部春近（春吉の子）かその高祖父の吉延（『続教訓鈔』）だとの記述も見えるが、両者ともに春吉の子孫のようであり、これら所伝は疑問かもしれない。

多氏の一族から出たと称する地方の国造は、科野《しなの》国造（信濃国）、仲国造（常陸国那珂郡）、印波国造（下総国印幡郡）、長狭国造（上総国長狭郡）、石城国造（陸奥国磐城郡。実際には疑問が大きいか）、闘鶏《つげ》国造（後に廃止）、及び九州・四国の諸国造（阿蘇、火、大分、伊余があるも、これらは系譜的に疑問と上述）と数多い。うち、**科野国造**は、建五百建命が崇神朝に任じられ、信濃北部に遷った。後裔の金弓君は欽明朝に金刺舎人の姓を賜り、子孫はそれぞれ諏訪大神大祝、諏訪評督、伊那郡領などを世襲した。貞観四年（八六二）に埴科郡大領の金刺舎人正長が同族の小県郡権少領の他田舎人藤雄と共に外従五位下に叙され、翌年に一族の右近衛将監金刺舎人貞長が太朝臣への改姓が許された。さらに貞長は、その翌年に長田（他田）直利世と共に外従五位下に叙され、三年後には三河介に任じた。利世のほうは、後に朝臣賜姓があった。系譜不明も科野国造一族から出て、韓地に行って百済等で活動した科野氏（欽明朝の百済の上部徳率科野次酒など）も出た。科野氏は、百済滅亡の時に本邦に戻り、下級官人で活動が見える。この一族は、奈良後期には清田造、石橋連を賜姓した。

中世の諏訪神党・諏訪氏、金刺氏等の系譜は複雑に混じり合っている。三輪君支族の洲羽《すわ》君の跡に科野国造一族の金刺舎人直から嗣が入り、のち神人部直（のち宿祢）姓に改め、これが中世の諏訪神党につながって信濃各地に繁衍した（詳細は拙著『三輪氏』で記載）。尾張の丹羽臣・島田臣、伊勢の船木直（臣姓も見）も有勢で、尾張国中島郡に式内名神大社の太神社があり、神八井耳命を祀り丹羽庄於保村（一宮市大和町於保《おほ》郷中）に鎮座した。丹羽県君は、青塚古墳・妙感寺古墳などの大古墳を築造したから、その勢威が窺われる。

このほか、肥君など多臣同族という諸氏が九州北部に多いが、実際には宇佐国造や息長氏族の一派だから、同じ天孫族系統ではあるが、記紀通りの「皇統」とは言い難い。南九州の隼人族長の系譜が天孫族から出たことも疑問である。記紀等に記載される天皇家初期段階の系図については、応神天皇の大王位簒奪の事情などが絡んでか、后妃・子女等に後世の附合がかなりあって、そのまま信頼してはならない。「闕史八代」の諸天皇の実在性を否定するものではないが、そこでは傍系相続が直系の親子に置き換えられた事情もある。

神武以降の諸天皇から出た姓氏・苗字にも興味深いものが多々あるが、本書スペースの関係でこれらの動向・事績をとくに説明せず、出自した苗字等の概観を巻末に掲載するにとどめた。阿倍氏や葛城氏については、本シリーズの拙著をご参照されたい。応神天皇や継体天皇については、本シリーズの『息長氏』に記述がある。

第二部　天孫族の源流探索

一　天孫族と古代朝鮮半島

問題意識の概要

ここまで記述の第一部では、天皇氏族諸氏の特徴や国内分布も考えつつ、日本列島内の古代における同族の動きを見てきた。この第二部では、祖系を遠く遡って、海外の朝鮮半島に主眼を置きながら、北方へつながる中国の東北三省地方もあわせ、これら地域での天皇氏族の遠い祖先たちの動向を追いかけることにしたい。

ここでも最初にお断りしておくと、天皇家祖先の出自問題が、過去にあっては右からも左からもイデオロギー的、感情的な反発を強く受けたことを念頭におきつつも、本書はあくまで学問的な検討に努める。だから、イデオロギー的な主義主張の立場からまったく離れて、冷静で合理的な史実原型の追求をめざすものである。

日本の上古代からの諸天皇が神武以来、単純な一系だとは、私はみていない。天孫族という広い範囲では、その一族のなかで皇位が継承されてきたという見方にある（これに関する詳細な説明は、本シリーズの『息長氏』を参照）。関連して言うと、平安前期以降から現代につながる日本人全体では、源が単一種族ではなく、主に三ないし四ほどの複数の種族からなるものの混淆体とみる（この事情は、濃淡の違いはあれ、朝鮮半島でも中国本土でもほぼ同様か〔朝鮮族や漢民族の成立時期を早くみすぎてはならない。その意味でも、現代の民族論を本書では行わない〕。大きく言って、列島へは三、四次ほどの主要種族の渡来歴があるとも言える）。血液型から日本人の源流を考察する立場でも、ほぼこうした形となっている（例えば、竹内均氏の『日本人のルーツ』、ニュートン別冊、二〇〇〇年六月）。

だから、日本人（倭人）はどこから来たか、日本語はどこから来たのか（どのように形成されたのか）という大きな問題も基本的にあまり触れずに、天皇家を中心とする我が国「天孫族」に焦点を当て、その微かに遺る足跡を遡って追おうとするものである。倭人と天孫族とを必ずしも同一視していないという前提に留意されたい（百済では土着の韓人層に扶余系の支配層があったとされるが、これと同様に、日本列島〔及び韓地〕でも先に土着した種族たる「倭人」〔その主体はタイ系種族とみられる海神族〕や列島最先住の山祇種族に対し、主支配層として外来の天孫族があったという二層構造で考える）。

本書での用語も、基本的には原典を踏まえたものとし、どこかの地域・国におもねる形にはしていないし、差別的な意味・意図での使用はいっさいしない。一例をあげれば、高句麗の好太王の名は、その碑文によれば正式な諡は「国岡上広開土境平安好太王」といい、韓国では広開土王または広開土大王と多く呼ばれるが、諡から見て、広開土境好太王ならともかく、これら呼称が妥当な表現とは思われない。在位中に永楽という年号を使用したことで、碑文に見える「永楽太王」とも呼ばれるが、これだと一般に分かりにくいので、中国の研究者からも広く用いられる「好太王」と表現する。朝鮮半島も「韓半島」とはせず、全体的な表現に用いて、半島南部地域に限っては「韓地」とも表現する。その他の用語もほぼ同様な視点から合理的に考えて用いることにする。

古代朝鮮半島の歴史研究と関係氏族の系図史料

古代の朝鮮半島史関係については、江戸期から明治、戦前までの多くの研究が国学者等によりなされたが、ここまでは手が回りかねるから、この辺は基本的に文献紹介を省略して、必要に応じて本文中で引用する。

戦後では、池内宏氏の『日本上代史の一研究』（一九四七年刊）、末松保和氏の『任那興亡史』（一九四九年、増訂版が一九五六年に刊。『古代の日本と朝鮮　末松保和朝鮮史著作集　四』にも所収）があるほか、それ以降の著作で管見に入ったものについて、ごく主なものに限って言うと、次ぎのような著作がある（中国語・朝鮮語の著作を除く。いずれも順不同）。

坂元義種氏の『百済史の研究』（一九七八年刊）及び『東アジアの日本と朝鮮』（一九七八年刊）、李丙燾氏の『韓国古代史』（金達寿氏訳、一九七九年刊）、佐伯有清氏の『研究史　広開土王碑』（一九七四年刊）、白崎昭一郎氏の『広開土王碑文の研究』（一九九三年刊）、王健群氏の『好太王碑の研究』（一九八四年刊)、李進熙氏の『広開土王碑と七支刀』(一九八〇年刊。好太王碑文の研究は多くあり過ぎて、これらのほかはここでは基本的に省略)、井上秀雄氏の『古代朝鮮』(一九七二年刊。後に文庫化)、山尾幸久氏の『古代の日朝関係』(一九八九年刊)、武田幸男氏編の『朝鮮史』(二〇〇〇年刊。李成市氏の「三国の成立と新羅・渤海」などを含む)及び『古代を考える 日本と朝鮮』、礪波護・武田幸男両氏の『世界の歴史6 隋唐帝国と古代朝鮮』(一九九七年刊)、金廷鶴氏の『日本の歴史 別巻1 任那と日本』及び同氏編の『日韓古代国家の起源』(一九七〇年刊)、東潮・田中俊明氏編著の『高句麗の歴史と遺跡』(一九九五年刊)及び『韓国の古代遺跡1 新羅篇』・『韓国の古代遺跡2 百済・伽耶篇』(ともに一九八九年刊)、李成市・早乙女雅博氏の編『古代朝鮮の考古と歴史』(二〇〇二年刊)、上田正昭氏の『古代の日本と朝鮮』(一九八六年刊)、直木孝次郎氏の『古代日本と朝鮮・中国』(一九八八年刊)、笠井倭人氏の『古代の日朝関係と日本書紀』(二〇〇〇年刊)など。

田中俊明氏の『大加耶連盟の興亡と「任那」―加耶琴だけが残った』(一九九二年刊)や『古代の日本と加耶』(二〇〇九年刊)、田中史生氏の『越境の古代史―倭と日本をめぐるアジアンネットワーク』(二〇〇九年刊)、朴天秀氏の『加耶と倭―韓半島と日本列島の考古学』(二〇〇七年刊)、上垣外憲一氏の『倭人と韓人』(二〇〇三年刊。原著『天孫降臨の道』は一九八六年刊)、金在鵬氏の『日本古代国家と朝鮮』(一九七五年刊)、金両基氏の『韓国神話』(一九九五年刊)及び『物語韓国史』(一九八九年刊)、岡谷公二氏の『神社の起源と古代朝鮮』(二〇一三年刊)など。これらもきわめて多数あって、網羅しきれないことをお断りする。

騎馬民族説や日韓の人々・貨物の往来、東北アジアの歴史についても関連するものが多数あるので、管見に入ったなかで主なものだけをごく限定的にあげると、まず江上波男氏の『騎馬民族国家』

（一九七七年刊、後に改訂版）及び『江上波夫の日本古代史―騎馬民族説四十五年』（一九九三年刊）などがあり、石田英一郎編『シンポジウム　日本国家の起源』（一九六六年刊）、護雅夫氏の「第二部　内陸アジア遊牧民の世界」（『中国文明と内陸アジア』所収、一九七四年）、奥野正男氏の『騎馬民族の来た道』（一九八五年刊）及び『騎馬民族と日本古代の謎』（一九八七年刊）、森浩一氏の『騎馬民族の道はるか』（一九九四年刊）、佐原真氏の『騎馬民族は来なかった』（一九九三年刊）、加藤謙一氏の『匈奴「帝国」』（一九九八年刊）、三上次男氏の論考「日本国家＝文化の起源に関する二つの立場―天皇族は騎馬民族か―」。（『歴史評論』第四巻第六号、一九五〇年。後に『論集日本文化の起源2』に所収）、松本清張氏の『清張通史2　空白の世紀』（一九七七年刊）など、鈴木武樹氏編の『論集騎馬民族征服王朝説』（一九七五年刊）、古代史シンポジウム編『騎馬文化と古代のイノベーション』（二〇一六年刊）、などがある。『歴史読本』臨時増刊（二十九巻十号、一九八四年六月）で特集「古代天皇家はどこから来たか」という論考・記事もある。

更に、山崎仁礼男氏の『新・騎馬民族征服王朝説』（一九九九年刊）があり、渡辺光敏氏の『辰王天皇家の渡来史』（一九八九年刊）、『古代天皇渡来史』（一九九三年刊）及び『天皇とは―神器と王権の形成・衰退』（二〇〇二年刊）など、関裕二氏の『海峡を往還する神々』（二〇〇五年刊）、水野祐氏の『日本古代国家』（一九六六年刊）、光岡雅彦氏の『韓国古地名の謎』（一九八二年刊）、李鍾恒氏の『韓半島からきた倭国』（一九九〇年刊）、澤田洋太郎氏の『伽耶は日本のルーツ』（一九九四年刊）、などもある。この辺は、いわゆる学究よりも古代朝鮮事情をよく知る在野研究者のほうに興味深い指摘も多そうだが、そこには、併せて多少とも妄想論的展開もある傾向で、日朝関係者の無闇な人物比定も見られており、十分な検討・注意を要する。

さらに中国方面に遡って考えることも必要となり、中国・東北アジアの神話・伝承やシャーマニズム・祭祀・トーテミズム（トーテム崇拝）の検討も求められよう。これらの関係では、白川静氏の『中国の神話』（一九七五年刊）等の著作、袁珂氏の『中国の神話伝説』（一九九三年刊）、水上静夫氏の『中国古代王朝消滅の謎』（一九九二年刊）及び『中国古代史の謎』（一九九四年刊）、林巳奈夫氏の『中国古代の神がみ』（二〇〇二年刊）、山口博氏の『大麻と古代日本の神々』（二〇一四年刊）、萩原秀三郎氏の『稲と鳥と太陽の道』（一九九六年刊）、王泉根氏の『中国姓氏考』（林雅子訳が一九九五年刊）、田中勝也氏の『環東シナ海の神話学―倭韓始祖伝承』（一九八四年刊）などに多くの教示がある。

石上神宮の七支刀関係の研究については、ここでは省略するが、必要に応じて本文でとりあげる。また、拙著『神功皇后と天日矛の伝承』（二〇〇八年刊）でも、百済や新羅などの朝鮮半島上古史について総合的に触れているので、適宜、ご参照いただきたい。

戦後日本の歴史研究者が書かれる内容は、学界・在野を問わず、総じて津田博士の影響が大きかった。しかも、検討分野が東アジアなのに視野が狭かったり、戦前からの史観（植民史観、皇国史観）だとの批判・弾劾に走り過ぎる傾向もあったりする。また、贖罪史観が滲んでいたり、妄想的な史観に満ちたものであったりで、様々な意味で百花斉放という感もある（上記の参考資料・書でも、貴重な指摘もある一方、様々な立場の混在もあり、トンデモ論もかなり多い）。学究による高度そうな研究水準という見かけにも、注意する必要がある。一方、朝鮮半島の研究者では、国策的ないし民族主義的な歴史学の傾向が総じてかなり強く、『三国史記』に過剰に傾倒、信頼したり、檀君神話や反日史観のもとでの資料把握があったりで、これも冷静で合理的な検討とは必ずしもいい難い。そのなかで、李丙燾氏の『韓国古代史』は比較的優れた内容ではないかとみられ、多くの有益な示唆を得てきた（そのほか、海外の研究には総じて目が及ばないので、この辺はご寛恕を乞いたい）。

こうした諸事情のもと、いずれの立場でも大きな誤解があるのが、『三国史記』の百済・新羅の**紀年記事**である（高句麗関係の紀年は、初期は多少伸びているが、三世紀以降は概ね妥当な数値か。後述）。津田史学では日本の『記・紀』の紀年表示・年代延長について大きな疑問をもつにもかかわらず、その影響の大きい研究者にあっても、朝鮮半島の『三国史記』の利用のほうではその紀年表示を何ら疑わず（朝鮮半島及び中国の研究者も、同書の紀年を素朴にそのまま受けとる傾向が顕著）、そのうえで古い年代の記事について単純な切捨てを行う。こうした手法が、上古朝鮮史の解明のためには、大きなガンになっている。百済・新羅両国の諸王の治世期間や王族の人間関係を把握して、冷静に世代の比較対照をして考えれば、そこに当然、大きな疑問が出てくる。しかし、これを津田史学流お得意の「造作論」とか杜撰な史料編纂ということに因ると考えるべきではない。

古代の暦法について十分な関心・認識をもって、韓地でも倭地でも、研究者は史料検討をする必要がある。これが基本であろう（なお、日本の場合、『書紀』では元嘉暦の紀年の前の時期では、新しい儀鳳暦紀年の記載があるが、そうだからと言って、この部分の紀年がすべて後世の造作と考えるのは論理に飛躍がある。元の記録・資料にあった何らかの古暦紀年を、『書紀』編纂時において儀鳳暦の紀年に編集したのではないかとみられる）。

そこでの過大な年代遡上の表記は、現代の暦年と同じ実年代ということではなく、関係する範囲で「倍数年暦法」による表示が適宜、採られる故と考えられる。すなわち、朝鮮半島上古史の解明の鍵が紀年（暦）と人物関係（系譜）、トーテミズム・習俗にあるとみられ、これらについて生物学的実態にあった的確な把握がきわめて肝要である。

次ぎに、**系図史料**では、朝鮮半島関係の古いものがきわめて乏しい。東大の東洋文化研究所には、朝鮮の『族譜』が多く所蔵されており（総数は五五二点）、インターネットのデータベース『朝鮮族譜』では、それらの始まりのほうの一部分が閲覧ができる。朝鮮における『族譜』を尊重する観念が、他民族ではその類例を見ないほどであると言われるものの、その編纂の歴史は、意外なことに総じて新しい。現存する最古のものでも、十五世紀の初頭に作成の「水原白氏」の族譜（序文しか残らない）とか同世紀後葉の「安東権氏成化譜」とされる。多くは十六世紀以降の編纂といわれ、上古の祖先部分は、記事・内容が多くないうえに（百済や高句麗に縁りの氏でそれ以来の系譜を伝えるものは族滅されてか、朝鮮半島では皆無に近い）、その辺の関係は総じて信頼性に乏しい。族譜の売買や偽造も多く行われた。

かつて韓国の系図研究者の訪問をうけて私が対応したところでは、古い時代についての記事や信頼できる系図史料は殆どないとの話であった（総覧的な系図集も殆どない）。それでも種々当たってみると、『晋州蘇氏族譜』など、古代史検討に当たって留意したい族譜もいくつかあり、適宜、ここで取り上げる。蘇伐公を始祖とする慶州崔氏も興味深いが、東洋文化研究所蔵の族譜では、九世紀後葉、新羅末期の崔致遠（文昌侯）が中始祖で、これを第一世とするものである。

わが国では、明治期に鈴木真年が『朝鮮歴代系図』を著している（成立は一八八〇年頃で、天理大付属天理図書館に所蔵）。真年及びその系図研究同好の士・中田憲信の編著作では、『百家系図』『百家系図稿』や『諸系譜』などに中国・朝鮮関係の系図がいくつか掲載される。残念なことに、真年らは、これら系図史料の出典を明らかにしていない。鈴木真年は、箕子後裔の麻田宿祢氏の系図を入手していたが、残念なことにどこかに散失して現在には伝わっていない。

朝鮮半島系の上古代諸氏に関する問題点

最初にお断りしたように、本書では問題点を限定して検討することとしているが、それでも東北アジアを含む中国本土の上古史を必要に応じて検討し、併せて書かざるをえない。十三世紀に成立の『三国遺事』において初めて書かれた檀君神話の「古朝鮮」なるものは、後世に造作された神話とみるのが基本だとしても、その関連習俗には重要な内容を含む。天孫族の祖先探究のためには、神話といえども歴史研究として無視できない。その辺も含めて、主な問題意識を以下にあげるが、これが『三国史記』の記事の信憑性、内容把握の仕方の検討にもつながる。関連して、祭祀・習俗面にもできるだけ留意していきたい。

○箕子朝鮮の史実性の有無。何時にその国が始まり、王家一族の系譜はどうか。子孫は朝鮮半島やその近隣地域になんらかの形で遺ったのか。

○扶余や高句麗の王家の系譜はどうか。両国は同じ種族で、前漢代の濊貊の後裔か。高句麗の建国時期は何時なのか。

○百済王家は出自はどこにあるか（百済王家の直接の出自・系譜は、扶余や高句麗の王族か、あるいは別系統なのか）。始祖は何時頃、どの地域にあらわれたか。

○高句麗・百済における大族諸氏の系譜はどうか。その後裔の流れで日本列島の諸氏につながるものはあるか。

○新羅三王家は出自はどこにあるか。各々の始祖は何時頃あらわれ、事績・活動は具体的にどうだったか。それらの後裔で、日本列島の諸氏につながるものはどうか。

○伽耶諸国の諸王家の出自はどこにあるか。その系譜や後裔はどうか。日本列島に渡来したものはどうか。

○「任那」や伽耶・加羅は具体的にどこを指すのか。これに広義と狭義があったか。

○朝鮮半島に淵源を有する古代日本の諸氏は、どのような系譜を後世に伝えたのか。

二　古朝鮮と三韓諸国の起源

箕子朝鮮の所伝

檀君の「古朝鮮」が言われる前は、中国の史書『魏略』や『三国志』魏志東夷伝などに見える箕氏の朝鮮が朝鮮半島最古の王朝とされていた。箕子《きし》による朝鮮建国は、まず『史記』宋微子世家に見えて、周王朝の武王が殷に克つと箕子を朝鮮に封じ、臣下にしなかったとある。

この開国伝説は、儒教が隆盛した高麗以降の貴族や知識人によって支持され、箕子こそ朝鮮族の始祖と称えられた。ところが、蒙古の圧迫を受けた高麗の治世下という事情などで民族意識が過剰に高まる中世・近代以降の朝鮮では、これが否定され、朝鮮独自の伝承的人物「檀君（王倹）」が始祖として祀られるようになる（こうした諸事情で、箕子朝鮮について、中国では肯定説、朝鮮半島では否定説がそれぞれ強く、日本では中国にやや近い模様である）。

『魏略』は西暦三世紀代に著されており、それに拠ると、殷王朝が滅びたとき、華北から朝鮮半島かけての地域にあった孤竹《こちく》国の故地に、殷三賢人の一人とされる**箕子**（名は胥余《しょよ》）が封じられ人民を教化したと伝える。これに先立つ後漢時代の『漢書』（紀元八二年に斑固が編纂）地理志が初めて箕子朝鮮伝説を作り上げたとみる見方もある。箕子朝鮮は、たんなる伝説（ないし支配階級の儒教思潮）

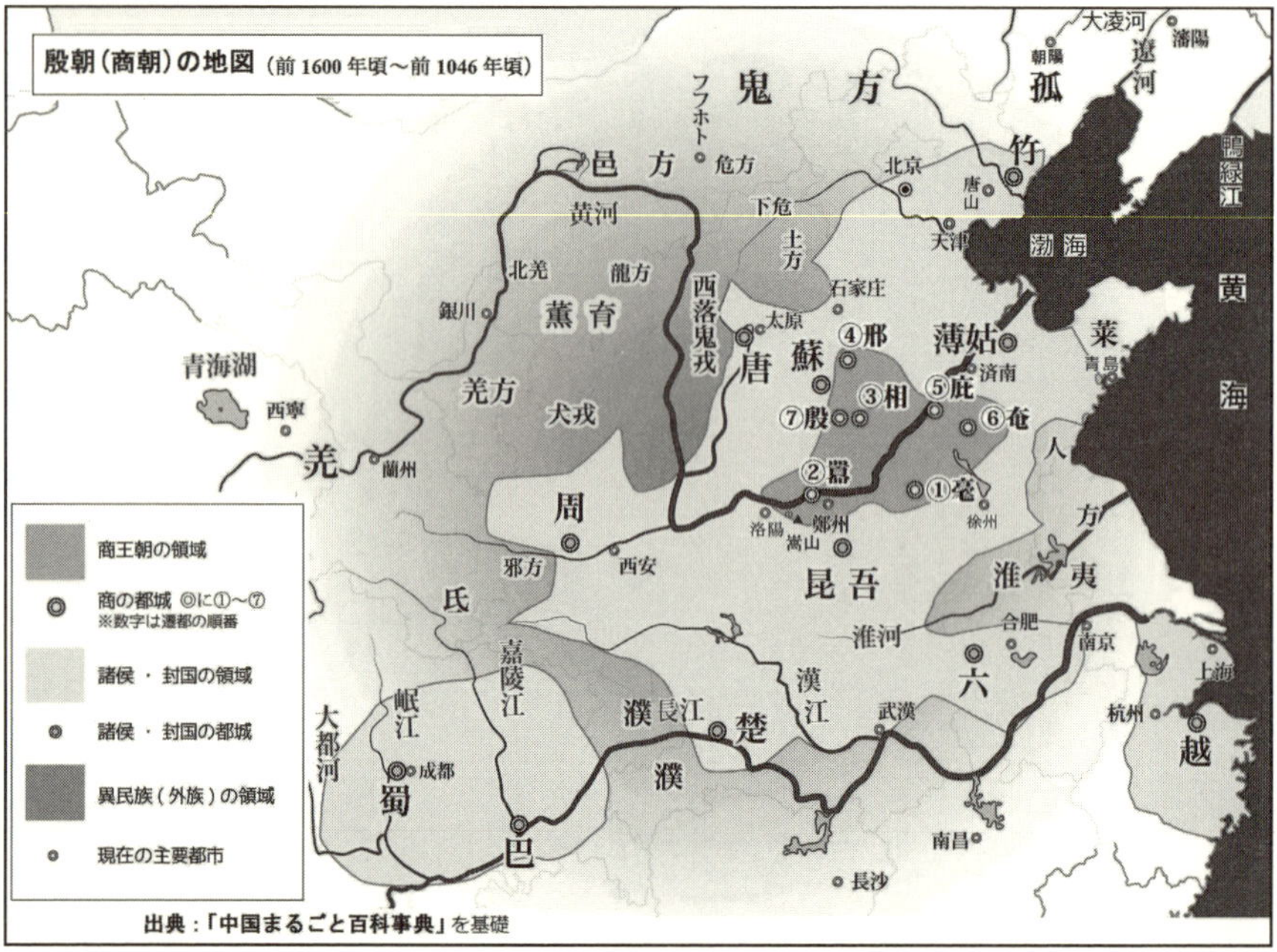

出典：「中国まるごと百科事典」を基礎

なのか史実だったのか。

箕子の続柄については、多くが紂王（帝辛）の叔父（帝文丁の子）としたり、諸父あるいは庶兄とするが、鈴木真年は「蓋し外戚ならむ」としており、箕子が箕伯の家に生まれたという系譜を見る限り、殷王室と同族で外戚くらいの位置付けが妥当であろう。

箕子の子孫かどうかは確認できる史料がないが、箕氏を名乗る者が朝鮮侯（韓侯）を永く世襲し、初祖箕子から四十一世を数える歴代をもつ（歴代の系図が鈴木真年編纂の史料『朝鮮歴代系図』に見える。これと歴代の名が異なるのが現在の韓国側、清州韓氏に伝わる系図で、ここに記載の箕子朝鮮王の歴代の名前は疑問が大きい）。

これが、上古に「朝鮮」（箕子朝鮮、箕氏侯国。韓氏朝鮮）と呼ばれた地域であり、年代により国域・都の変動もあったことに留意される。主にツングース系の濊貊族の土着居住地域にあって、箕氏（韓氏）一族を長とする殷の遺民が支配階級で、土着民が主な被支配階級を構成したのであろう（李丙燾著『韓国古代史』では、「箕子朝鮮」は箕子とは関わりない韓国の土着社会とするが、その根拠に乏しく疑問である）。周が殷に代わった王朝交代は「殷周革命」と呼ばれ、いま前十一世紀中葉頃とされる（中国の「夏商周断代工程」という国家プロジェクトでは、前一〇四六年に確定されたが、当時の暦法などを考えると、実際の時期はそれより遅かった〔もっと手前の〕可能性もあろう。古い年代の探索には、十分な注意を要する）。

古朝鮮の存在と衰亡

箕氏の古朝鮮の中心地は、もとの孤竹国の領域のなかでも北部のほう、現在の地名でいうと遼寧省西部（遼西）の朝陽市あたりに当初はあった模様である（いまの中国、朝鮮半島では大同江流域、現在の北朝鮮の平壌あたりとみる説が多いようだが、当初時期では疑問）。商（殷）王朝時代には、文字と青銅器文化の発展が当地に及んでいた。遼西の大凌河流域、なかでも遼河上流の遼寧省朝陽市のカラチン左翼蒙古族自治県（喀左県。朝陽県の西隣）では、商末から西周前期の青銅器が数多く出土する。そのなかには「箕侯」や「孤竹」と読める文字が刻まれた出土品があり、この箕侯とは、箕子もしくはその後裔と考えられている。

「其」や「箕侯」（㠱侯）という銘を持つ青銅器が、このほかの地、北京市順義県、河北省東部などでも、いくつも出土しており、箕子一族との関わり合いも十分考えられる。これだけ裏付けのある箕子朝鮮について、簡単に「楽浪韓氏の造作かとみられる」と片づける見方（田中俊明氏『日本古代史大辞典』など）もあるが、これでは研究姿勢を疑わざるを得ない（清州韓氏による後世の造作系図が韓国に現存するが、だからといって、この氏が箕子後裔ではないとは言えない）。

後に紀元前三世紀のはじめ頃に、朝鮮侯（箕侯、韓侯）が驕慢で暴虐だとして、その西南隣に位置した大国・燕は、秦開を将軍として派兵して朝鮮を攻めた。このとき、二千余里の土地を奪い取り、満潘汗を国境と定めたので、朝鮮は衰弱して東走した。国境の地「満潘汗」は、平壌市に近い大同江北岸とも、平安北道の博川郡（清川江の北岸。『史記』朝鮮伝の浿水も清川江を指すものか）ともいい（このうち、後者が妥当か）、これで燕の領域は遼西・遼東を突き抜け一挙に拡大した。それまで遼東地方は、朝鮮国の領地であった。朝鮮の東遷が西周末春秋初頃ともいわれるが、ともあれ、燕国からの大打撃をうけ、鴨緑江より南方の地に朝鮮が遷った（東遷後に、平壌あたりには百年ほど居たことになろう）。

初期鉄器時代の最初の頃、中国の戦国末期頃では朝鮮の王は、箕否《きひ》であり（一応、氏を「箕」としておく）、その子が最後の王たる箕准（箕準）であった。だから、箕氏の古朝鮮は、紀元前四〜三世紀には、確かに実在した。『魏略』では、秦王朝になって将軍蒙恬《もうてん》が朝鮮に派遣され、時の朝鮮王・否はこれを怖れて秦に服属を申し入れたと記される。

紀元前一九四年には、燕から亡命してきた**衛満**により箕准の王位が簒奪される。国王准一族のその後では、准の子と親族でそのまま朝鮮の地に留まった者は、韓姓を称したと見える。朝鮮の没落後も、箕子の子孫を称し、その一族後裔と名乗って韓姓を称する者が多く、前一〇八年の楽浪郡設置前後から数百年、王姓の次に、韓姓が多くあったという。朝鮮王衛右渠のもとの重臣四人のなかにも、相・韓陰や将軍・王唊《きょう》の名が見え、二人は朝鮮滅亡後には侯国の主となったが、ともに廃絶した。

王位簒奪者の衛満のほうの出自は、『史記』朝鮮伝に「朝鮮王満者、故燕人也」とある。戦国時代の衛国の君主一族の出とされ、最後の衛君角（在位が紀元前二二九〜前二〇九年）の従兄弟で懐君（在位が前二九二～前二五四年）の子だという（「百度百科」では、衛国宗室後裔で姫姓衛氏と記す）。その王家祖系は、『史記』衛康叔世家に歴代が見えており、始祖は周の文王の九男の康叔封だから姫姓である。衛の国都は河南省のなかで変遷がかなりあり、戦国時代には韓・魏の半属国状態であった。紀元前二四〇年に秦により衛が事実上滅ぼされるものの、名目的には細々と続き、最後の君主・衛君角が紀元前二〇九年に秦の二世皇帝（胡亥）により廃されて衛は滅んだから、衛満はその後に燕に属した。

衛満から衛氏朝鮮が始まり、王険城（平壌）を首都としたが、孫の衛右渠のとき紀元前一〇八年に漢の武帝により滅ぼされた。その子孫も日本にあって、平安前期の『姓氏録』に見えており、それが未定雑姓右京の筆《ふで》氏だとして、「燕相国衛満公の後」との記事がある。日本の筆氏の具体的な系図は、鈴木真年が採録して『百家系図稿』巻六にあり、衛満から始めて十世紀代の人々まで及ぶ（残念なことに、これを伝来した経緯は不明）。

箕準の韓王としての再起と後裔たち

所伝では、衛満により王権を奪われた箕準は、残兵を率いて南方に逃れ、馬韓の地を攻略して、そこで韓王（馬韓王）となった。準の後は滅絶し、馬韓人が復た自ら立ちて辰王となる、と見える。箕準とその後裔がどれほどの期間、韓王であったかは記されない。

箕子朝鮮の歴代諸王と後裔の系図は、日本に残っている。鈴木真年の『朝鮮歴代系図』によると、箕準の孫の信が金馬郡で初代馬韓王となり、これが七世で百廿九年続いて、最後の王の順敬（一に須敬）の滅亡が漢成帝の鴻嘉四年（紀元前十七年）だと記載される（これら後裔の系図部分は散失した「箕氏裔麻田氏系図」に記載される、と尾池誠氏が指摘）。『三国史記』には、百済初代の温祚がその治世の二七年（単純換算で紀元九年）に馬韓を滅ぼしたとある（ちなみに、ネットの「百度百科」では、箕準の国を「辰国、馬韓」として諸伝を記し、最後の第九代「学王箕学」の治世を紀元二八年とするが〔第七代の元王箕勤の治世は紀元前二十年まで〕、最後を第八代稽王として紀元前十八年に滅んだともする。そうすると、前十七、十八年頃にこの国が滅んだというのがほぼ大筋か。なお、百済の温祚王が滅ぼしたという所伝は、温祚の活動時期からみて疑問が大きい）。居地の「金馬郡」とは、一般に全羅北道益山郡金馬面（益州で、現・益山市）とされ、『輿地勝覧』には箕準城が益山の龍華山上に在ったと見える。地理的に考えると、忠清南道洪城郡の金馬面（伽耶山の東南麓、牙山の西南近隣）の地も魅力的である。

日本の麻田氏の系図では、麻田連・広海連が後裔であって、両氏ともに『姓氏録』の右京諸蕃に掲載される。麻田連の旧姓は荅本《とうほん》氏、広海連のそれが韓氏といい、広海連条には、韓王信の後の須敬より出ると記される。

朝鮮半島でも、箕準の後は絶滅するも、いま韓人でその祭祀を奉ずる者がなお有ると『魏志』に言う。忠清北道の「**清州韓氏**世譜」では、高麗の太祖王建の創業を補佐した大功臣・韓蘭に始まるが、遠祖が箕子だと伝える。祖系は、殷王室を通じて契《せつ》、さらに黄帝まで遠く遡り、これが大始祖とされる。朝鮮半島には十数の本貫をもつ韓氏が見られるが、皆が清州韓氏の分派だといい、高麗後期以降に多くの上級官人や王の后妃まで輩出した。

その分派に奇氏・鮮于氏がある。朝鮮に残る「鮮于氏奇氏譜牒」などに拠ると、箕氏には歴代がおよそ四十九王ないし五十三王あり（南遷した箕準以降の韓王も含む。『朝鮮歴代系図』所収の箕子朝鮮系図では、朝鮮王は四十一世で八百四十余年といい、この四十一代が妥当か〔註〕。「幸州奇氏」「清州韓氏」の族譜でも箕準が四十一世と記すが、その歴代の名は後世の造作）、その四十七世（一に五十一世）を元王勲といい、三子があって、友平が鮮于氏、友誠が奇氏〔幸州〔京畿道高陽市〕の奇氏。元朝最後の皇帝・順帝の皇后、奇皇后〔韓国ドラマの主人公で、完者忽都皇后奇氏という〕も出す）、友諒が箕氏・韓氏の各々の祖だともいう。

〔註〕系図に見える「四十一世で八百四十余年」（一世代平均の@29年）を基礎にして殷周革命の時期を考える場合、これが紀元前一〇四〇年頃になるから、現在の日・中・韓の学者の多くが考える前一〇四六頃という時期とほぼ符合する。しかし、『史記』に見える西周王朝の歴代諸王（及び有力国の諸侯家）に傍系相続が少ないこと、一王の治世時期が長すぎるなどの事情から、もっと遅い時期（手前のほう）を考えるのが妥当とみる見解も、少数だが、見られる。

それらのうち、紀元前一〇二三年とみる東大の平勢隆郎教授の試算もあるが（『史記』には様々な年代矛盾があることも指摘する）、宮崎市定氏は、西周時代にそもそも疑問をもち、殷周革命の時期を前九世紀とみた（『中国古代史論』）。私見でも、箕子朝鮮王歴代の世代数が系図によると二九世代であるから、一世代が@25年ほどで遡上させると、前九〇〇年代頃が当該革命時期かと試算される。その辺が仮に史実原型の場合には、西周時代にも適宜、傍系相続がなされたこと（日本上古の例では約三、四割が傍系相続で、これと同じくらいか）、少なくとも西周時代には「二倍年暦」が用いられた模様などの事情にもつながるし、当該暦が春秋時代にも行われた場合には更に手前となる。平勢氏の言う称元法の差異どころの話ではない。古田武彦氏関係の研究者では、東周の春秋時代にも二倍年暦が行われ、そうした年代観で合理的な記事解釈ができるとする。

朝鮮の徐氏

具体的な系譜は不明だが、大邱・達城《タルソン》・利川《イチョン》などの徐氏も、箕準王から出たと族譜に伝える〔註〕。新羅後末期の阿干の徐神逸を祖として、その前の具体的な歴代は不明である（中国の秦王室の同族にも徐氏があった。後述）。達城徐氏からは、李氏朝鮮第二一代英祖の后妃、貞聖王后が出た。大邱・達城（現在はともに大邱広域市のうち）は高霊と慶州とのほぼ中間に位置しており、新羅の朴氏・昔氏との関係を示唆する。利川はいま京畿道に属しソウルの東南方、天安の東北方に位置するが、もとは忠清南道牙山に居たともいうから、牙山湾沿岸から天安、清州にかけての一帯にこれらの韓氏・徐氏一族の起源があった。王位を追われた箕準が、利川の徐阿城に籠もったとも伝え、天安に居たとの見方もある。

〔註〕朝鮮の徐氏には、別系統らしい様相の**扶余徐氏**があり、百済最後の義慈王の太子・扶余隆（生没が六一五～八二）の後裔で、兵部尚書に任じ太源君に封じられた徐存を一世と伝える（一方、利川徐氏では、徐存は徐神逸の五世の子孫とする）。洛陽で出土の「扶余隆墓誌」銘には「百済辰朝の人」という記事があり、これが史実ならば、百済王家の系譜が箕子末裔となり、利川などの徐氏とも同族となろう。扶余隆は洛陽で没し、その孫までは知られるが、中国で男系子孫は絶えたとされており、扶余隆の族裔なら論山市（扶余郡の東南）などにあったかもしれない。

新羅初代王の朴赫居世は、朝鮮遺民で作られた慶州盆地の六村の一、楊山村に卵生の形で現れたと『三国史記』新羅本紀に記される。これに拠れば、朝鮮王箕準一族の遺民の後裔となろう。箕子朝鮮にも通じそうな檀君伝承の白岳山も、白山（太白山、太伯山、長白山）・朴山と同様に「明るい山」

の意とされるが、これが新羅王家の朴氏の名にも通じる。神武天皇の兄・稲飯命にも推される瓠公（上述）と朴赫居世との縁由から、朴氏同族の示唆もあり、わが国の神武一統に著しい鳥トーテミズムがあったこと（金鵄伝承や倭建命の白鳥伝承などで、上述）に留意される。

新羅の最初の国号とされる「徐那伐・徐羅伐（ソナボル）、徐伐（ソボル）」（↓斯盧・斯羅）は、命名には上掲の徐氏との関係も考えられ、朴赫居世の母が慶州西岳の仙桃山の神、娑蘇神母と伝えることも、朴氏王家の慶州西方出自を示唆する。山の女神を初代王の母とするのは、大伽耶にも通じる。

檀君神話の史実性

古朝鮮の建国神話に出てくるのが「檀君」である。この檀君のことが初めて登場するのは、十三世紀後葉に書かれた『三国遺事』と『帝王韻記』（李承休作の詠史詩で、同じ頃に成立）である。それ以前には、その名は史料にいっさい登場しないとされている。

檀君が実在した場合には、それ以前の朝鮮半島はもちろん、中国などの史料になんらかの形で出るはずなのだが、そうではない。だから、檀君とその後の檀君朝鮮の歴史は、高麗の時代、十～十一世紀の頃に契丹や蒙古の侵略に対抗するため民族の精神的支柱（統合のシンボル）として創造された架空の始祖神だという見方が、わが国では圧倒的に多い。被支配階級の民族主義的な思潮だ（井上秀雄氏の『古代朝鮮』）、ともいう。京城帝大教授であった今西龍が檀君とその子孫の系図のデタラメぶりを書いており、「造作」認定が好きな津田流史観でも当然そのようになる。

一方、朝鮮半島では、強い民族主義史観に立って、中国よりも更に悠遠な朝鮮の歴史があったと誇り、李氏朝鮮時代にも認められた箕子朝鮮を否定して、檀君の古朝鮮から始まる記述を戦後の歴史教科書などでしてきた。北朝鮮では上記のように古い積石塚を基に「檀君陵」の築造、認定すらなされた。

そもそも、「檀君」なる者が実在した証拠はまったくない。その実在証明として、琵琶型銅剣なり「好太王碑文」を持ち出す場合もなかにはあるが、これらは何れも根拠になりえない。琵琶型銅剣（遼寧式銅剣）の方は朝鮮産固有でもなく、剣に「檀君」という文字が刻まれる訳でもない。この種の銅剣最古のものは、遼西の小黒石溝の石郭墓で西周後期の青銅器と共伴出土しており、紀元前九世紀頃とされる。朝鮮半島からは時期がすこし遅く、紀元前七世紀前後から出る。遼西の朝陽県からは細形銅剣の祖型が出土した。

韓国の国定教科書では、琵琶形銅剣と北方式支石墓、美松里式土器（無文土器）が一緒に出土する地域を「古朝鮮」の勢力圏として教える。これらが、もとは遼西に本拠があった箕子朝鮮に関連する可能性があるとしても、檀君につながるものでは決してない。五世紀前葉に建立の「好太王碑文」の方にも「檀君」の記事が当然なく、好太王の先祖による高句麗の建国伝承記事があるだけである（同碑文について日本人が調査した拓本より前の拓本も見つかり、中国の学者が現伝の同碑文には改竄がないと確認し、何人かの日本人学者も同様に確認した。逆に併合時代の日本学者が当該遺跡の風化を防ぐため保存加工したことも、調査で明らかにされた）。

といって、「檀君神話」を後世の創作説話だとして頭から否定すれば、それで科学的な歴史観になるのだろうか。『三国遺事』は当時の著名な高僧があらわした著作であり、『三国史記』に採られなかった史料などを踏まえて、異伝・別伝を収録した貴重な書だという見方もある。『三国遺事』

よりも百五十年ほど前に編纂された官撰の『三国史記』では、三国時代の故事・伝承が数多く削り落とされたため、これに不満をもった一然《いちねん》は、漏れた故事を拾い集め、自身の禅僧としての立場から仏教の普及に関わる事実とをあわせて収録しようとしたとされる。だから、たんにこの時代の「造作」とみることは問題が多い（檀君王倹の父・桓雄を天帝・桓因の庶子としたり、熊女を檀君の母とするのも、たんなる造作とは考え難い。桓雄〔ハムス〕を音から高句麗の解慕漱〔ヘモス〕に通じるともいうから、この辺から造り出されたか）。とはいえ、同書には由来の怪しい古書の引用など、問題が大きいものもあるから、史実ではないことを踏まえつつも、十分慎重な取扱いが必要である。

民族主義史観の高まりという見方だけを根拠に、造作とか虚構の神話だと切捨てをするのは、疑問もある。檀君についてなんらかの類似伝承が十三世紀頃までにあったとみるほうがむしろ自然であろう。檀君の父神の「天降り」伝承は氏族の地域移遷の喩えにすぎず、その伝承に登場する熊女や虎女は種族のトーテムを表すにすぎない（「魏書濊伝」には、濊族に虎トーテムがあったという）。後世の造作なら、トーテム関係に頭が回らなかったことも考えうる。だから、これらを荒唐無稽な話、神異だと否定して切り捨てることもない。

といって、「檀君の古朝鮮」をそのまま史実（史実原型があるもの）として認めてはならない（敢えて言えば、箕子朝鮮伝承と重なる面も多少あるが）。壇君の天降りと「朝鮮」の名は、わが国の天孫降臨と天孫が居た「日向」の地に通じるという李丙燾氏の指摘もある。金両基氏は、檀君神話を信仰的事実とし、「太陽信仰族の神話」とみるが（『韓国神話』）、神話的伝承というべきか（もっとも、日本の「神話」とも意味合いがかなり違うが）。この年代の新しい神話的伝承が、わが国の天孫降臨神話の原型のはずもないが、箕子朝鮮伝承をなんらかの形で補完するものとして受けとることはできるかもしれない。

なお、鮮卑の著名族長に檀石槐がおり、檀君王倹の名は檀石槐に由来するのではないかという見方もある。その誕生譚も、天からの霊気による受胎という東明・朱蒙伝承にも類似する。檀君の在世が殷の箕子に重なると伝えるが、檀石槐は前漢時代、二世紀後半に活動した人物だから、実際に重なり合うはずがない。それでも、ツングース系の鮮卑に古朝鮮がなんらかの形で通じるとしたら、檀君の建国神話には興味深いものもある。鮮卑の慕容部にも遠祖・乾羅が白馬に乗って天降りしてきたとの伝承がある。

高句麗の建国

古代東北アジア諸国の建国事情は、扶余・伽耶を除き、『三国史記』に見える。それが全てそのままに信頼できるものではないが、扶余がまず成立し、そこから一派が南下して高句麗が建てられ、百済が高句麗から更に分れ、別途、新羅も成立した、と同書に記される。その記事に拠ると、各々の建国年次は、高句麗が紀元前三七年、百済が紀元前一八年、新羅が紀元前五七年、とされる。このうち、百済及び新羅の建国年次は古すぎて（年代遡上が甚だしい）、明らかに年代が疑わしいが、現代の朝鮮半島ではこれが殆ど問題にされることはないようである。

ところで、高句麗の始祖、朱蒙に関する記事が『漢書』巻九九の王莽伝に見えて、紀元十二年に中国の軍勢の手に掛かり殺害されたと伝えるから、この事件の当否の問題がある。ともあれ、朱蒙の実在性には疑いがないし、紀元一世紀の前葉頃までに高句麗が建国したことが分かる。

この『漢書』の記事には高句麗侯騶《すう》という人物が登場し、新王朝の王莽が匈奴征伐のため援軍を要請した高句麗の首長とされる。この要請を騶は当初拒んだが、王莽は脅迫して高句麗に援軍を出させたところ、肝腎の戦にあたって高句麗兵は軍法を犯し逃亡した。この高句麗兵の罪を騶の責任だとして王莽が追及し、厳尤に命じて高句麗を攻め、句麗侯騶を誘引して殺害させた。高句麗は下句麗と名を変えられた、と記される。

この殺害事件の時期は、『三国史記』高句麗本紀では、年代は朱蒙の子で第二代国王とされる瑠璃明王（『三国遺事』王暦では瑠璃王、「好太王碑文」では儒留王と表記）の治世期間に相当するが、騶の名は鄒牟の別名をもつ始祖朱蒙に通じる。高句麗本紀には、殺害されたのが「句麗侯騶」ではなく、「高句麗の将軍・延丕」だとして、その首を都に送らせたと記される。こうした記事の差異で、どちらが史実かという問題になる。

ごく常識的に考えれば、事件が起きたのは朱蒙の時代とみられる。中国側が当時敵対する高句麗の王が誰かを的確に把握しなかったはずがないし、討たれたのが王か家臣かの区別もできないはずがない。朱蒙の治世時期は、高句麗本紀に紀元前三七～前十九年で、享年四十歳とされるが、これが三十年ほど年代遡上されているとみるのが自然である（北朝鮮には高句麗建国の時期を前二七七年とか前二一七年とみる説もあるが、これまたとんでもなく遡上した時期である）。初代王の四十歳という比較的若い死は、被殺という事件を窺わせる。

この問題に関して、好太王碑文に見える世代の記事に示唆するものがある。碑文の記事には、好太王は「始祖鄒牟王の十七世孫」と見える。「高句麗本紀」所載の王家系譜では、両者の関係が「十二世孫」と数えられるが、この世代数は兄弟とされる大祖大王宮・次大王遂成・新大王伯固が中国史書により直系三代だと補正し、大祖大王宮の父とされる再思の位置づけを変更すれば、実際には

「十六世孫」（東北アジアでの数え方が本人から数える場合が主であれば、高句麗の十七世孫は日本式の十六世孫に相当する）ほどが妥当であろう。

　ともあれ、鄒牟王と好太王の間に十五世代ないし十六世代の歴代が入るわけであり、具体的な年代としては、王殺害の紀元十二年から三九二年までの「三八〇年」が十五ないし十六の世代に配分される。その場合、十五世代だと一世代平均治世が二五・三年、十六世代だとそれが二三・八年となって、当時では、ともにほぼ妥当な数値のようだが、前者に傾く（鄒牟王の死が紀元前十九年だと、十五世代で二七・四年、十六世代で二五・七年となり、やや過大か）。こうした年代数値の面から言っても、殺害されたのは朱蒙本人だとみるのが穏当なところであろう。

平壌城の東側の門である大同門

　このように始祖王の活動年代を考えると、高句麗の建国時期は、紀元十二年から二十年ほど遡った頃（紀元前八、七年頃）が妥当な線であろう。この点に関して、紀元前七五年（元鳳六年）に第一次玄菟郡の縮小・郡治西遷の時に、元の地に高句麗侯が置かれたというが、後の高句麗王家につながるものとは考え難い。朱蒙より古い王侯の存在は伝えられない。

　高句麗の実際の建国時期が『三国史記』の記事より約

三十年、後ろへ繰り下げられるとしたら、その期間は、治世が足かけ九四年と異常に長い大祖大王宮（第六代の王で、在位が五三～一四六年と記されるが、疑問が大きい）の治世期間からその分を引くのが無難なところか。これでも、大祖大王は約六三年という長い治世となるが、即位時に王は七歳と幼く、王母がしばらく摂政したという事情も伝えるから、まだ多少長すぎるきらいがあるものの、一応妥当かもしれない。

大祖大王宮の高句麗本紀の記事を見ると、治世の第二五年から第四六年まで二十一年もの長い空白期間（事績がなにも記されないということ）もある。大祖大王宮の後は、弟の次大王遂成、更に弟の新大王伯固という三兄弟の系譜を『三国史記』が記すが、この辺は治世年数などから見ても、三人は直系の親子と記す『後漢書』の記事のほうが概ね妥当である（李丙燾氏の『韓国古代史』に同意。遂成・伯固を兄弟として宮の子とみる説もある）。ともあれ、大祖大王宮のころから、高句麗の征服国家としての態勢が備わった模様である。

一方、扶余の建国時期は『三国史記』からは不明だが、朱蒙より前に、扶余国王の歴代に二世代（解夫婁、金蛙）ほどあったとすれば、紀元前一世紀の中葉頃となろうか。

百済・新羅の建国時期

百済や新羅の建国時期は、『三国史記』の記事にかかわらず、実際には高句麗に相当遅れた。馬韓・辰韓の名が中国文献に出る最後が三世紀後葉で（各々二九〇年、二八六年）、百済・新羅両国の動きが中国の史書に初めて出るのが、四世紀の中葉ないし後半である。紀元三一三年に高句麗が楽浪・帯方両郡を滅ぼしたこと等で、各々の地域では自立意識を高め、そのなかの小国が次第に勢力を拡張し周辺の地域統合をした結果だとみられている（それでも、新羅では六世紀初頭頃まで実質的に多少とも高句麗の勢力下にあったか）。

その一方で、これ以前はどうだったのかという問題も当然出てくる。しかも、済・羅両国の初期諸王のなかには在位年代がきわめて長いと記される者がかなりあって、『三国史記』に示される王統譜との関係から考えると、これら治世年代が長く引き延ばされているともみられる。研究者によっては、わが国『記・紀』の初期天皇系譜と同様に、杜撰な系譜や年代記事の編纂に因ると受けとる向きが多そうだが、これは違うのではなかろうか。

考えられるのは、当時の両国の紀年法が「現在の暦年とは違う形」の古暦で記録されていて、それがそのままの年紀で『三国史記』に編纂され記事になったということである（ちなみに高句麗の暦法も現在の暦年と同じとはいえず、一年差のある顓頊暦の使用も考えられている）。太田亮博士も、新羅年紀の延伸に気づき、修正の試みをしたが、その採用数値が、私には納得できる結論にはなっていない。

具体的に、おかしな年次を示す新羅本紀を取り上げると、第十五代国王の基臨王から第十八代国王の実聖王までが、各々の関係記事からみて同一の世代（これを「奈勿・実聖王世代」としておく）に属する人々になるが、それらの治世期間が四王合計で一一九年（西暦二九八～四一七年）とされる（※巻末記載の第２図の「天皇氏族の遠祖系図」を参照のこと）。これは、通常の人間の寿命としては到底考えられない。

これが、仮にこのあたりの治世期間が「四倍年暦」で記載されたとすると、当該一世代の合計治世期間は三〇年弱となって、とくに不自然なわけでもなくなる（この点を考えると、一般に実在性認められる新羅王としての奈勿王の治世期間も、『三国史記』の記事そのままに受けとる傾向が強いが（この辺は李丙燾『韓国古代史』でも同じ）、これは疑問が大きい。初代からの諸王の存在は認めてよいが、治世時期が表記そのままと受けとるのが問題だということ）。初代の赫居世の六一年治世というのも長すぎる感があり、これも含め新羅の初期諸王には二倍年暦など倍数年暦で記載された者もかなりあると考えられる。『太平御覧』に引用される『秦書』には、三七七年に前秦に対し初めて新羅が朝貢したと記され、三八二年には新羅王楼寒の朝貢があり、その際に前身が辰韓の斯盧だと述べたとされる。この辺が新羅による辰韓統合の実質的な時期で、「楼寒」は王号の「麻立干」を表すとみられており、多くが奈勿尼師今に比定される。しかし、『三国史記』に見える奈勿の即位年（三五六年）にはそもそも年代遡上がかなりあって、実際にはその数代前の王に当たるのだろう。楼寒なる王が二度、朝貢したとも見えない。

百済でも、一般に実在性が言われるのが近肖古王（三七二年に晋に遣使）で、それより前の初期十一人の王の治世期間は、各々長すぎて二倍年暦での記載されている可能性がある。第五代の肖古王から第七代（第七代に沙伴王を入れ、第八代説もあるが）の古爾王までの三代の王の治世期間が合計で満一二〇年（『三国史記』の年代で西暦一六六～二八六年）もあり、かつ、肖古王と古爾王とが兄弟で同世代だと『三国史記』にいうから、これが実年代だとしたら、きわめて不自然の長さである。古爾王が百済の実質的初代王（馬韓地域の統合者）だとしても、その治世期間の五三年（同、二三四～八六）は長すぎる。仇首王（『三国史記』年代では在位二一四～二三四）と比流王（同、三〇四～三四四）とが親子というのが本当なら、年代の差異が大きすぎる（これらの辺りに、二倍年暦などのX倍年暦の紀年法が入るものか）。

このような形で、『三国史記』記載の新羅や百済の王暦のなかには、四倍年暦や二倍年暦といった倍数年暦による紀年表示が混在する模様である。これを、諸王の世代などを考慮して紀年調整をした場合には、一つの推算として、百済初代の温祚王が二世紀中葉頃の治世で、新羅初代の朴赫居世王が二世紀後葉頃の治世となる（詳細は、拙著『神功皇后と天日矛の伝承』を参照）。今西龍博士は、三世紀前期かそれより少し前の頃に扶余種の王家が馬韓の伯済に入ったものかとみるが（『百済史研究』）、それよりは若干早い時期ではなかろうか。

こうした百済・新羅の初代王の年代把握は、案外良い線であろう。上記の奈勿・実聖王の世代がわが国の応神天皇の世代とほぼ対応するとみられる（以下の記事も含め、これも第2図を参照のこと）。奈勿・実聖の八世代ほどの祖先（女系も含む）が初代の朴赫居世王の世代となる。わが国でも同様に考え、治世期間がほぼ把握される応神天皇から同じ形で祖先へ遡ってみると、古代氏族諸氏の標準的な世代と対応させた場合、応神世代の八世代前が神武天皇の属する世代となる（すなわち、世代的に対応させてみると、神武と朴赫居世王の活動時期がほぼ同じである。もう少し言うと、新羅の奈勿・実聖・訥祇・慈悲の四代諸王〔第十七～廿代で三世代にわたる。四七九年までが治世〕の治世期間が、日本の応神～允恭の五代諸王〔第十五～一九代で三世代〕のそれにほぼ相当するとみる。その場合、遡上して考えれば、初代王の朴赫居世と神武天皇との治世期間もほぼ同じ頃となる。第2図では、天皇と新羅王とが初代からの歴代数及び世代数でほぼ符合することが分かる）。

私は、初期天皇の治世伝承や『書紀』紀年がX倍年暦法で記される事情等を踏まえて、神武の治世を紀元一七五～一九四年頃とみている（この辺の諸事情や具体的な推計方法は、拙著『「神武東征」の原像』を参照）。これが、新羅初代王の朴赫居世とほぼ同時期かとみられる。「新羅本紀」には、倭人の瓠公《ここう》（もと倭人で、むかし瓠《ひさご》（ひょうたん）を腰につけて海を渡り新羅に来たことに、その名が由来）という人物が赫居世や脱解王に仕えた重臣で見えるが、この者が神武の兄で、海原に入るという異界行きの伝承をもつ稲飯《いない》命（稲氷命）に当たることも年代的には考えられる（これが、不合理な比定にはならないということ）。瓠公は、新羅三王家の始祖に関わる重要人物でもあり、あとでまた取り上げる。

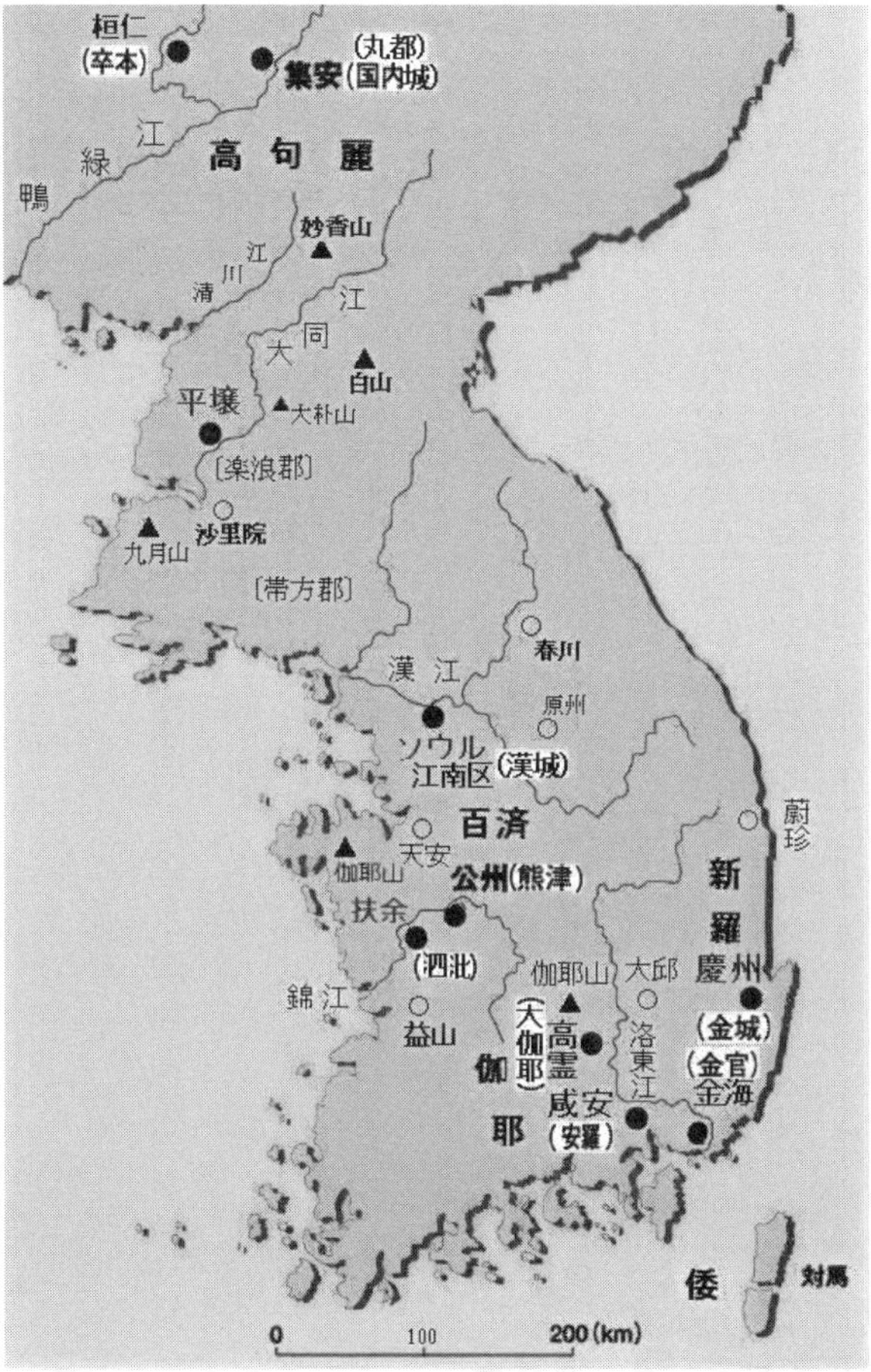

古代朝鮮諸国の位置

赫居世の関連人物では、「新羅本紀」に見える者は少なく、蘇伐公・閼英王妃・瓠公くらいだから、建国創業の功臣も知られない。それは、第二代の南解次々雄でも同様で、大輔の脱解（後に第四代王）しか見えない。これで、新羅（ないし斯盧）の建国という偉業がよくできたものだと不思議な感もある。百済の初代の温祚についての「百済本紀」もほぼ同じで、治世記事は赫居世よりかなり多いが、親族関係の者以外では、部下は当初からの烏干・馬黎や右輔の乙音、その後任の解婁くらいである。これら創業補佐人の後裔が長く王朝を支えたというわが国のような例は見えず、後ろの百済高官二人も初代王の親族の可能性がある。

こうした事情だから、建国王の周辺・関係者から新羅・百済の建国年代を推定することも殆ど困難である。この辺は、日本の神武伝承に見える登場人物の多さ（しかも、殆どが朝廷の重臣として子孫を長く残したとされる）と比べ、大きな差異がある。『三国史記』では建国王について後世になって事績をなんとでも書ける可能性すらある、ということである。

『三国志』の魏書韓伝（東夷伝のうち）には、百済の前身とされる伯済や、新羅の前身の斯盧という国名が記載される。三世紀中葉頃までには、これら両国の前身が小国にせよ、既に成立したのだとしたら、それぞれの建国者ないし初祖として、温祚や朴赫居世の実在性を否定することはない。それが、魏朝成立（西暦二二〇年）の僅か半世紀ほど前の時期、二世紀後葉頃の建国活動となろう。

『三国史記』の編纂姿勢と利用価値

ここで、朝鮮半島では現存最古の歴史書『三国史記』の見方・評価を整理しておく。

『三国史記』の編纂が、高麗最高の功臣で学識が頗る豊かな儒学者、金富軾《キムプシク》（生没が一〇七五～一一五一年）の手により史実をさらけ出した形でなされたとの評価も、日本側で最近改めて出ている（室谷克実氏『日韓がタブーにする半島の歴史』）。これは、同書の前文たる上進書の記事の理解、すなわちそこに見える高麗第十七代国王の仁宗（在位一一二三～四六年）の命令の理解に基づく。

それまでの三国の古記が粗雑な文章で事績に疎漏があるから、後世の勧戒になるよう善悪・理乱・忠邪など史実の全てを曝し、名文の正史を編纂せよという王命は重かったはずだという受けとめ方を室谷克実氏はしている。これは、ほぼ妥当な解釈だと私にも思われる。だから、内容を杜撰だとか造作だとか、成立年代が相当に遅い（『書紀』に四百年超も遅れる十二世紀中葉の一一四五年）とかいって、記事を簡単に切り捨ててはならない。むしろ、当時まで遺る史料や関係諸事情を記載したものとして、総合的に見て記事の趣旨を的確に把握することが必要である（そのまま「素朴に記事を受けとること」では決してないし、そうすべきでもない。伽耶についての本紀が欠ける点はあるが）。ただ、同書の紀年・暦法の把握など年代論等には十分な注意を要し、記事そのままの等倍年暦としての理解は問題が大きい。

例えば、韓国の国定教科書では、新羅の建国は伝承に基づく紀元前五七年説を採用する。この点について、日韓歴史共同研究委員会の日本側メンバー、井上直樹氏（京都府立大学准教授）は、報告書で、紀元前五七年の建国年次は『三国史記』に基づくが、同書が「当該期の政治的意図から新羅中心に編纂され、新羅の建国時期を意図的に高句麗以前に設定したと考えられていることを前提とすれば、その内容を史実かの如く、教科書に記載するのは問題であろう」と批判する。編者の金富軾はたしかに新羅の金王家一族の出ではあるが、私は、新羅建国の時期を政治的に意図的に早く設定したとは考えない。

すなわち、新羅・高句麗の当時の紀年法（暦法）が現在とは大きく異なることに因るのではないかとみている（なんらかの古暦や倍数年暦で記述された期間があるとみる）。好太王碑文が発見された一八八〇年より遙か前に編纂された『三国史記』では、好太王の即位年が一年しか差違がないこと

（おそらく暦法が異なる故か）を高く評価してよかろう。

三国時代の勝者、新羅の資料が多く遺ることで、それらが用いられたものの、内容的に新羅に有利に（編纂当時の新羅における史観で）編纂されたとは必ずしも思われない。同書が編纂書であれば、異なる原史料の紀年の受け取り方で記事も異なってくる（倭女王卑弥呼の遣使記事が新羅・阿達羅王廿年〔そのまま換算すると西暦一七三年〕に出るのも疑問）。

このほか、総じて言うと、『三国史記』や編纂に関する金富軾への主な批判としては、次の四点ほどに要約される。

①同書成立がそもそも遅すぎて、史料の史実性が信頼しがたい（↓〔この記号は筆者見解を示す。以下に同じ〕高句麗本紀で四世紀前半、百済本紀で五世紀前半、新羅本紀で五世紀後半、から後しか史実の信頼ができないとみて、一概にそれ以前を切り捨ててよいのか。津田史学流の史料切捨論は総じて問題が大きいが、その一方、当該史料の成立時期の遅さはそれなりに考慮されても良い）

②中国中心で中国史書の利用が多過ぎ、その無批判な採用がかなり見られる。国内史料でも、高句麗や百済、伽耶に比べ、新羅固有の史料を多数採録するなどでも、史料利用に偏りがある（↓高句麗や百済の記事は中国史書に拠るものが殆どかともみられるが、これは、同書編纂当時、こうした史料しか朝鮮半島に残らなかった故だと考えられる。伽耶も含め、新羅以外の地域の史料の乏しさには留意される。高句麗や百済の王統譜にもかなりの疑問点もある）。

③儒教的立場を強調しすぎる。『三国遺事』と比べて、古伝・異伝を儒教的観点から切り捨て過ぎる（↓この辺は、後の『三国遺事』編纂の動機にもつながるから、冷静な判断が必要）。

④国際関係における新羅の立場や高麗における自家の立場・出自（新羅系門閥で慶州金氏の出の金富

軾の関係記事）を優位に描こうとする造作がある（↓新羅の高句麗従属色彩を避ける筆につながった面もあるか。岡田英弘氏が指摘する点でもあり、この辺は否定できないところもあるから、十分な留意がいるが、「高麗王家の系譜の偽作を主な目的として書かれた」とまで言い切るのは、疑問な表現である）。

同書編纂を時期的に見て、当時の朝鮮側の原史料の保存状況や、東アジアの政治・学問の中心が中国にあったことで、高麗と中国との関係からみて、これら批判のいくつかはやむをえない面でもあった。だから、同書に記載の紀年法と史料利用法の把握を的確・適切に行えれば、貴重な記事が『三国史記』にはあると評価されてよい。また、現在まで遺る新羅三王家後裔の各族譜など大族諸氏の族譜と比較対照してみると、初祖まで遡って名前・続柄などがほぼ合致する事情は、考慮されるべきものである（管見に入ったところでは、『東アジアの古代文化』の初代編集長であった鈴木武樹氏が同書利用の必要性を説いたが、彼の利用法を見ると、紀年表示という重要問題はとくに認識しておらず、そのままでは問題が大きい）。

日本の諸事情とも照らし合わせると、高句麗を除く韓地南部の百済・新羅・伽耶にあっては、日本の『日本書紀』と同様に「X倍年暦」の暦法で表示された期間もあるとみるのが自然である（『三国史記』の記事そのままに紀年を受け取り、現実の紀年に当てはめる論考が日韓、中国ともに極めて多いが、問題が大きいことに注意。朝鮮半島の上古史の的確な把握のためには、これが最大の障碍点といえよう）。どの辺の期間・年代がそうした倍数年暦に拠るのかという判断は難しいが、生物としての人間（ライフ・サイズ）の世系配分などを通じて一応の試算ができよう（私が試算した年代案を、拙著『神功皇后と天日矛の伝承』で記しており、同書を参照されたい。なお、中国の周王朝の時代でも、二倍年暦で記載がなされた可能性が大きい)。

要は、『三国史記』に記載の百済始祖の温祚、新羅始祖の朴赫居世の存在を認めるのであれば、具体的な年代を的確に把握する必要がある。結論的には、各々の主要活動時期が、紀元二世紀の中葉頃(温祚)、ないしこれに少し遅れる同じ二世紀の後葉頃(朴赫居世)、ではないかと推される。これは、戦後の津田史学流の研究者が言う記事の「造作」という意味では決してない。だから、百済始祖の温祚が高句麗始祖の朱蒙の子あるいは義子ということは、年代的にありえない。百済の建国・興起は、別途、多面的に考える必要がある。ともあれ、百済や高句麗はまだ記事があるものの、同書にはまるで取り上げられない伽耶地域の歴史も、これを無視してはならないと痛感する。

ちなみに、『三国志』魏志の東夷伝には、馬韓の一国として伯済、秦韓の一国として斯盧があげられ、両国とも三世紀中葉には小国ながら成立していた。その場合、各々の始祖王の出現もそれより早い時期となり、中国史書に見える上記三世紀中葉頃(倭の卑弥呼の時代にあたる時期)より前の両国の歴史も一概に否定されることもない。

扶余の建国伝承

扶余の建国伝承は諸伝あって、必ずしも明確ではないが、『後漢書』夫余伝などに見られる建国神話は、次ぎの通りである。

昔、北夷に索離国という国があり、王の寵愛する侍女(側妾か)が不審な妊娠をしたため、王は不義密通を疑い侍女を殺そうとしたところ、彼女は、「鶏卵のような霊気が天から降ってきて身籠った」と答えた。こうして生まれた男子を豚の餌にと思い、王は豚小屋に捨てたが、その子は死なずに生き延び、次ぎに馬小屋に持っていったが、馬も同様だった。これは天神の子かと王は疑い、東明と名づけ、牛馬の世話をさせた。東明は成長して弓が上手だったので、この勇猛さで国を奪われるのを恐れて、また殺そうと考えた。そこで東明は南方へ逃走し、掩淲水に至って弓で水を打ったところ、魚や鼈が浮かんできて橋をなしたので、これを渡って追っ手から逃れることができ、夫余で王となった、とされる。

始祖東明の伝説は、古くは西暦一世紀代の著作とされる『論衡』吉験篇に見られるといい、次ぎに『三国志』夫余伝が『魏略』の旧志の引用をし、さらに『後漢書』夫余伝で伝える。これら史書では、高句麗伝に始祖伝説は見られない。『三国志』では、かわりに高句麗伝のなかで高句麗の始祖伝説を伝える。その骨子は、元来の東明伝説に、河伯（水神）の娘の生んだ子であること、卵生という要素が加わって、高句麗が扶余から出たこと、始祖の名を朱蒙とするというものである。東明伝説で東明が弓の名手とされるのと呼応するように、「朱蒙」という語は「善射」（弓を良く射る）を意味する、と書かれる（関連して、射日神話に通じる伝承も『旧三国史』逸文にある）。後に『三国史記』では、高句麗の始祖を「諱が朱蒙、諡が東明聖王」とするようになる。解慕漱と河伯娘との伝承には、鴨緑江の付近の熊心山という名も見える。

扶余の東明伝説と高句麗の朱蒙伝説との共通要素は、両者が種族的に同じことを表している。扶余の東明や高句麗の朱蒙の建国伝承は、神武東征の際の亀の背にのった国神珍彦《うづひこ》の海導伝承にも酷似する（①故国を出て河海を渡り、新天地で建国、②河・海で亀の助け、③始祖は天の子で、母が河・海の神の娘、などの諸点）。

好太王碑文にも、朱蒙が東明伝承と似通った伝承が記される。一方、扶余の始祖王が誰かはっきりしないから、本来、どちらの始祖伝説だったのだろうか。扶余の伝承が高句麗に転用されたとは言い切れず、もともと高句麗の始祖伝説が扶余のものだとして記された可能性もある（李丙燾氏『韓国古代史』で誤伝とする。あるいは高句麗の前身が卒本扶余ということで、その表記か）。「索離（高離）」あるいは槖離なる国、掩淲水（施掩水、蓋斯水などとも書かれ、松花江か遼河かの本・支流とみられる。それぞれ地名表記が史書により若干異なる）も実態・比定が不明である。ともあれ、扶余あるいは高句麗が一世紀前半頃までに成立していた。扶余から後漢への遣使が、光武帝治世の建武二五年（紀元四九年）に見える（『後漢書』）。鮮卑の檀石槐の誕生伝承にも、天からの雷鳴・稲光に感じて母が生んだとされる。

扶余の建国伝承を別に考えるとした場合、『三国遺事』に関係記事がある。こちらでは、扶余の祖先は遼西地方に深い関係がある。すなわち、北扶余の祖・**解慕漱**は天帝が「訖升骨城」に降りてきて自ら名乗ったと記し、訖升骨城を大遼医州の地にあると割註する。「大遼医州」が現在の遼寧省西部の医巫閭山の一帯だとすれば、これも遼河下流部の西方にあり、高句麗の地がもと孤竹国だという伝承（『隋書』列伝三十二の裴矩伝）と符合する。**医巫閭山**は、遼寧省北鎮県の西北（朝陽から見れば東方）にある遼西でも珍しい高山（最高地の望海山が標高八六七メートル）である。その山容は、奇岩が天空高く聳え、中国の中原で殷や羌族が尊崇した嵩山に似通う（前述）。山には戦国期の燕が山神を祀ったと『周礼』に見える。上記の天神「解慕漱（ヘモス）」は、檀君神話に見える「桓雄（ハムス）」と元は同じ音で、同名同一の神という見方もある。李丙燾氏も、檀君・朱蒙との関係で、同じ説話とみる。

また、穢人は、前漢代の紀元前一〇七年に玄菟郡（咸興付近の沃沮県にあった）が設置された時、「穢王之印」を所持した勢力が北へ逃亡して、「鹿山」（吉林省吉林市竜潭山との説が強い）の地に依って夫余を建てた、夫余とは穢人の言葉で鹿の意味だ、ともいう。扶余が鹿のトーテミズムをもったとは必ずしも思われないが（扶余は「鳧余」〔鳧は野鴨のこと〕とも書き、天を祭るから、高句麗とは鳥トーテミズムが同じか）、第一次玄菟郡の郡域に扶余の前身勢力があったものか。燕や匈奴に討たれた東胡と扶余との関係は不明だが（言語から別族との説もあるが、同質性のほうが強い模様）、東胡の流れとか深い関係があれば、扶余は元々は遼西辺りに居たものか。高夷が遼寧省撫順あたりに居たともいわれる。

以上に見るように、相違する建国伝承だが、扶余については、解慕漱か解夫婁（あるいはその少し先）あたりが実際の建国者ではなかろうか。高句麗前期の首都が置かれた佟佳江（渾江）流域の桓仁（遼寧省本渓市桓仁満族自治県）や集安の位置から考えると、扶余が玄菟郡（その郡治が朝鮮半島北部→遼寧省撫順市あたり→同省瀋陽あたり、と順に西方へ移遷したが、概ね撫順あたりが基準か）の北方千里（約三、四百キロか）に位置するとしても、東北平原とその周辺という広域のなかで、最初から吉林省北部（扶余〔松原市〕、農安、吉林あたり）にあったとは必ずしも思われない。それより北の「索離」という国も更に考えがたい（「高離」とも書かれるから「高麗」からの転訛かと李丙燾氏はみる）。扶余の領域の東北平原が肥沃な土壌で食糧（五穀：麻、黍、稷、麦、豆）の生産地で、生業は主に農業であった。遺跡では早い時代の層から大量の鉄製農具が出るなど、農業の技術・器具は同時代の東夷のなかで最も発達していた。家畜の飼育が上手でも、半農半牧の種族であり、騎馬民族とも捉えがたい。

扶余国（北扶余、東扶余）の歴史や歴代王・王家系譜ははっきりしないが、鮮卑系の前燕の慕容氏によって四世紀半ばまでに二度にわたる壊滅的被害を受けて、その後は前燕の属国として続き、五世紀前葉には高句麗に併呑されて、歴史上から姿を消した。

百済王家と建国関係の問題点

百済は四世紀中頃に国際舞台に登場する（『晋書』「慕容載記」）。百済は、『魏志』韓伝の馬韓（蓋馬韓）に属した伯済国が周囲の諸小国を統合し発展したもので、漢江下流域南岸のソウル市内（松坡区《ソンパ》あたり）に初期の都をおいた。百済王家が扶余（余）氏を名乗り、先祖が扶余王家の流れという系譜所伝があっても、扶余や高句麗の各王室との具体的な系譜関係が諸伝あってはっきりしない（先に、箕子朝鮮末流を窺わせる所伝も記した）。そもそも、百済の建国時期自体が明確ではない。

『三国史記』に見える建国伝承では、百済初代の温祚が高句麗の始祖王・朱蒙の子（ないし義子）というが、中国史籍では多くが扶余から直接出たとする。温祚と朱蒙との具体的な年代差、百数十年ほどを見ても、両者が親子関係にあったとは考えがたい。百済の王暦でも、近肖古王より前の初期段階では、新羅ほど著しくはないものの、そのまま現実の年紀換算をした場合には、かなり大きな年代架上（遡上）となることに注意したい。伯済の始祖王とされる温祚の活動年代は、『三国史記』百済本紀では紀元前十八年に即位と伝えるが、温祚が実在した場合には、二世紀中葉ないし後半の人かと推される（後ろで記す世代遡上の計算手法に基づく場合）。その場合、『隋書』百済伝に、百済の先祖は高句麗より出るとも見え、朱蒙の子の沸流の子孫が温祚だとみる説も出る可能性もあるから、この辺も検討する。

百済建国の始祖については、「百済本紀」と異なる伝えが中国史書にある。『隋書』東夷伝等には、東明の子孫の仇台が百済の始祖であって、国都に仇台廟を祀ったと記される。唐の杜佑が撰した『通典』（八世紀後葉に成立）でも、「百濟、即漢末夫餘王尉仇台之後」（百済は、後漢末の扶余王・尉仇台の後裔）と記される。同書には、後に魏朝の時に百済王が上表して言うには、「臣は高麗と先祖が同じで、扶余より出る」とされ、初め百家（多勢）で済海（海を渡るの意味）した故に百済と号すると述べる。『唐会要』（十世紀中葉に成立の書）百済伝でも、百済は、もと扶余の別種で、馬韓の故地におり、扶余の後裔に仇台なる者が高句麗に国を破られて、百家で海を渡ったことに因り百済と号する、と見える。

これら諸書がいうように、百済の始祖王が実際に仇台であったのなら、『三国史記』記載の百済王統譜とは大きく異なる。『後漢書』夫余伝には、後漢・安帝の永初五年（一一一）に扶余の嗣子・尉仇台の漢への遣使が見える。東夷伝には、永寧元年（一二〇）に扶余王の嗣子・尉仇台が都に詣ると見え、高句麗伝にも建光元年（一二一）に見える。年代的に始祖王がこの尉仇台かその近親に相当しよう（二世紀末頃の遼東太守公孫度の女婿で公孫氏に帰属した「仇台」とは、年代的に見て同名の別人か誤記であろう。岡田英弘氏は、「仇台」が三四二年に慕容部による高句麗征伐の大打撃に乗じて百済を独立させたとみるが、これは疑問か）。

ところで、わが国の『新撰姓氏録』『続日本紀』には、百済王氏一族の始祖として「都慕王」（延暦九年正月条に、河伯の娘が日精に感じて生まれた子と記される）があげられる。この「都慕王」に仇台があたり、年代的に温祚王の父祖だったものか。「都慕王」という名は朝鮮半島の史書には見えないが、これが転訛して、音が通じて伝承も似る朱蒙王と同一視された可能性もある。都慕と朱蒙とは様々に似通うが、活動年代にズレがあるので、一応、別人としておく（『続紀』延暦九年七月条には、日神が霊を降して扶余を覆いて国を開き、天帝が徴符を授け諸韓を合わせて王となれり、と記載）。同一系統には同様な名が頻出する例がある。

もう一つ、仇台について考えられることがある。それは、高句麗の大祖大王宮の第十六年に国を挙げて投降してきた曷思王の孫・都頭を于台（優台）に封じたという記事が『三国史記』に見える。この優台が温祚王の実父とも伝える「優台」あるいはその祖先にあたる可能性もあろう（『冊府元亀』には高句麗の官の一名に優台（于台）が見え、田中勝也氏は扶余族古来の官名であろうとする）。この投降の実年代は紀元一〇〇年頃か。曷思王は扶余の帯素王の末弟とされ、帯素は、高句麗第二代の瑠璃王の十四年（実年代は三十年繰り下げた場合には紀元二四年のこととなる）に先ず見えており、次ぎに高句麗第三代の大武神王の五年（紀元二二年とされるが、仮に三十年繰り下げた場合には紀元五二年）に高句麗軍の進攻により戦死した。このときに曷思王は鴨渌谷へ逃げて、その地の国王を殺して都をたてた、と見える。帯素王は、朱蒙の義父たる金蛙王の長子とされる。

百済の初期王として温祚の実在性が認められるのなら、その父祖の出自は扶余のほうだとした場合でも、その王であった尉仇台なのか、高句麗に属した「于台（優台）」なのかは、ここまできても明確にならない（高句麗からの様々な影響から考えると、後者のほうかもしれないが、箕子朝鮮との関係も不明）。「仇台＝優台」説もある。温祚の兄とされる沸流の名も、高句麗旧都のある卒本の地を流れる沸流水（渾江）に関係したか。

百済建国時の王城とされる**慰礼城**は、築造規模や出土遺物などから風納《ブンナプ》土城が最有力である（ソウル市の松坡区風納第一・第二洞。先に同市城東区に都があって、それから漢江を南に渡った地ともいう）。近年の調査（二〇〇二年三月九日の国立文化財研究所の発表）によれば、版築により築かれた土城は、紀元二世紀ないしそれ以前に遡っての築造が認められるというから、ほぼ二世紀代に百済前身の萌芽があったことを考えてよい。ただ、この数値は炭素14年代測定法によるものであり、同法では一般に年代数値がかなりの遡上傾向を示すので、紀元前後の築造は行きすぎである（『三国史記』に記される百済建国時期〔紀元前十八年〕を実証するものでは決してないどころか、むしろ否定する）。風納土城が遅くとも三世紀初頭を前後する時期に既に築造が完了し、城壁としての機能を果したと考えられるようになったと、大竹弘之氏が記される（「百済の古都」、『古代日本と百済』所収）。

このソウルの江南地域から青銅製用具と百済土器が出土し、祭祀遺跡もみつかり、近くに石村洞古墳群など百済前期の墳墓群がある。その積石塚は高句麗式とされるから、百済の建国勢力が高句麗系統の移住民の立証となる（林永珍「百済の成長と馬韓勢力、そして倭」、同上書所収）。最古の積石塚は石村洞一号墳で、三世紀中葉頃の築造とみられ、これ以前に積石塚がこの地域に入ったこと、及び百済の建国も三世紀中葉頃だと林氏は記している。

百済の民族構成については、A百済王家の出自にに代表されるツングース系夫余族の国家とみる説と、Bツングース系夫余族の支配層（王族・重臣など）と韓族の被支配層（土民中心）からなるとみる説、があり、後者が有力か。『隋書』百済伝には「其人雑有新羅、高麗、倭等、亦有中国人」と見えて、多くの種族が雑居していた。ともあれ、支配層は扶余族ないしツングース族とみられる（伯・百は貊族の「貊」に由来と今西龍博士もいう）。百済王族の系譜は、なんらかの形で扶余とつながっていて、それ故、王族が扶余氏を号し、聖王（聖明王）が五三八年に熊津（忠清南道公州市）から泗沘（同、扶余）に遷都した後に国号を「南扶余」としたことにも窺える。王都は、いずれも錦江を臨む丘陵部に城壁を廻らしており、王宮の背後に山城（泗沘では扶蘇山城で、これが百済最後の城塞）

をおいた。

以上のような諸事情から言えば、百済建国時期は概ね二世紀中葉頃としておくのが割合、穏当であろう。ここまでは、基礎的な検討として上古代の東北アジア地方の諸国家の起源を見てきたが、次ぎに日本列島について考えてみる。

三　天皇家は外来か

天皇家の起源問題

天皇家の起源については、早くに江戸時代から多くの議論があるが、本書では、この問題について学説史を記すつもりはないので、以下ではその概略を簡単に触れておく。

江戸後期に、藤貞幹が「辰韓は秦の亡人にして、素戔嗚尊は辰韓の主」「神武天皇は中国の呉の太伯の末裔」と説いた(『衝口発』、一八二一年)。皇祖の太伯末裔説は、南北朝期の禅僧中巌円月にもあるが、これらに対して、本居宣長など当時の国学者が激怒し猛烈に攻撃を行った。これらに先立ち、新井白石は、「我国の先は馬韓に出し事」という可能性を検討し、クマは狛がコマと訓まれたのに近い事情も併せ考え、熊襲と高句麗は同族かと考えた。幕末・明治前期の国学者で晩年には東京大学で古代法制史を講じた横山由清も、「天孫族朝鮮半島渡来説」を出している。

こうした学説対立をうける形で、明治中期には近代的歴史学のなかから、朝鮮半島と日本列島の民族的共通性を説く者があらわれた。一八九〇年前後の星野恒や久米邦武がその源流で、「日鮮同祖論」としてあげられる。星野・久米ら初期官学アカデミズムの学者たちが日本の大陸侵略という当時の現実的状況に呼応して、この同祖論を積極的に提唱したとされる。これに対し、日本人が朝鮮人と祖先を同じくするとみることに非難の声が上がり、特に皇祖について、「皇祖ハモト新羅ノ王」として、朝鮮半島からの渡来を公言した星野の所論については激しい反発が起こった。

例えば、水戸学の系統を引く幕末・明治期の史学、内藤恥叟は、日本の国体の卓越性を力説しながら、日本民族がすべて天神の子孫であると主張した。天孫降臨や神武東征の故事を誣言して、天孫が他の国から来たなどと想像を逞しくするものがあるとして、「国体を汚辱し、皇威を軽蔑するの大罪」だと激しい怒りを発した（一八八八年発表の「国体発揮」）。こうした国学系の反発は学問的問題よりは一種の信仰であり、国体論と不可分な関係があった。『記・紀』の所伝が古代の日朝関係の真実を正確に伝えていないと星野が疑うことに対しても、正史を曲げる不敬不忠な態度と決めつけるなど感情的反論を優先させた。

大正期以降にも、喜田貞吉の「日鮮両民族同源論」（一九二一年。江上氏はこの現代版と自ら言うが、ニュアンスはすこし違うか）、昭和初期に金沢庄三郎の『日鮮同祖論』（一九二九年）、さらには共産党運動のはしりの佐野学にも習俗の類似等から見て天皇家は匈奴分流とみる説（『日本古代史論』、一九四六年）があり、あるいはアルトハイムの鮮卑征服説（『古代世界の没落』、一九五二年）など、いくつかの渡来説が出された。金沢庄三郎は言語学者で、朝鮮語とハングルに通じ、日本語と朝鮮語が同系だという確信に基づいて日本語と日本の文化を再考し、一方で国語辞書の編纂に情熱を絶やさなかった。津田左右吉博士も、日鮮同祖論者たちが説く天皇家の朝鮮半島起源説に対して感情的な面での反発を強く示したとされ、それが津田の「記紀」研究に影響を及ぼした可能性も考えられるという指摘もある。

ごく概略的なものを以上に見るだけでも、天皇家の祖先の動向について、古くは江戸・明治から多くの論争がなされた。それらが、「日鮮同祖論」は天孫族渡来説や日本の東北アジア地域への進出・支配の論拠づけに結びつくとして、「皇室外来征服者」のほう説は国体の尊奉の見方の前で、ともに厳しく批判された。だから、この問題には様々に機微がありすぎて、社会が狂信的な国体論に覆われる昭和十年代以降（一九三五年以降）では、これを論ずることはタブー化していった。

日本の古代史関係で言及する研究者は、戦後でも少なかった。こうした天皇や領土問題とは切り離し、イデオロギー的側面は一切排除する姿勢で、予断抜きで冷静、客観的に問題検討を行う必要がある（この問題に関して、金光林氏の「「日鮮同祖論」を通してみる天皇家の起源問題」〔『新潟産業大学人文学部紀要』第十一号、二〇〇〇年十二月〕に興味深い記述がある）。また、日本人全体を考えても漠然とし過ぎて意味がなく、日本列島古来の原住民の存在などを考えると、天皇家など上古代の主な支配層を対象に絞って検討すべきでもある。

戦後では、江上波夫氏の有名な騎馬民族説があり、次項以下で多少詳しめに見ていく。江上氏は、天皇家が扶余分派で馬韓の「辰王」末裔とみたが、ほぼ同様に、渡辺光敏氏も説いた。これらは、騎馬民族的な性格をもつツングース系種族の日本列島渡来とする見方である。箕子朝鮮末裔説も山崎仁礼男氏により説かれた。これら説の是非も検討する。

騎馬民族は日本列島に来たのか

戦後まもなくの昭和二三年（一九四八）に江上波夫氏が提起した、いわゆる「騎馬民族説」（騎馬民族征服説）はあまりにも有名である。当時、この説に対して賛否両論の大きな渦が起きた。それから七十年ほど経った現在では、一部に支持者がいるものの、考古学者を中心に文献学者も含めて、江上説への否定論がほとんどで、これが現在では大勢である。

江上氏の主趣旨が「日本国家の起源が東北アジアの扶余系の騎馬民族による日本征服にある」というもので、その内容は時期により多少変化した。同説の集大成の著作『騎馬民族国家—日本古代史へのアプローチ—』（十九年後の一九六七年に中公新書で刊行、更に二四年後の一九九一年には改訂版が出た）を基礎に考える場合、「騎馬民族説」の骨子が次のような内容とされる。

①東北アジア系の騎馬民族である扶余系の民族が、朝鮮半島の馬韓に行って諸国を支配する「辰王」となり、その流れをひく部族が四世紀初め頃に半島南部の任那（弁韓）を基地に北九州に侵攻してきて、倭人を征服し崇神天皇の王朝が成立した（これが、いわゆる「天孫降臨」のことで、これを「第一次建国」とみる）、

②ついで、四世紀末から五世紀初めにかけての頃、北九州から大阪平野へ移動し、その地を中心に畿内を征服して、応神天皇の王朝が成立した（大和朝廷の創始ということで、「第二次建国」。これが神武東遷伝承に反映されるとみる）。

江上説の主要根拠が、後期古墳文化の特徴（応神朝以後の古墳文化（現在の三分類法では、古墳時代の中期及び後期にあたる）が前期のそれと対比して根本的に異質とみる）などの考古学的知見や、『魏志倭人伝』が伝えるように三世紀の日本文化が南方系の農耕民族的文化とする見方にあると受け取られて、多くの考古学研究者からの強い批判・反論が出された。なかでも、佐原真氏は『騎馬民族は来なかった』（一九九三年刊）などの著書や関係論考を著し、騎馬民族に特有の去勢の習俗が日本列島には入らなかったなどの反論を強く行った。また、一方を専ら下部構造から農耕民族といい、他方を上部構造から騎馬民族とみるのは、論理性に欠けるという批判もある（志水正司氏の『日本古代史の検証』）。

結論から先に言えば、古代史分野のみならず関連する諸学界からの数多くの批判・評価等は総じて妥当である（批判は数多いため、個別の掲名はしない）。すなわち、「江上氏提唱の具体的な説」（騎馬民族の王侯貴族が組織的な騎馬軍団を率いて日本列島に渡来してきて、征服王朝を建てたこと）は史実原型から離れており、学説としては妥当性を欠くと考えられる。前之園亮一氏も、厳密な史料批判を原則とする文献史学の立場からみるかぎり、この説の成立しうる余地はないとする（同氏等編『古代天皇のすべて』）。

前期古墳文化からの大きな変化が後期古墳文化に認められるとしても、それが直ちに騎馬民族による征服に導かれるものではない。大陸の文化・技術の受容で、これら変化は十分可能であった。古墳時代前期の文化が南方系農耕民族的文化とみるのも問題が大きい。江上氏の発想が広域アジアにわたって、いかにロマンに満ちていて、それが雄大な構想力の現れであっても、古代史学（ないし古代史実の原型）とは無縁であり、史実とはならない。

江上説への再評価と対応

わが国の古代史を総合的に考える場合、東アジアという視点から広域的に検討する必要性は非常に強い。その意味でも、これまでの騎馬民族説の否定論がそのまま正鵠を得ていると言えるのだろうか、という疑問も残る。しかも、学究の多数説により「否定された部分」は、実のところ、内容が限定されていて、あまり多くはない。だから、江上氏提起の問題点にからむ議論の要点を、具体的な認否を基にきちんと整理する必要がある。本件について、日韓両国にある各々のタブーを持っての議論はもってのほかである。問題点をもう一度、総括・整理して同説の意義を、ここで冷静に考えてみたい。

江上説が支持される点が少ないのは、古墳文化の前半期と後半期との連続性とその大変化の意味づけなど、考古学的観点で疑問が大きいことばかりではない（肝腎の前方後円墳という日本独自の墳形は基本的に変化が認められず、この辺は王族・支配階層の一貫連続性を示す）。崇神・応神の出自等をはじめとして、天皇家や大和朝廷の主要豪族諸氏の動向などの事情からいって、古墳時代に関しては、文献的にも「江上氏の説く騎馬民族説」を支持しそうな資料は、具体的には全くない。江上氏は、記紀に見える出雲へのスサノヲの天降り、筑紫（記紀の「日向」をこのように把握するのは妥当）へのニニギの天降りを、地理的に見て、ともに南鮮からの渡来と受けとめるが、これらにも誤解がある（スサノヲの韓地からの降臨伝承は重要であるが）。これら「天降り」の時期は、現実に起きた事件なら古墳時代より更に前であったはずである。

征服戦の当事者となる応神にせよ、崇神にせよ、部下も組織もなしに一人で大々的な征服戦を遂行できるわけではない。それにもかかわらず、外地から随行してきた具体的な部下や配下氏族の名が、古代関係の史料に全く見当たらない。英雄一人だけに焦点を当て、その歴史行動を考えるような「英雄史観」は、現実的ではないし、極めて問題が大きい。江上氏は、高句麗・百済に通じる五部神（五伴緒）が随行者で、具体的には大伴氏・久米氏らの天神系諸氏を考えるが、これは把握の間違いである。これら諸氏の起源は、崇神朝より古い神武朝で既に見えており、しかも更に遥か遠い神代まで、日本列島のなかで遡りうる古い氏族であり、それらの神統譜の切捨ては問題が大きい（かつ、大伴・久米両氏とも、崇神朝や応神・仁徳朝での活動が殆ど見えず、江上氏のいう征服戦への関与もまったく認めがたい）。ニニギの天孫降臨にも五部神が随行したと伝える。古代氏姓制度における連・造系と臣・君系の二グループ併存という江上氏の把握にも疑問が大きい。しかし、これら問題点は、江上氏の想定・主張した内容での「騎馬民族説」が疑問だ、というだけのことである。

とくに渡来の時期に関して、江上説は問題が大きいし、記紀を基礎にした反映説的な考え方も疑問が大きい。もう一つ、戦後史学の誤解の影響で、江上氏が「五世紀になってもまだ日本統一途上にあった大和朝廷」という認識をもっていたことも、同様に疑問が大きい。既に四世紀中葉末頃までに、日本列島は主要地域が畿内の大王権の版図のなかにあった。

ちなみに、江上説を支持する研究者は今では少ないが、同感的なもの、亜流的な見方はいくつかある。例えば、独文学者で古代史研究をした鈴木武樹氏や考古学の奥野正男氏が支持者としてある。修正説的なものとしては、「**ネオ騎馬民族説**」ともいうべき説を出した水野祐氏があり、山崎仁礼男氏も時代・時期に問題があるとして「新・騎馬民族征服王朝説」を出した。騎馬民族説を一つの学説として高く評価した井上光貞氏もおり、水野氏のいう王朝交替説を批判的に継承して、九州に出自を有する応神新王朝の存在を説いた。考古学関係でも森浩一氏が騎馬民族説に一部、共感を示した。比較神話学・人類学・民俗学・言語学関係の分野でも、岡正雄氏など同様な発想等には説を提示する学者が見られる。

江上氏のいう「騎馬民族説」については、これをそのままの形では認めないにしても、古代日本の国家形成について、東アジア史という外的・国際的要因や民族学などの学際的なアプローチから捉えようとした点を評価する立場もある。現に、「日本古代の民族・言語・神話など文化的諸要素の特質の解明にも示唆を与えるものが多い」と『日本史広辞典』では記される（山川出版社。笹山晴生著『日本古代史講義』でもほぼ同旨）。

いいかえれば、民族・言語・神話など文化的諸要素の特質については、列島内に騎馬民族ないしツングース系民族との関係を思わせる要素が強く見られ、それらが現実に多数ある。そうした多面的な観点からの総合的な検討を抜きにして、上古日本ないし日本国家の起源の探索ができないとされよう。騎馬民族研究の大家、護雅夫氏は江上氏の騎馬民族説そのものには総じて否定的のようであっても、ほぼ同様な指摘をした。東北アジア史の大家三上次男氏も、江上説には渡来の時期や主体の騎馬民族などに疑問を持ちつつも、一概には否定していない。

こうした諸事情を思えば、江上説や関連する諸説を「気宇壮大なホラ話」「かって騎馬民族説という仮説があった」などと簡単に片づけられない。そうした否定的な姿勢が研究者にあるとしたら、学問研究の態度として問題が大きい。それでは、天皇家の祖先はどのように列島で生じたのかという対案が、騎馬民族説批判の立場からは全く出ていない。

もう一つ留意しておきたいのは、騎馬民族説がいわゆる「皇国史観」とのからみで激しく批判されたことである。一方で、国体論者のほうからも、天皇家の起源を海外に求めることは皇室の尊厳に関わる問題だとしてタブー視されていた。記紀の神話・伝承を史実の反映と江上氏がみる点には、方法論として問題が大きいという批判も強いが、これは、反映の基となる史実の見方に問題ありという意味のようである。津田学説亜流の頻りに用いる「反映論」は論理的に何ら記紀の記事の否定論にはなりえないし、それとともに、江上氏のいう記紀の反映論的説明も同様に問題が大きい、と私は考えている。

民族や国家の起源に関わる議論が、日本の過去の東北アジア地域に対する支配の正当化あるいは同化政策や、逆に朝鮮民族から日本に対する優越性等々の差別史観の主張に用いられるとしたら、ともに日韓（朝）両国にとって不幸な事態である。その一方、過去の征服なり侵略なりの道義的・倫理的な問題は勿論あろうが、古代における史実の探求は、これとは別問題である。「皇国史観」という語による批判は、いわば両刃の剣でもある。すなわち、鈴木武樹氏の表現によれば、江上説に対する批判のほうが「依然として《皇国史観》の桎梏から遁れえずにいる論議」だということになる。

従って、本問題については、こうした主観的な立場を離れて、日韓（朝）両地や中国などに残る史料や遺物等を踏まえ、冷静かつ論理的な上古史検討を進めることが必要である。

騎馬民族説関連からの示唆

江上氏のいう朝鮮半島からの外来部族が渡来した時期については、古墳時代に入った紀元四、五世紀という遅い時期では無理が大きい。もっと古い、別の時期を考えるべきだったのである。例えば、紀元元年前後ないし紀元一世紀代頃という早い時期まで遡らせれば、先に見た多くの古習俗、考古遺物や氏族伝承など朝鮮半島からの民族渡来を傍証するものも多くあって、誰もがほとんど否定できない。古代人骨（頭の寸法など各種形態）や血液型、言語などの要素を見ても、渡来を肯定するいくつかの指摘がある。例えば、頭の大きさ（短頭・中頭・長頭）の分布からは、東海から畿内、山陽道東部にかけての地域に、朝鮮半島と同じく短頭型（示数八二以上）の分布が顕著に見られる。これらの列島への渡来が古墳時代（一応、「古墳時代」を三世紀後葉以降とする）という新しい時期だとは、到底思われない。

日本列島に最後に入ってきて畿内に落ち着いた種族があった場合、東北アジアから朝鮮半島を経て渡来したツングース系部族（ないし、「ほぼ同種の性格をもつ種族」の可能性）とみるのが割合、自然である（ただし、大勢の人々がやって来たのではなく、あまり多くない支配層集団が渡来してきて、その種族ということ。百済などと同様、上古倭地の国家の種族構成は大きく二層、ないしは三層とみられる）。この渡来部族の支配者層の頂点に天皇家の遠い先祖があったことは、天孫族に関する様々な習俗・祭祀などから見て、むしろ肯ける点が多い。

とはいえ、崇神天皇はミマナ（伽耶とほぼ同義。ないし、そのうちの一国）の王ではなく、当初から列島内の大和王権の長であった（崇神関係の各種記事には海外要素は皆無）。応神天皇による倭王権（大和朝廷の大王位）の簒奪があっても、これは天孫族の広い範囲のなかでは、同族内の天皇（大王）位保持系統の変更（応神は天孫族同族の息長氏出自とみる）にすぎない。天皇家先祖の到来が早い紀元元年前後頃という時期であれば、その後に成立した百済国の王家や「辰王」（複数の時期にこれがあった模様だが）の分派・末裔にもなるはずがない。百済最後の義慈王の太子、扶余隆の墓誌銘だけで、百済王室が辰王関係だとみるのも疑問がある（後述）。

古田武彦氏なども含めて言われる「九州王朝」なるものは、様々な面から見てもまるでありえない。北九州に上古の王権が在って、広い意味で最後の外来部族の主体が天孫族だとはいえようが。とはいえ、前期古墳から中期・後期古墳への変化は、国内だけの自然推移的な変化でもない。当時の朝鮮半島との多くの交渉・交戦のなかで、騎馬の用具・技術も含め、韓地の影響を倭国が強く受けたことは否定できないし、これは、倭国が受容した文化的・技術的な大変化であった。だから、古墳時代前期から同中期（江上氏の言う「後期」に当たる）への変化は、かなり大幅で急激だともいえようが、これは上記の対外交渉の結果・影響であった（応神による王権簒奪を認めても、それが故に、急激な変化が古墳文化に起きたわけではないから、騎馬民族渡来の結果とはいい難い。騎馬を用いた戦は列島内では見られないし、馬を管掌する氏族〔平群氏の一族か〕の勢力もさほど大きくなかった）。

もう少し具体的な論点毎に、ことの是非を述べる。江上氏が提示した主に考古学的な七、八点で、次ぎに掲げる論拠は、殆どが妥当しない。そうした意味では、私は学界の多数説に同じである。それでも、天皇家の先祖についての外来説を十分に検討する必要がある。

①わが国の前期古墳文化と後期古墳文化とは、根本的に異質で、その変化がかなり急激であり、その間に自然な推移を認めがたい（江上氏は、これを二点に分けて言う）。

②農耕民族は、一般的に自己の伝統的な文化に固執する性向が強く、他民族の文化を受け入れ伝統的な文化を急激に変革させる傾向は乏しい。農耕民たる倭人の場合も同じ。

③後期古墳文化に見られる大陸北方系騎馬民族文化複合体は、大陸及び朝鮮半島におけるものと全く共通し、それらが選択的に日本に受け入れられたとは認められない（言い換えれば、大陸北方系騎馬民族文化複合体が、何人かにより一体としてそっくり日本に持ち込まれたものとみる）。

④弥生文化・前期古墳文化の時代に、馬牛の少なかった日本が、後期古墳文化の時代には急に多数の馬匹を飼うように変わったが、馬だけが大陸から渡来したとは解しがたい（大陸で騎馬を常習とした民族が馬を伴って、多数の人間が日本に渡来したとみる）

⑤後期古墳文化が王侯貴族的・騎馬民族的な文化で、その伝播普及が武力による日本の征服・支配を暗示させる。

⑥後期古墳の濃厚な分布地域が軍事的要地と認められる所に多い。

⑦騎馬民族は、一般に陸上だけでなく、海上を渡っても征服戦を行い、征服欲を満足せしめようとする例が少なくない。だから、南朝鮮まで騎馬民族の征服活動がおよんだ場合には、日本への侵入もあり得ないわけではない（ノルマン・蒙古などの例↓〔反論〕鎌倉期の元寇や高麗・三別抄を見ても、騎馬系民族が海上戦を苦手としたことは顕著）。

江上説では、わが国の古墳文化が大きく二つに分けられ、両者が根本的に異質と見て、後期のほうの文化を騎馬民族がもたらしたと考えたから、四世紀末頃に大きな境界を考えざるを得なかった。この大変化を起こす重大な内部的要因が他に考えられないとするが、まさに外部的な大要因の結果である。それが、朝鮮半島において倭国が展開した大々的な軍事活動であった。考古学的には、江上氏の見方は学界からほぼ完全に否定される（しかも、江上氏の言う証拠痕跡として福岡市老司古墳の伽耶系遺物があげられるが、同墳から出土の人骨の顔面の特徴は、渡来人的ではなく、縄文人的特徴をも有し、「弥生時代以来の混血を経た形質」とされる）。

肝腎の馬具の登場から推測される「乗馬の風習が五世紀以後と考えざるをえないといった考古学資料との齟齬が、崇神朝を起点と考える江上説にとって大きな弱点となった」と菱田哲郎氏も言う（『古代日本　国家形成の考古学』二〇〇七年刊）。記・紀などに見える馬飼関係者の動向を見ても、これは応神朝ないし履中朝から後の話となる。

だから、外地から列島への部族渡来があったとして、その地が北九州だ（記紀の「日向」は筑紫を指す）という江上氏の主張が正しくとも、その時期は古墳時代が始まる三世紀後葉とか四世紀初頭の頃よりは遥か前を考えざるを得ない。すなわち、江上説の最大の欠点が渡来時期を読み違えたことにある。それ以前の江戸・明治期の議論でも、四、五世紀頃の朝鮮半島からの直接の渡来を想定したものはなく、更に古い時期の渡来とされる。とはいえ、わが国の古代国家建設は、土着民族内部からの自生（マルクス系思考）ではなく、渡来者による王権に基づくことを江上説が示しており、これ自体は妥当だと考える。天孫族による太陽崇拝（祭祀）も大陸の殷王朝など東アジアに見られ、外来性を強く示唆する。

扶余・高句麗は騎馬民族か

騎馬民族とは何かという点も、そもそもの問題提起の一つである。騎馬民族説についての各種議論の推移を見ると、いくつかの混乱があり、その要因が「騎馬民族」という語の定義の仕方にある。そのため、この定義を確認し、検討すべき問題点をはっきりさせておきたい。

「**騎馬民族**」とは、狭義には、ユーラシア内陸部において馬を飼育して活動の主体とし、衣食住ばかりでなく、対外的な活動をした遊牧民系の民族・種族をいい、中央アジアのスキタイ人に始まる。「馬が活動の主体」の意味としては、「機動性豊かな騎射戦術を生命とした」（護雅夫氏「内陸アジア遊牧民の世界」、『人類文化史第四巻　中国文明と内陸アジア』所収）とか、「馬を多数飼育し騎乗による機動力を自己の日常の生産活動から対外活動に至るまで利用した」（吉田順一氏執筆の平凡社『世界大百科事典』）とか表現される。東アジアで具体的には匈奴、高車、突厥や後のモンゴル（蒙古）などモンゴル語族・トルコ語族系の遊牧種族を本来、意味した。これは、中国古代のいわゆる「北狄」を念頭に置いたもので、平凡社東洋文庫では『騎馬民族史』という題のなかに「正史北狄伝」という副題をつける。

この北狄の東方ないし東南の森林地帯・平野部に在った民族がいた。すなわち、半牧半農あるいは半猟半農の「東夷」たるツングース種である。これについては、なかに騎馬民族的な色彩を相当強めた（騎馬民族化した）としても、これを一概に「騎馬民族」と呼ぶことには多分に疑問がある。『広辞苑』あたりでも、「中央アジアなどに住み、馬の機動性を利用して遊牧と軍事力を発展させ対外進出を行なった民族」として、西方のスキタイ・フン、中央の烏孫、東方の匈奴等をあげており、これらに夫余・高句麗などを加えることもあると記述する。田中俊明氏は、平坦な地で五穀をつくって農耕主体であり、その遺物相からも農耕民族とすべきであるとする（武田幸男編『朝鮮史』）。

狩猟民族や半猟半農、半猟半牧、半牧半農という非遊牧民系騎馬民族もまた多くの場合、隣接した遊牧民系騎馬民族によって触発された結果として騎馬民族になった、と江上氏も考える。それでも、遊牧民系か否かという区分や、非遊牧民系の場合にはその性格が本来どうだったかということは、やはり重要であろう。江上氏は、東北アジアには農主牧副民系あるいは半農半猟民系の騎馬民族が少なくないとして、扶余、高句麗、靺鞨、渤海などをあげる。扶余族はそれが主体となって扶余・高句麗や百済などを建国した種族であり、ツングース種に属したものの、一義的に「騎馬民族」と呼ぶのは必ずしも適切ではない。

現に百済では、王家が扶余から出たと伝え、五部の制や左・右賢王、祭天神事などに扶余などと共通であったが、被支配階層は韓地の土着民が主とみられる（支配階層のなかには帯方郡から来た漢人系も一部あった）。国家総体としてみれば騎馬民族の色彩はあまり強くなく、江上氏による個別の騎馬民族検討の対象ともされていない（同氏は、本来、百済や新羅の形態をもっと研究すべきではなかったか）。

こうした事情にもかかわらず、江上説においても反対説でも共に、扶余を当然のように「騎馬民族」として取り扱った。扶余が本来的な狭義の騎馬民族には当たらないうえに、騎馬民族化する前の段階にあった古い扶余までを端から「騎馬民族」と表現するのは、更に妥当ではない。江上氏の言う「辰王」が扶余の流れを引くのだとしても、元々騎馬民族の色彩が弱いことになる。

　渡来否定論のなかでも、佐原真氏の反対論は、上古における馬の存在や、乗馬、肉・乳製品の愛好、去勢、祭祀の生贄（犠牲獣）といった風習における騎馬民族（牧畜民主体）の類型的特徴から検討して、騎馬民族が日本列島には来なかったと主張した。しかし、これは明らかに議論のすれ違いであろう（江上説の真意を取り違えたうえで、否定論を展開する）。扶余の支分流の種族が大陸・朝鮮半島を南下していく過程では、騎馬民族的な性格が根っ子にあったとしても、それが薄れる傾向があった。地域移遷による種族の性格変化の例は、他にも見られる（大量の馬が輸送不能だから、列島への渡海や侵略ができにくいものの、これで直ちに否定にはならない。むしろ、いつ頃に騎馬民族化したというのか。ましてや、上古の箕子朝鮮は騎馬民族化すらしてなかった）。

　佐原氏もこうした事情変化は認識される。そのうえで、「王侯貴族が、組織的な騎兵隊をたずさえて到来し、王朝をたてることはなかった」というのが「騎馬民族は来なかった」という意味だと記されるが（「騎馬民族は王朝をたてなかった」、『日本古代史①日本人誕生』所収）、傍線部分はむしろ余分な定義であろう。百済でも新羅でも、建国・創業にはツングース系の種族が主体的に関与したが、組織的な騎兵隊が来たとは所伝や文献にまるで伝えない。ましてや、それより南方へ遥か遠く船で海を渡って島々まで、馬を伴う騎兵隊が行く（行ける）はずがない。すなわち、江上説は、いわゆる「騎馬民族」の流れをひく部族が到来し、それが主体となって列島に征服王朝を建てた、という意味に限定されるほうがよい（江上氏にも「中心になる騎馬隊」という表現が見えるのだが）。その意味で、江上説は端的に「扶余系民族の征服王朝説」とでもいったほうが、検討対象として的確であろう。「気宇壮大な学説」とだけ言うのは問題が大きいということである。

次に、上古代の日本列島には、大陸・朝鮮半島から様々な契機で多くの人々や種族の数次の到来があった。とくに七世紀後半の百済・高句麗の滅亡の際に流入した人々もかなり多くおり、なかには「騎馬民族系」とされる人々も来た（南匈奴の単于一族の後裔と称する系譜をもつ氏もある。『姓氏録』に左京諸蕃の和薬使主があげられ、その祖・大山上福常が孝徳朝に牛乳を献上したことが『三代格』〔五定秩限事、弘仁十一年二月官符〕に見える）。しかし、問題は単に騎馬民族系の人々が来たか来なかったとかいう話しではない。「騎馬民族」とされる一群の種族・部族が、上古代に日本列島のどこかに集団で到来し、主体的に王族として建国したか、それが畿内に起る大和朝廷の母胎となったか、というのが検討の主題である。

以上、二点を明確にしたうえで、以下に検討をすすめたい。わが国における騎馬民族や天皇家の出自に関する従来の議論においては、朝鮮半島・中国における習俗・祭祀や伝承、その地の学界における検討やその問題意識もかなり欠落する（なお、騎馬民族説の理解者・支持者は素人に多い、とかいう記述も江上説批判にしばしば見られるが、当然のことながら、学界の多数説がつねに正しいとは限らない。とくに、それが倫理的あるいは思想的な色彩を帯びたときは要注意である。佐原真氏等の著作・論考には、江上説が正しいか、否定の佐原説が正しいか、という二者択一的な発想も見られるが、この発想自体に問題がある。両方の一部が正しいとも、両方の一部が間違っていることもある、ともいえよう）。

辰王の系譜

三韓の時代に、馬韓には扶余系の「辰王」という特異な存在の王がいた。これが、『三国志』東夷伝に見える。それに拠ると、「三韓のなかでは馬韓が最大であって、馬韓人のなかから辰王を共立し、都を馬韓の月支国に置いて、三韓の地の大王とする。辰韓・弁韓合わせて二四か国のうち半分の十二か国も服属した」とある（月支国は、一に目支国とも書かれるが、「辰」が日・月・星の総称で、とくに北辰が北極星を指すから、月支国が正記か）。

辰王は三韓以外の地（朝鮮北部ないし扶余・高句麗あたりを指すか）から流移してきたので、馬韓諸国の承認を得なければ、自ら立って王となることは出来なかったが、王位を世襲した支配者だという記事が『魏略』にある。辰国の歴史は古かったようで、『魏略』には、衛右渠（衛満の孫）が国王だった時（紀元前一〇八年に被殺）に、その宰相・歴谿卿が諫言をしたが用いられずに、東の辰国に亡命したことが見える。後の三世紀頃にも「辰王」がいたが、『三国志』東夷伝には「辰韓は古の辰国である」との記事があるから、かつての辰国は既に消滅していた（武田幸男氏）。古くからの辰国の王が長い期間、同じ系統から出たかは否定的にみられており、辰国と辰韓とが同じ地域かという問題もあるが、このあたりも地域や王統が変動した可能性がある（辰国非実在説〔三品彰英、井上秀雄などの諸氏〕もあるが、これは疑問で、少数説。今西竜・李丙燾などの諸氏や韓国・中国の学界では実在説が多い）。

ともあれ、「辰王」の流れをひく者が、馬韓の地から朝鮮南部の任那に移り、日本列島に侵入し、北九州さらに畿内に転じて征服王朝を建て、崇神・応神にはじまる上古の倭国王統につながった。こういう発想が江上説であって、そのなかで、辰王なる者が重要な位置を占める（その所在の地は諸説あって、益山、稷山、仁川などがあり、益山説が有力の模様だが、李丙燾著『韓国古代史』に記載の稷山説〔天安市西北区〕が割合、説得的か。ただし、辰王家自体も一定ではない模様。東潮氏は、馬形帯鉤〔馬形のベルトの留め金〕に着目し、これが集中的に多数分布する清堂洞墳墓群〔天安牙山駅の東方近隣〕のある天安を中心とする地域とみる。馬形帯鉤は、三世紀前後ころの製品とされ、天安・牙山あたりや韓地東南部の慶州・慶山や金海、星州からも出土する)。

江上氏は、中国に残る「**扶余隆墓誌銘**」を重視する。百済最後の王であった義慈王の太子・扶余隆の墓碑の拓本である(扶余隆は、百済の歴代国王が唐から与えられた「帯方郡王」に任じ、子孫に称号が継承される)。墓誌の冒頭の記事には、「公諱隆字隆百済辰朝人也」(「公の諱〔いみな〕は隆、字〔あざな〕は隆で、百済辰朝の人なり」)と見える。この記事に史実が書かれたのであれば、百済王家は辰王家から出たことになるが、この辺は現在に残る史料からは不明である(百済王家が扶余王家から出たとの所伝のほうが妥当ではないかと考えられる)。

この辰王家の流れを引く一派が渡海し、日本列島に入ってきて畿内の王権を建てたというのが江上氏の荒筋である。しかし、倭王家(天皇家)が「百済につながる辰王家」から出たという具体的な証拠がない。だから、百済王家と同祖で辰王朝から出たとは言い難い。倭王家は騎馬民族である扶余の流れを汲むことから、高句麗王家とも繋がるということで、自説の傍証になるのではないかと江上氏はされるが、そこまでは読みとりえない。そもそも、辰王の記事が見える同じ『三国志』には、馬韓に騎馬習俗がないと記される(牛馬に乗ることを知らず、牛馬は死体を運送することのみに使用と見える)。だから、辰韓・馬韓を統属させるような「辰王」が遊牧騎馬民族のはずがなかった(遠山美都男氏もほぼ同旨)。

わが国ではスサノヲ神が新羅から来たという所伝を伝えても、百済との関係はとくに言われない。倭王家の先祖が日本列島に渡来した時期が、仮に紀元一世紀代前半頃の古い時期だとしたら、この一派は、まだ成立しない百済とも、後代の「辰王」とも関係がない。

騎馬民族説の変型説

江上説の変型ともみられる説を出したのが**渡辺光敏**氏である。百済始祖の温祚の兄として『三国史記』に見える沸流が辰王となり、ソウル西方の海岸部の仁川に住み、その後裔が崇神天皇であって、応神天皇のときに日本に来て天皇家となったという渡来史を考える。そのなかで、百済の王と伝える契王など何人かの王を、そのまま日本の天皇（応神・継体などの数人）に直接比定するというきわめて強引な説が随処に見られる（これに限らず、日朝混同の人名比定は極めて疑問）。だから、朝鮮半島の史料に子孫が見えない沸流と、百済王統の祖とされる温祚の系とが混淆しており、具体的な裏付けのある説とは言いがたい。大胆な新説提示はよいが、その根拠をしっかり合理的に示さないのでは、想像論である。

一方、**山崎仁礼男**氏の著『新・騎馬民族征服王朝説』では、扶余系統とは別に、箕子朝鮮王家の後裔が紀元元年前後に三種の神器セットをもって日本列島に侵入したとみる。これは、古田武彦氏の言う「九州王朝説」を基礎に、騎馬民族征服王朝説や岡正雄の「渡来人王侯文化説」を組み立てる試みだと言う。

山崎氏の見方は、日本列島到来の時期自体が概ね妥当だとみられ、箕子朝鮮王家の末裔説（ただし、箕子朝鮮は騎馬民族ではないはず）は魅力的だが、これが天皇家につながるような裏付け関係の記述は不十分である。なお、箕準が居た地域を錦江流域（とくに大田あたりか）と山崎氏はみるようだが、それが牙山あたりだと、辰王が居たという月支国の地（一に天安市西北区稷山一帯という）に近く、倭地への侵入・移遷の時期が大幅に異なるが、「辰王＝箕準以下の韓王」の流れが移住主体となることにつながる（箕準の後にこの系が滅絶というが、それは朝鮮中部の当地の話で、他地への移遷の可能性もあるのかもしれない）。

『姓氏録』や鈴木真年編『朝鮮歴代系図』では、箕子末裔が日本列島に来たことを記すが、それは、七世紀の百済滅亡の際に投化した渡来系の麻田連（朝鮮王准の後とされる答本氏の後）などにつながるものとする（天皇家については言及がない）。今では散失した麻田連氏の系図が惜しまれる（麻田氏は、奈良・平安時代の史料に見え、叙爵者も数人出した。平安中期に左大史麻田連枝〔宿祢姓か〕や小録麻田宿祢光貴も見えるが、同後期には姿を消す）。

なお、古田氏のいわゆる「九州王朝説」は根拠薄弱・想像過剰で平衡感覚を欠く見方にすぎないし、狗奴国の把握なども含め、突飛な見解・論理も多数あって、それらが様々に記述のなかに混淆するから、山崎氏の諸見解を全て受け入れるのではなく、十分注意のうえ個別具体的に是・非を検討して取り扱う必要がある。

四　ツングース系種族が日本に来た可能性

江上氏の唱えた騎馬民族説には、渡来時期等で大きな問題があった。しかし、そうだとしても、日本人の形成や古代国家の起源といった問題を考える場合、朝鮮半島ないしはその北方につながる「満州地方（主に中国の東北三省を指す）」及びその近隣あたりから日本列島に渡来した種族があって、それが全く関係しなかったといえるはずがない。

現に、岡正雄氏は、天孫降臨神話が朝鮮半島経由で日本列島に入ったこと、その担い手はアルタイ系の遊牧民文化的要素を強くもち、おそらく皇室の先祖だった、と考えた。大林太良氏も、この岡説に賛意を表するとともに、これが征服騎馬民族によってもたらされたかどうかははっきりしない（その一方で、「皇室の祖先は、アルタイ語族系の征服者であった」ともいう）、とも記される（『日本神話の起源』、一九六一年刊）。

このように、仮に上古の日本列島に朝鮮半島から渡来してきて天皇家につながる種族（民族）があったとしたら、それがどのような種族で、どのような性格や祭祀・習俗をもったのであろうか、その渡来時期はいつだったか、という問題を具体的かつ十分に検討する必要がある。その場合、とくに北方系種族にこだわる必要もなかろう。

ツングース系種族が渡来した可能性のある時期

江上説では、時期のポイントが二つある。その第一は半島から日本列島への渡来時期で、それがあった場合には、第二が北九州から畿内への列島内移遷の時期である。その各々を、①四世紀初め頃、②四世紀末から五世紀初、として捉えている。しかし、こうした時期の把握に問題が大きいことは、先にも触れた。まず、この関係について考古学・文献学の視点から改めて見ていこう。

考古学的の視点からいえば、第二の畿内の征服・移遷の時期が明らかにおかしい。すなわち、江上氏のいう古墳文化の前期・後期、現在の一般的な学説による古墳時代前期・中期の境界が「四世紀末から五世紀初」にあったとしても、また、中期になって大陸的・騎馬民的な色彩が古墳文化のなかに強まるのは確かでもあるが、前期と後期との間が特別に異質だとはみられない。すなわち、前期・中期を通じてわが国の古墳文化が墳丘形式などで継続的に漸次発展してきたとみられ、個別の古墳の前期か中期かという区分を考えても、両期の間に異民族による畿内征服事件というほどの大きな断裂、大事件があるとは到底考えられない。

これが、多くの考古学者のほぼ一致した見解であろう（現在の多数説では、前期と中期の境界時点がもう少し前におかれよう。私見でも、倭国王権の朝鮮半島で軍事活動を考え、その影響が出てくる四世紀後葉の後半頃から後が古墳時代中期の区分に入るとみる）。ある個別の古墳（例えば、津堂城山古墳とか室宮山古墳とか）が前期、中期のどちらに属するのかが必ずしも明確に区分できない現状を考えても、両期の間に一本の明確な境界線を引くことが困難である。

第一番目の「四世紀初め頃」という渡来時期は、古墳発生あるいは古墳時代の始まりを何時と考えるかという問題にも関係する。古墳の発生ないし発生期古墳については、確定しがたい面もあるが、それが先に北九州に発生したとか、北九州に畿内と並立して特異な古墳文化があったことは、史実としてまず認められない。

時期的には、現在の主流派考古学者が邪馬台国畿内説のもとで発生期古墳の時期を三世紀中葉頃とみているので、この立場だと、当該渡来時期も当然、否定される。しかし、発生期古墳の時期について、邪馬台国畿内説や三角縁神獣鏡魏鏡説、あるいは最近の年輪年代法や放射性炭素年代測定法による算出数値などを基礎に考えるのは、考古年代の見方など前提条件に問題が大きく、総じて年代遡上のしすぎである（結論的には、三世紀後葉ないし四世紀初頭前後に、前方後円墳が畿内にまず発生か）、と私は考える。だから、この場合には、三世紀後葉頃より前の時期であれば、騎馬民族かどうかはともかく、異民族（ないし特定部族）による侵入・征服という事件が畿内ないし九州などの列島内でおきなかったとは、必ずしもいえない。

江上氏が四世紀初め頃という列島渡来時期を考えたのは、中国北部では西晋の崩壊（三一六年）と五胡十六国時代の始まりの時期に当たり、高句麗の大規模な南下や楽浪郡・帯方郡の滅亡（三一三年頃）という事件も起きたことを踏まえてかとみられる。しかし、移遷の主体が騎馬民族だとみるとはいえ、朝鮮半島を経由しての日本列島への到来がいかにも迅速すぎる（さらに、到来後の建国、及び政治権力の確立という過程も、あまりに迅速で、更に疑問が大きい）という問題点がある。朝鮮半島南部では百済・新羅などが既に初期国家的な段階にあったこととも矛盾し、これら諸国の成長過程・期間の例と比較しても疑問が大きい。これら百済などの地を、どのように経過してきたというのであろうか。三上次男氏も、高句麗を半猟半農民として取り上げ、簡単には大規模な勢力を作りえないとする（「日本国家＝文化の起源に関する二つの立場」）。

次に、**文献学**の視点から検討してみる。

戦後、水野祐氏による**三王朝交代説**が提起されて、①崇神に始まる王朝、②応神ないし仁徳に始まる王朝、③継体による王朝、の三王朝が古代にあって、それらが順次交代していき、継体以後は現代まで続くと主張された。この説では、「四世紀末から五世紀初」という時期は②の王朝開始頃に対応するが、応神ないし仁徳以降の王朝が異民族的・外来的色彩を持ったとは、まず考えられていない（前王系とは異質な面もいくつかあるのが認められても、異民族的というほど差異を大きく評価するものではない）。だから、史料的にも、江上氏のような記紀の理解は疑問が大きい。

ただ、応神（ないし仁徳）のときに前王朝の系統から替わって、別の系統から新たに大王が出たと考える説は、現在かなり多くなった。応神朝に大きな画期があったという見方である（菱田哲郎氏も上掲書で指摘）。こうした王朝交代説であっても、いずれも国内の系統のなかでの交代とみられる（私見でも、基本的には王統が交替したとの立場だが、広い意味の「天孫族」の範囲のなかでの系統交替とみる。天皇の正妃・皇后を見ても、神武～応神の間は族外婚、仁徳以降は族内婚であり〔立后記載のない反正・武烈・崇峻及び文武は異例の事態。巻末の推定系図案参照〕、王族の名前に「ワケ」が突然多く現れる事情とも符合するから、応神のときから別の王統に変更したとみるのが自然である）。

応神が筑紫（具体的な地とその比定については、記紀等に諸説ある）で生まれたという伝承があったとしても、これを直ちに外来民族に結びつける思考方法には問題もある。しかも、応神の祖とされる崇神ですら、記紀には畿内を根拠として四囲にその勢力を拡大させたと記すように、外来的色彩が全くない（これを、「後世の造作」としてよいのだろうか）。任那と「ミマキイリヒコ」の「ミマ」とが同じだとして、渡来した崇神が北九州を本拠としたとみる江上説は、無理なこじつけというしかない。こうした観点を踏まえてか、井上氏は、「応神天皇その人が海を渡って日本に侵入したのであったとしたほうが仮説としては合理的とおもっている。ただこの点は種々の方面から証明を要することである」とも記される。しかし、応神に外来・異民族の色彩がないことは先に述べたから、井上氏の見解も同様に疑問が大きく、江上説より更に論理に飛躍がある。

いずれにせよ、こうした一般的な理解だと、四世紀前葉の崇神の時代より前の時期ではともかく、それ以降では列島外部からの大きな侵入事件は考えられない。記紀に記される朝鮮半島との交渉記事をどう解釈するかという問題にもなるが、四世紀の後葉以降では大和王権はむしろ韓地方面に軍事的に出ていっており、これは好太王碑文の記事にも裏付けがある。この時期に朝鮮半島から日本列島への侵入・征服事件があったとみるのは、侵攻方向がまるで逆転している。江上説でも、崇神の王朝は南朝鮮と北九州とに地歩を築いて、そこから近畿地方に侵攻したと考えるから、必ずしも片道通行ではないが、こうした同時両面作戦では、好太王碑文に見られる倭の大規模な侵攻・軍事行動が韓地でできたとは、考え難い。しかも、高句麗は最盛期を迎えつつあった軍事力強大な時期である。朝鮮半島中央部まで及ぶ形で、倭が間断なく侵攻し、軍事展開ができたかは、まず考え難い（藤間生大氏にも同旨の指摘）。

崇神天皇の王権は、畿内を中心基盤として列島内で勢力圏を大きく拡大した。その結果、列島内の主要部を版図におさめ、最大勢力たることを確立したとみられる。それでも、崇神当時の大和王権の版図が北九州に及んだことは、現存の史料から全く読みとれない。崇神の王統は二世紀後葉の神武東遷に始まり、それ以降は畿内の奈良盆地内で継続してきた。神武の朝廷開基以降、この王統は傍系も含め親族の内で天皇位が推移しており、外部からの系統にとって変わられるという事態は見られなかった。これが、記紀等の記すところである（なお、津田史学の言う応神以前の記紀切捨ては問題が大きい）。これに大きな疑念を挟むべき史料や要素は、「仲哀―応神の間」を除くと、管見に入っていない。

神武自体の出自についても、それが直接、外地から九州に渡来してきたとは考えられない（「神武＝徐福」説など論外である）。記紀にいわゆる「天孫降臨」が仮に南朝鮮からの渡来だったと考えたとしても、それは神武の数世代前の時期での渡来だとされよう。それが、天孫降臨を主導した高皇《たかみ》産霊《むすび》尊（高魂命）が主宰の「高天原」には外地的な雰囲気が見られないので、わが国への外地からの渡来があったとしたら、その場合、時期はそれより更に遡る古い時期だと考えるのが自然である。

騎馬民族の技術面を見ても、騎馬民族の弓と当時の日本で出土する弓とは異なるとの指摘（金関丈夫氏）があるとか、弓を引く方法が騎馬民族の方法と異なるといわれ、食文化が異なるなど、生活・技術などの細かい面で様々な差異があるとされる。

以上、主に考古学・文献学などから見ても、少なくとも四世紀代以降に（さらに、私見では二世紀代以降に）、征服民族の日本列島への渡来、移遷を考えることには、大きな無理がある。こうした見方は、現在の騎馬民族説批判説とほぼ同様である。喜田博士等も天孫族の弥生期渡来を考えており、岡正雄氏もおそらく二、三世紀の頃として、江上説より少し早い時期を考えた。ただそれでも、騎馬民族に関する議論はこれで終わるわけでない。

列島に来た可能性のある種族系統

日本古代の考古学的文化が「縄文時代―弥生時代―古墳時代」と連続的に発展したとみる前提で、列島外部からの大量移住や侵入者による征服が、わが国の文化発展に対し著しい寄与はなかった、というのが考古学者の常識であり、現在でも同様である、と穴沢咊光氏は記す（「騎馬民族はやってきたのか」、『争点日本の歴史2』所収。一九九〇年）。しかし、これは戦前の考古学の知見（及びマルクス主義史観）を基にしたもので、戦後の多くの発掘発見からみて、こうした考えが今も成り立つとは到底思われない。

わが国の古代からの習俗、神話、言語あるいは出土人骨等には、いくつかの異なる要素の混合が顕著に見られる。中国大陸に現在居住する多くの少数民族の習俗・伝承を調査すれば、関連して分かることも多い（馬寅主編、君島久子監訳の『概説　中国の少数民族』一九八七年刊等を参照）。例えば、鵜飼一つとってみても、中国では淮河《わいが》辺りを南北の境界として、その南方に分布するが、わが国古代でこの技術を担ったのは稲作文化をもつ海神族系の部族（ないし鳥取部関係者）であった。殷周時代には、淮河の線辺りが殷・周王朝の勢力圏の南限で、南方の楚の北限とみられている（貝塚茂樹・伊藤道治著『古代中国』）。『魏志倭人伝』等に見える倭人の入墨も、越など中国南部の習俗であった。これら事情から見て、日本は古来、多種族から構成されていたことは疑いない。樋口清之氏も、現代日本人の顔つきをじっくり見れば、これは明らかで、複雑な敬語体系はその証拠だと述べる（『逆・日本史3』）。

神話についてみれば、「神話の誕生も現実生活に基づくものであり、人類の頭が空想したものではない」（ゴーリキーの言を引き袁珂氏が『中国の神話伝説』で記述）。そうであれば、異なるか相矛盾するような神話伝承は、単なる文化伝播では成立するはずもない。わが国の宇宙起源についての神話には、三つのグループがあったと大林太良氏が指摘する。

これら古代の構成要素には、大別して海洋沿岸（江南）系と内陸部（東北アジア）系とがあって、前者は稲作と青銅器の文化、後者は鉄器と粟・黍作の文化という各々大陸系の色彩が濃く見られる。弥生期に入ってからも、まず海洋沿岸系、つぎに内陸部系の順で民族（種族）が列島に渡来してきたと考えられている。その前の日本列島には、狩猟焼畑文化をもつ人々も先住民（総じて「縄文人」としてよいか）で居たとみられるが、この原住の人々もまた一様ではなかったかもしれない（南方からのA型主体の種族、次ぎに北方からのB型種族の到来とみる説もある）。こうした起源の相違が各々種族の伝統を残す古代氏族の性格にも脈々と流れていた。こうした事情を、列島内における内部発展とか文化伝播だけで説明するには極めて無理がある。

だから、日本人が数多の異なる種族が長い期間のうちに渾然融合してでき上がった複成民族であるとみられ（喜田貞吉博士）、そう認めるときには、縄文期以降の内在的発展だけでは考えがたい。文化的にも身体・骨格的にも、縄文期と弥生期の間にかなりの断絶がある。考古学的に連続性が認められるのは、おそらく弥生後期以降であろう。そして、いわゆる「日本人」が日本列島で様々な混融合のなか形成されていったのは、大陸・韓地との往来頻度が少なくなった平安前期以降ととらえたほうが穏当であろう。

上古代のある時期に日本列島に渡ってきて先住民を征服、建国した民族（種族）があったとしたら、それはどのような民族だったか。日本列島自体の成立が一万数千年ほど前ではないかといわれるので、渡来の時期が上古代のいずれにせよ、朝鮮半島南部を基地にして、そこから舟により島づたいで来たとみるのが最も自然であろう（列島内にもともと牛馬が殆どいなかったとすれば、当時の航海・造船技術では、これらを舟で運んだとしても運搬頭数には限界がある。だから、上古の朝鮮半島南部に騎馬組織をもつ政治統合体があって、この騎馬等の組織を保持しつつ日本列島へ渡来したと考えることには、そもそも無理がある）。

弥生期に金属文明（とくに鉄器）をもち渡来してきた種族の可能性としては、朝鮮半島からその北方の中国東北地方あたりに居住したものが考えられる。具体的には、当時は扶余のほか、匈奴や東胡系の鮮卑・烏丸もあった。

匈奴には、天の子と称した君長（単于、可汗）、万世一系の王統（単于位は冒頓単于の男系子孫に限定）、王統と異姓の特定氏族との通婚形態、即位儀礼、シャーマニズム、嫂婚制・姉妹婚制、殉死などの特徴があった。これらは皆、上古の天皇家（及び遠祖）をめぐる状況に現れる。匈奴では、紀元前三世紀末の冒頓単于による建国始期から単于位をめぐって度々分裂、抗争が繰り返された。とくに紀元前一世紀中葉の五単于の並立と、それに続く東・西匈奴の分裂事件（前五八～前三六年）に留意される。

この時の単于一族関係者が朝鮮半島を経て列島渡来した可能性を種々検討してみた。しかし、遥かモンゴル高原から長駆して韓地に至り、更に集団で渡海して日本列島へ渡来したとの様相や契機・痕跡は見いだせない（おそらく、匈奴系の部族が一団として朝鮮半島北部に入ることすらなかったろう。その端的な渡来痕跡はないとみられる）。

東胡系の烏丸（烏桓）や鮮卑にあっても、匈奴と同様な特徴（嫂婚制、シャーマニズムなど）があったが、王統確立の時期がやや遅く、列島渡来までの説明がつきにくい。東胡の民族系統がどのようなものであったかは諸説あるが、鮮卑が一世紀末の北匈奴の崩壊後、その故地と遺民を多く吸収・併呑して民族性を大きく変えた可能性もある。牧主農副の烏丸・鮮卑の渡来ならば、地理的には匈奴よりもまだ可能性があろう。漢の昭帝のとき度遼将軍范明友により烏丸がおおいに撃破されたことで（前七八年及び前七五年）、その残滓が逃れてくる可能性である。

しかし、問題もある。烏丸の原住地は遼寧省西部のシラムレン・ラオハ両河流域ないしその北方とみられており、その東方から朝鮮半島にかけての地域には貊系の民族が多く分布した事情がある。匈奴・突厥等に狼祖伝承があることは、熊を女系先祖にもち卵生伝承をもつ伝承のある朝鮮関係王統とは明らかに異なる。わが国の天皇家のトーテミズムには鳥関係の色彩が強く、その祖系のなかに熊野大神があれば熊とも関係しよう。

東胡系統のトーテミズムは不明だが、烏丸の名や烏丸・鮮卑の大人に烏氏（鮮卑の烏倫は率衆王に封ぜられた）があった事情からして、鳥トーテムに関係があったものか。『魏書』蠕蠕《ぜんぜん》伝には東胡の子孫と記される蠕蠕（柔然）に関して、その西移した一枝が六世紀中葉にヨーロッパに侵入しドナウ河流域を中心に勢力圏を築いたアヴァール族だとみる説（内田吟風氏）がある。アヴァールはそののち九世紀末頃に、東方のウラル山脈中・南部方面からやって来たマジャール族に併わされてハンガリーとなった。

このハンガリーの建国神話にも鳥が活躍する。マジャール族が十世紀初頭頃に族長アールパード（アルパット、Arpad）に率いられて南ロシアからハンガリーへ進入したとき、疲れ果てていた軍隊を鳥（トウルル。鵄または鷹のような猛禽）が現れて勇気づけ、この光る鳥が王の御杖の先端に止まり進路を示したことで、ハンガリーの地に到り建国を果たし、この鳥は国家的民族的象徴となったと伝える（そもそも当該族長の系譜は、大鷹が女王を犯し、その胎内から噴出した火中から生まれた男児が祖というから、日向神話の火照命・火遠理命ら兄弟の誕生伝承とも似る）。これは、神武の八咫烏《やたがらす》・金鵄の伝承にもつながるが、日本のほうが年代が古い。天孫族の物部氏系統が奉斎した紀伊の熊野大社では、八咫烏神事（宝印神事）があり、熊野神の使いたる熊野烏の姿を印刷する熊野牛王神符（牛頭天王の護符）を調製する。

このように、王朝創業者と鳥との密接な関連をもつ伝承は、蒙古諸族・トルコ諸族・ウラル諸族に分布する。アヴァールは烏丸の古音 Awan に通じて、アヴァールと烏丸とは同名とみる説もあり、これは妥当か。マジャールのほうも西戎・東夷系の種族であろう。『後漢書』では、烏丸の男子は弓矢鞍等を作り、金鉄を鍛えて兵器を作ることができた（烏丸伝）、鮮卑は良質の金や鉄を皆保有し、武器の鋭利さは匈奴を凌ぐ（鮮卑伝）、という記述があって、これらにも留意される。鮮卑よりも遼東に近い烏丸のほうが渡来可能性があっても、両族の興起時期の遅さと烏丸のほぼ潰滅という事情は、日本への渡来を思わせない。

そうすると、ほかに特別の事情がない限り、朝鮮半島からその北方、あるいは南方の中国沿岸部にかけて広く分布する東夷ないし**ツングース系**（貊系）の種族が日本列島へ渡来してきたとみるのが、自然であろう。この系統の種族でも、天の子とか天孫という思想や太陽神信仰が顕著に見られる。高句麗や扶余の建国神話には、神武東征伝承や吉備平定伝承に通じるものがある。東明王伝説には、鉄のにおいもあるという指摘がある。

韓地諸国の王はみな馬韓系だとの記事も見える（辰韓系の可能性の検討も必要があろうし、馬韓は即、百済ではない）。南朝鮮の六伽耶国の建国伝承が、内容的に瓊瓊杵尊の天孫降臨伝承に多く類似するという指摘（亀旨峯と触の対比など）も、従来多くなされてきた。

新羅でも、慶州地方の古六村の村長がいずれも天から降りてきたという伝承がある。この六村が後に六部に編成され、各部から新羅の有力氏を出した（氏の内容は、『三国史記』と『三国遺事』で差異があるものの、族譜などとも比較・検証すると、前者のほうが妥当である。すなわち、突山・高墟村が沙梁部・崔氏で、觜山・珍支村が本彼部・鄭氏、になる。沙梁部同族からは金氏王家も出たものか）。この伽耶・新羅に見える「六」という数は、犬狼や月星の信仰に通じるものであろう（敵の呉将軍の首を獲ってきた犬の槃瓠に対し、帝高辛氏から褒美として賜った姫との間に六組の男女を生み、それが犬トーテムをもつ長沙の「武陵蛮」各部族の先祖となったという中国の伝承〔『後漢書』の槃瓠説話〕もある）。

一方、鳥類や太陽祭祀の種族では「五、八」の数を重視した。例えば、高句麗・百済の五部（軍事組織）、倭の五部神（五伴緒）、大王たる五十瓊殖（崇神）・五十狭茅（垂仁）などの名、五十猛神・八幡神、大八嶋、八咫烏、八尺瓊勾玉・八咫鏡（神器）、宮中八神座・八尋殿や但馬の伊豆志の八前の大神（『延喜式』に掲載の但馬国出石郡の伊豆志坐神社八座）、天日矛の八種宝物などであり、八坂神社・八柱神社などで五十猛神が祀られる。

十干・殷十部族や天璽瑞宝十種（物部氏伝来の重宝で石上神宮蔵）も、五の倍数で同類か。

種族渡来の具体的な証拠・痕跡―ソシモリとクマナリ

いったい、どのような証拠があれば、征服王朝を作るような外来種族の渡来・移動があったといえるのか。この点に関して、文化・技術の伝播と区別して明確にするのは難しい話しであり、仮に物証的なものが相当多く出されても、議論を決着させるほどの強い立証力をもつものは殆どない。それでも、種々の観点から具体的に検討する必要がある。

まず、文献的・地名的に見ると、系譜史料も含めて、天皇家ないし特定地域の君長の祖先が朝鮮半島からの渡来を伝えるのは、『姓氏録』の諸蕃氏族を除くと、殆どない。では、皆無かというと、そうともいえない記事が『書紀』第八段（宝剣出現）に見える。それが、先に述べた素戔嗚尊・五十猛神親子の新羅から日本列島への渡来伝承である。この記事には、素戔嗚尊の関係の地としてソシモリ（曽尸茂梨）やクマナリが見える。ソシモリが牛頭の意、クマナリが熊川・熊津であれば、朝鮮半島内にはこれに当たる地名がかなり多い。一方、ソシモリがソツムレで鉄の山、高千穂の添山峰は砂鉄のある山、熊襲の襲も鉄産地を意味するという見方（福士幸次郎氏）もあり、これも何らか通じるものがある。

朝鮮半島におけるソシモリ（牛頭、牛首）は、中国神話上の炎帝神農氏が人身牛頭の薬神であり、素戔嗚尊が牛頭天王と称されたこと等と関係しよう（なお、日本で薬神とされるのが少彦名神）。牛頭という地名（山、嶺）は、江原道春川の牛頭山（同市牛頭洞の北漢江右岸にある小山で、標高一三四メートル）ほか、慶尚北道の慶州・金泉、慶尚南道の陜川・居昌、江原道の原州、咸鏡南道の甲山、及び西側の全羅南道の光州と合計八箇所ある、と朴成壽氏が指摘する（「牛頭山と素戔嗚」、『古代海人の謎』所収）。早くに明治の吉田東伍博士がスサノヲ降臨の曽尸茂梨を春川の牛頭山だとし、この見解に基づいて春川の鳳儀山には江原神社（国幣小社、敗戦で廃止）が大正七年に創建された。また、山ではないが、忠清南道の唐津市には唐津三洞に牛頭洞があり、その南方には伽耶山（瑞山《ソサン》市域）もある。

朴成壽氏の指摘には、いくつか興味深い点があり、それをあげておくと、
①春川の清平山南方に牛頭大村があり、これが貊国の昔の都邑地である（春川は装飾品用の軟玉の産地として著名）。現在は江原道の道都で、七世紀代は牛首州と呼ばれた。
②牛頭山は最高の山、山のなかの山という意味で、具体的には白頭山（太白山、長白山の別名。標高二七四四メートル）を指すが、その一名を根山、阿斯達ともいう。
中国・北朝鮮の国境にある太白山（朝鮮半島に殆どない火山）や平壌東北方の白岳山（妙香山、太伯山。標高一九〇九メートル）の麓の阿斯達《アシタル》（檀君の都という伝承あり）は、朝鮮神話上の桓雄や檀君に関係深い地名だと留意される。太白山周辺には、もともと濊・貊や粛慎（女真につながる）が居住していて聖地とされた。国境あたりの太白山から平壌の白岳山（これも牛頭山候補か）へ、檀君が遷ったともいう。ソウルの漢江北岸、景福宮や青瓦台の背後北側にある北岳山も、白岳山（標高三四二メートル）という別称をもつ。

上記の「阿斯達」を漢字で雅訳したのが朝鮮であり、これが「暘谷」（陽谷、湯谷。太陽の昇る地の意で、十個の太陽が住み、扶桑という巨樹があるという伝承の地）や日本の「日向」にも通じる（李丙燾『韓国古代史』）、とされる。これが平壌付近にあれば、箕子朝鮮は殷と同様、太陽神信仰につながるものをもったものか。

伽耶山（韓国・慶尚北道と慶尚南道）

伽耶の安羅・多羅の北方近隣にも牛頭山があり、これが慶尚南道の高霊の西北方近隣に位置する伽耶山（標高一四三〇メートル）のことだと

いう。山頂には牛鼻井という清泉もある。この山の西北方の金泉市には牛頭嶺があり、大田市から金泉市に抜ける秋風嶺（鉄道の京釜線も通る）の南方に位置する。

このほか、『三国史記』には新羅の牛頭州（巻二）、楽浪の牛頭山城（巻二十三。箕子朝鮮にも関係か。九月山の可能性）、『書紀』欽明十三年条に「新羅之牛頭方」の記事があり、そのうち楽浪のほうは平壌の付近とみられている。クマナリ（熊川、熊津）も、伽耶の地に慶尚南道昌原郡熊川面（現・鎮海市熊川で、金海の西南近隣の海岸部。原三国時代の主要遺跡がある）があり、百済の都の熊津（現・忠清南道公州）など、いくつか該当地名もある。

日本でも、牛頭に通じる牛頸・牛頸山が筑前国御笠郡（現・福岡県大野城市域）にある。同地には、伽耶に源流をもつ須恵器の牛頸窯跡群（大野城市南部の牛頸・上大利を主に春日市・太宰府市に及び、大宰府政庁跡の西方約二キロに位置。国指定史跡）もある。古代日本の三大窯跡群の一ともされ（他の二つは堺市の陶邑、愛知県の猿投）、六世紀中頃から九世紀中頃にかけ約三百年間、操業された西日本最大規模の須恵器窯跡群である。史跡名勝天然記念物に指定され、その窯跡は東西、南北四、五キロほどの範囲に分布し、本来五百基超の窯跡があったと推定されている。

牛頸の平野神社は、京都からの勧請が言われ、主神の**今木神**（今来神？）や久度《くど》神（竈神？）・古開《ふるあき》神（斎火神？。久度神と同一説あり）・比咩神など五神を祀り、境内社に厳島社もある。韓地から渡来の陶工集団が奉斎した神社だが、「今木神」の実体は不明である（渡来人の神を祀るとの説は、大元の京都の当社では否定。桓武天皇外戚祖神説も疑問であって、「今食」と解して、比咩神〔保食神〕までの四神全てが竈神関係とみる説が妥当か。今木・久度・古開三神は、火と竈の神たる「三宝荒神」で、伊太祁曽三神にも通じるか。スサノヲ神ないし三神が同体あるいは眷属神であって、その場合、伊吹戸主神にも通じるか。「今木皇大神」の表記もあり、『延喜式』「祝詞」に天照大神と並んで「皇大御神」と呼ばれるのは、京都の平野神社の今木大神のみとされる）。

筑前国御笠郡では式内の名神大社、**筑紫神社**も注目される。前掲の牛頸の東南近隣で、基山の東麓、筑紫野市原田（社地を含む一帯が古くから「筑紫」と呼ばれた）の丘陵に鎮座する。「筑紫之国総社」といわれ、祭神は五十猛神、白日別神（別名か。「白木神」にも通じる）とされる。この辺は先に述べた『筑後国風土記』逸文に見える筑後国号の起源にも関連する。それに拠ると、筑前・筑後の国堺に麁猛《あらぶる》神が「人の命尽しの神」と呼ばれ、筑紫君・肥君等が占いのうえ、筑紫君の祖・**甕依姫**を祝として祀ったとされる（この姫を卑弥呼に擬定する見方は、疑問が大きい。肥君の祖でもあるか）。同社鎮座地あたりを筑紫国造が最初に拠点を置いたと筑紫豊氏はみるが（「古代の福岡」）、妥当な線か。同社の南側七百メートルほどの近隣には五郎山古墳（装飾壁画を持つ後期の円墳で、径約三五メートル）もある。

筑紫神社の東北方五キロの宮地岳（標高三三九メートル）は天山（あまやま）とも呼ばれ、西南麓にはこれに因む天山という地名もあり（現・筑紫野市の大字）、高木神社もある。宮地岳には平成十一年に発見された神籠石（現時点で同様遺跡の最後の発見）があって、阿志岐山城（旧名が宮地岳古代山城。列石・水門・城門の遺構）と呼ばれる。宮地岳は、糸島半島や福津市（宮地

筑紫神社（福岡県筑紫野市）

嶽神社が鎮座)、松浦市の鷹島にも同名の山がある。宮地岳の西南西方面には天拝山(標高二八五メートル。天判山ともいい、中腹に荒穂神社、背後に巨石がある。筑紫神社から西北に位置)もある。

『太宗秘府略記』には、「伊猛神を韓神・曽保利神と号す」と見える。『延喜式』所載の宮内省に坐す神として、韓神社二座があり、毎年、二月春日祭直後の丑日及び新嘗祭直前の丑日という「丑」(牛)の日に韓神祭が行われる。筑前の糸島地方に多く分布する五十猛神については、先に述べた。


次に、**種族移動の足跡・痕跡**を残すものとして、祭祀のほか婚姻・習俗・伝承などの諸点があり、江上氏が『騎馬民族国家』であげる。朝鮮半島・大陸と日本列島で共通に見られるものを考えると、高句麗・伽耶など朝鮮半島の開国説話や血統原理で行われた王位継承などがある。こうした着眼は、同氏の「騎馬民族説」が否定されても、無視できない。

強い説明力をもつものがなにかと考え直してみると、とくに人の生死に係る伝承(祖先一族の伝承や系譜も含む)や儀式・信仰・遺物は、重要な点といえよう。これらは文化・技術の単なる伝播では生じえない。それが、天の子あるいは天孫という血統思想や、鳥トーテム・鉄鍛冶技術、石神・巨石への信仰に様々に関連することに留意される。中国の蚩尤《しゆう》(兵主神)への信仰や纏向型祭祀(土坑祭祀)と高句麗の東盟祭の共通性の高さ、神道に残る高句麗の国教の痕跡や高句麗語の影響など、大陸からの種族渡来を裏付けるものがかなりあげられる。殉死は、中国、朝鮮半島にその例が多く、主に東夷や騎馬系民族絡みの風習と考えられる。卑弥呼の死後にも殉葬がなされたと倭人伝に見える。このほか、白衣の愛用や浄火の風習も、騎馬民族と古代日本に共通するとされる。

社会構造や氏族の編成、王権の継承とその儀礼というような主軸的な問題については、容易に移植しうるものではなく、それらの継承関係は、みだりに断絶したり、変更しうるものでもない、との趣旨を白川静氏は言う（『中国の神話』など）。

喜田貞吉博士も、日神を祖先と仰いで卵生伝承をもつと共に、神社の鳥居が満州・蒙古の方面に類似の俗が見られることや、言語組織の類似を重視する。「天孫思想」は、匈奴の「単于《ぜんう》」（天の子の大いなる者）ばかりでなく、夫余・高句麗・鮮卑などや古代朝鮮半島の諸王家に広く分布している。わが国の「天皇」の呼称や『隋書』倭国伝に見える「日出処天子」という表現も、これと深い関係があろう。

日本語の源流

日本語の成立・源流についての研究から、交雑種（複合）の民族たる日本人の起源や天皇家の祖先を説明することは、まず無理に近い。しかし、日本語の単語（語彙）や文法、構造などから、いくつか言えそうな事情もあるので、先学の研究（岸本通夫氏の「比較言語学入門」〔『古代の東アジア世界』に所収〕や大野晋氏などの研究等）を踏まえて、一応の試論として、アルタイ語系の影響力の強さについて、これまでの研究の概要を記しておく。

日本語の基層としては、オーストロネシア語系とかクメール語系（南方語系）、タイ語系（江南語系）及びアルタイ語系（ツングース諸語）などがあって、前三者ないし二者の語彙をもつ民族群がアルタイ語系の文法をもつ民族に服属したことも考えられる。日本人について四大源流（大別して北方、南洋、江南〔朝鮮南部経由〕、朝鮮半島）を考える見方が多い。

語順などの文法では、アルタイ語族系の影響力の強さがうかがわれる。喜田貞吉博士等は、他に類似なしといわれる日本語数詞が、高句麗の数詞と殆ど同一であって、比較的近い親類だとみた。前三〜二世紀頃に始まる支石墓の南下が、満州の遼東地区から朝鮮半島を経て北九州に至る地域のアルタイ語化を顕わすのではないか、という見方もある。

こうした関係で次のような重要な指摘も、言語関係にはある。

村山七郎氏は、「下層言語は時間的により古い層であり、これに対して上層言語はより新しい層であって、文法面において、下層のそれよりもその存在が鮮明である、と一般にいえると思う」「語彙の面からみれば日本語は南島語とツングース語との混合言語といえるが、名詞の格変化、動詞の活用形の細部において、日本語はツングース・満州語と共通性をもっている。そこで、日本語は南島語要素を下層としてツングース語要素を上層とする重層言語と規定することができる」と記される（「日本語の系統」、『日本民族と日本文化』所収。一九八九年）。

大野晋氏も、「国家体制をつくり上げたのは、弥生時代に朝鮮を経たアルタイ系の言語を使う種族であった。この人々の言語が第三次の日本語を形成し、それはまた日本の上層部に母音調和を持ち込んだ」と記述する（『日本語の世界1　日本語の成立』一九八〇年）。

更に、漢字の発音の癖について、日本と朝鮮とを比較して、古代日本語が韓地南部の慶尚道（新羅及び伽耶）の言葉から変化したとみる朴炳植氏の見解（『ヤマト言葉の起源と古代朝鮮語』）もある。このほか、古代朝鮮語に由来する日本語の単語が多いともいわれる。ただ、その分離・分岐の時期を的確に把握することは複雑すぎて困難であろう。

考古遺物は渡来関係を示すか

考古遺物から韓地よりの渡来を考える見方がある。例えば、韓国の申敬澈氏（慶星大学校文化大学教授）の見解では、主に大成洞遺跡を取り上げ、おおむね次のような趣旨がいわれる。同遺跡は金官伽倻の建国説話がいわれる亀旨峰と会峴里貝塚の中央に位置し、東方には金首露王陵が隣接する遺跡である。

発掘調査が行われた金海の**大成洞遺跡**《テソンドン》（狗邪韓国や金官伽耶の支配者集団の共同墓地）や、同・良洞里墳墓群などの墳墓群の調査を検討すると、北方系遊牧民族の習俗と文物、すなわち人・馬の殉葬、武器を折り曲げて墳墓に埋葬する習俗、蒙古鉢形冑や挂甲という騎馬用甲冑・馬冑、青銅製虎形帯鉤などの文物を持った北方系木槨墓が三世紀末に金海地方に突然出現し、首長墓を含むそれ以前の墳墓を意図的に破壊するといった現象が、金海の全墳墓群で確認できる。

このような三世紀末の突発的で衝撃的な一大事件により、金海地区は、呪術的で中国的な雰囲気の社会から、高度な武装的・騎馬民族的な社会に突然転換する（概念的ながら、北方墓制・文物が登場する前を狗邪韓国、以後を金官伽耶と把握される）。上記の考古学的知見を重視すると、騎馬民族征服説の核心には、肯定しうる部分もある。

三世紀末、金海に突然出現した騎馬民族の支配集団は五世紀前葉に突然金海から消え去っており、この点も謎である。この集団とは何で、何処から来て何処に消えたのか。ただ、これらは、金海地区に限った話ではなく、三国時代の新羅地区に広く見られ、蒙古鉢形冑は高句麗古墳の壁画にも描かれ、日本でも複数発掘される。これら高度な武具を持った集団が日本に来たら、王権に影響を及ぼさないはずはないが、単に大和王権を支えるためだけの役割に甘んじたのだろうか。
日本でも、北九州や畿内に見られる考古遺物、とくに墓制の変化（大陸系の竪穴系横穴式石室の導入）と副葬品（甲冑や馬具類、鍛冶工具、伽耶系陶質土器）から五世紀初頭以降に征服者集団の渡来を考える立場がある（奥野正男氏の『騎馬民族の来た道』など）。これら考古遺物等に見える大変化は、江上氏なども注目する。

この辺は、高句麗・新羅などの騎馬民族化とそれに対処する合戦・軍隊装備の変化への現地での対応とみられ、わが国でも騎馬用甲冑や武具類の古墳副葬増加で広く見られる。だからといって、特定の騎馬民族が金官伽耶まで来て、更にその先に渡海をして日本列島到来までを直ちに意味するとは、到底思われない。大成洞古墳群は亀旨峰や首露王陵にも近いから金官伽耶支配層の遺跡であるが、この地を含む伽耶が騎馬民族に征服されたという記録・所伝はない。金官伽耶の王家は、首露王の建国後は王統一系で滅亡まで続き、金海金氏として新羅重臣となったから、その先祖に異変があれば伝えられるはずである。

首露王には天降り・鍛冶など北方の要素が見られるが、これが直ちに騎馬民族系だとは言い難い。三世紀末～五世紀前葉に騎馬民族がいたというのも、日本の崇神朝が既に四世紀前葉とみられるから、その後に金官から倭地への移動は考え難い。しかも、出土遺物のなかには、倭地固有とされる巴形銅器や筒形銅器、各種碧玉製の石製品など古代日本との交流を示す物もあって、これらは逆に日本列島から伝えられた。こうした見方は、多数の考古学者が言うところである。

むしろ、考古の遺物・遺跡としては、もっと早い時期の支石墓とか多鈕細文鏡などのほうが朝鮮半島からの部族到来を傍証しよう。

多鈕細文鏡は先にも触れたが、北朝鮮の平安南道の大同江流域（平壌付近）や、南鮮ではソウル東南方の江原道原州、百済の旧都があった錦江の流域（全羅北道益山付近）、全羅南道霊岩などが出土地にあげられる。扶余・合松里、唐津・素々里の多鈕細文鏡出土例では、これに細形銅戈とガラス管玉が伴うとされる（岡内三眞氏）。日本海側では、慶尚北道の慶州（慶州市朝陽洞土壙墓、月城郡外東面の入室里遺跡で、細形銅剣と共伴。合計三面）からも出土する。慶尚道では、朝鮮半島南部に珍しく漢式鏡の出土も多い（王建新氏）。韓国の多鈕細文鏡出土約三〇面は、初期鉄器時代（前三〜前一世紀頃）のものとされる。吉武高木遺跡での副葬品組合せは、朝鮮北部西海岸の黄海北道鳳山郡松山里と同様に見られる。

支石墓も南鮮海岸部では、①慶州付近の古新羅地区、②安羅日本府の置かれた南江（洛東江支流）の南岸地域（咸安あたり）、③高興半島（全羅南道）のグループなどに見られる。③高興半島では紀元前後に支石墓が集中し、その組立形式が北九州の長崎・佐賀・福岡のものと類似する（光岡雅彦氏『韓国古地名の謎』）。わが国における支石墓築造の時期は、一般に紀元前二、一世紀頃からの時期とみられており、北九州でも特定の地域（肥前の唐津地方、佐賀平野、筑後川流域や筑前の怡土地方）にかなりの集中例があって、列島への渡来者が現実にもたらした墓制とみられる。

朝鮮半島の支石墓・青銅器具が日本列島（倭地）に渡ったのは、割合早い時期とする見方がある。三**上次男**氏は、大陸からの移住者集団とその文化が強く日本在来の社会・文化に影響した時期は、北九州に支石墓・箱式石棺・甕棺など、大陸人の生活と切り離せない特殊な墓が現れ、同時に権威の象徴たる青銅器具が姿を現した西紀前一・二世紀から後一世紀にわたる時期だろう、と指摘した

（一九五〇年発行の『歴史評論』四巻六号掲載論考）。こうした見方が基本的に現在でも妥当する。山崎仁礼男氏も、紀元元年前後に箕子朝鮮王後裔の侵入があり、西暦百年頃に王権樹立した（これが倭地最初の国家）、とみる。澤田洋太郎氏も、騎馬系の伽耶諸国の王族を長とする武装集団がいくつか、バラバラに西暦紀元前後から一世紀頃に北九州に入って初期の王国を建国したとみた（『伽耶は日本のルーツ』）。

これらが紀元前後以降に列島に来た集団があったとみるものだが、それが主に一系統か複数系統かは、これら集団がもつ習俗・祭祀や金属技術、更に九州上陸後の移遷経路などの評価にかかってくる。

習俗・信仰なども含む総括

江上博士の提起した騎馬民族説について、様々な角度から概観的に検討を加えてきた。猛烈な個人攻撃を含む否定論の多さにかかわらず、むしろ多くの点で、北方のツングース系の色彩が強い有力な部族（「騎馬系」と直ちに規定するのは疑問だが、これはともかく）が上古のいつかの時点に渡来してきて政治支配的な力を列島内に強く及ぼした可能性のほうが大きい、と認識せざるをえない。

なかでも、東北アジアに分布した種族との共通点が顕著なことに注目される。これらは数多く、渡来集団の主候補たる「天孫族」の鉄鍛冶部族性や鳥トーテミズム、敬天シャーマニズム・太陽神（日輪）信仰と天降り神話（この神話に見える多くの要素）、多鈕細文鏡を含む三種の神器セット、姉妹婚・嫂婚制、殉葬などの習俗、支石墓などがあげられる。言語の構造なども含め、多くの諸点を見ると、これら全てが文化・習俗だけの伝播であったとは到底考えがたい。つまり、これらを担う種族移動があったとするのが自然である。

田中勝也氏は、古代日本を形づくった人々の間に、北方・遊牧民系の習俗（アンダ〔義兄弟〕の習俗など）が根強く存在したと指摘する（『環東シナ海の神話学』）。神話・伝承などから渡来部族の系統を考えると、父系は東夷系（鳥トーテミズム）の色彩が強く、母系には北狄系（熊トーテミズムか）の血もかなり入っていたのではなかろうか。そこには、犬狼トーテムは若干あっても、竜蛇トーテムは殆ど見られない（竜蛇トーテムを顕著にもつ海神族系、すなわちタイ系の種族は、紀元前後以降に渡来してきた候補からはずれるという意味）。

以上の検討を総合的に考えてみると、東北アジアの特徴を顕著にもつ東夷系の種族が上古の紀元前後以降に日本列島に渡来してきて支配層となった、とみるのが自然であろう。ただ、その渡来・移動の時期については、考古学界からの批判が強い四世紀代は、取り得ないことを再三述べてきた。

姉妹婚・嫂婚制については、扶余にもあるが、記紀では神武朝及びそれより前の日向三代の時期に既に見える。前掲のアンダの習俗は、天照大神と素盞嗚神との天安河の誓約にも類似例が見られる。石田英一郎氏も、日本民族文化における基本的な内容は、『魏志倭人伝』に記述される時代には大部分が完成していたとみる（「日本民族の形成」。初出『日本のあけぼの―建国と紀元をめぐって―』一九五九年、のち『論集騎馬民族征服王朝説』に所収。また、後出書に所収の後藤守一氏の「上代における貴族社会の出現」では、三種の神器等の事情から見て、皇室やそれをめぐる貴族の発生は弥生式文化時代にあり、と考える）。

これら諸事情や天皇家系譜の年代論等からいって、江上説よりも遥かに早い時期（具体的な検討を要するが、弥生中期頃で、具体的には西紀一世紀代前半か）の渡来を強く示唆する。仁徳以降に頻出する**族内婚**は、匈奴・ツングース種族が行った族外婚の習俗に明らかに反するものであった。『三国志』魏志の濊伝には、「同姓不婚」が記される。

それまでの神武～応神の時期の天皇（大王）の通婚は族外婚（同姓不婚）であった。仁徳が異母妹の矢田皇女を后妃として以降、天皇家では皇后は天皇一族から出ることになって、族内婚が頻出する（藤原光明子の聖武皇后立后で、これが変更。神聖なる天降種族の血の純粋性を尊ぶ骨品制の新羅王家では、四世紀後葉の金氏王家以降、族内婚が多い）。こうした東夷や中国の通婚習俗（中国では、『春秋左氏伝』などに見えるように、周王朝以降永く「同姓娶らず」の慣行であり、近代・現代になって撤廃）に明確に反する事情を、江上氏が無視したのは解せない（応神以前でも族内婚が見える記紀の通婚所伝は、諸事情から見て『記・紀』編纂時期までの後世の系譜の改編・操作とみざるをえない）。

江上氏はもともと東洋史学者であり、日本の上古史事情に疎い面があった。だから、戦後の学界で風靡した「反映説」の影響を強くうけた結果、応神より前の記紀記事を反映説流に解釈・把握した。そこに、渡来時期を含む本件の重大な誤解の根源問題がある。

渡来時期に関連する山崎仁礼男氏の記述趣旨を引用させていただくと、「これらの諸家―形質人類学・言語学・照葉樹林帯論者・文化人類学―の見解は、いずれも、古冢（弥生）期に朝鮮半島からツングース系の相当の渡来人が来て、日本文化に「何かが起こった」ことは確実な史実としている。しかし、肝心の古代史学・考古学では、この様子が皆無だ」（『新・騎馬民族征服王朝説』）、とされる。このような差異や間隙を、現在までの古代史学・考古学では埋める努力を怠ってきた。だから、江上氏の問題提起はいまだに重要である。

とはいえ、弥生中期頃の段階で半島から渡来してきた特定種族がいた場合には、それが東夷ないしツングース種族と同系であっても、時期的に見てこの当時に騎馬民族化していたこと（さらには、多数の騎馬部隊で到来したこと）は考え難い。この辺が一応の総括である。

五　韓地・遼西から黄河上流域につながる源流

この辺から、鈴木真年の著作『朝鮮歴代系図』等や朝鮮族譜、中国の神話・伝承なども用いて、天皇家の先祖の系譜や源流を東北アジア、更には中国本土方面に具体的に探ることになる。

倭五王の権原主張

中国の南朝に遣使した、いわゆる「倭五王」が皇帝に叙正を求めた称号のなかで韓地における権原を主張したことはよく知られる。

南朝・宋王朝の昇明二年（四七八）に倭王武が遣使したとき、順帝は武が叙正を求めた七国のうちから百済（早くに百済王の叙正を受けていた）だけを除いて、「使持節都督倭・新羅・任那・加羅・秦韓・慕韓六国諸軍事安東大将軍倭王」とした（『宋書』順帝紀）。叙正の歴史はその四十年前に遡り、まず元嘉十五年（四三八）に倭王珍が宋に朝献し、「使持節都督倭・百済・新羅・任那・秦韓・慕韓六国諸軍事安東大将軍倭国王」と自称し、この正式な任命を求めたが、文帝は珍を安東将軍倭国王としたのみであった（『宋書』文帝紀）。次ぎに元嘉二八年（四五一）には、倭王済は文帝から「使持節都督倭・新羅・任那・加羅・秦韓・慕韓六国諸軍事」と任じられ、そのままであった安東将軍はその後に安東大将軍に進号した（『宋書』文帝紀、倭国伝）。

このように、本領の倭のみならず、朝鮮半島南部において、百済を含めて諸国に王たることを認めるよう、倭国は中国南朝に対して執拗に要請をつづけた。それが、百済については、遂に認められることがなかった。百済・新羅・任那は当時の現実の国々であったが、「加羅・秦韓・慕韓」は当時存在しなかったとみる見方と、当時の「百済・新羅・任那」に含まれない地域がまだあって旧「加羅・秦韓・慕韓」（伽耶ないし弁韓と辰韓・馬韓）の遺存地だとみる見方があるが、ともあれ、半島南部全体にわたる領有権にこだわり、それを五世紀の倭国の王権が長く継続して執拗に主張したものである。

この権原主張の根拠として、倭王はかつてこの地域全体の王であったとみるものもある（その権原伝承をもち、辰韓・馬韓を支配した「辰王」の後裔という主張か）。その辺は、高句麗が領有しない半島南部地域全体に対する倭勢力の現実的な主張として、すくなくとも理解される。そうすれば、上古に遡る倭王の系譜とはとくに関係づけられなくても済むが、それでよいかという問題がある。『後漢書』馬韓伝には、「三韓の地の諸王の先祖は皆、馬韓種の人なり」という記事もあるが、「馬韓種」をどこまで重視するのか（その意味はどうなのか）との問題もある。

当時の倭王（天皇家）の系譜のなかには、「辰韓・馬韓」地域の支配者であったという記憶が、『記・紀』では殆ど感じられない。それでも、古くから倭の支配者層が三韓のなかでも伽耶や新羅と深い関係をもったことは、多くの伝承などから窺わせる。

新羅と倭の関係の概説

倭と新羅との関係は、最初にスサノヲ・五十猛神について見たが、日本列島内に多数分布する新羅神社は、殆どがスサノヲないし五十猛神を祭神とする。その一方、百済神社・高麗神社も列島内にあることはあるが、これらは、百済・高句麗の滅亡後に七世紀後半に入ってきた人々の後裔が奉斎したものが殆どのようで、数もそれぞれ僅かしかない。

『姓氏録』で「諸蕃」に分類される姓氏のなかでは、最古に渡来してきたのが天日矛《あまのひほこ》の一族（三宅連などの諸氏）である。これも、「新羅」（または大加羅）の王子と記される。その足跡を列島内で追いかけると、アナ・アヤ（穴・綾で安羅に通じる）やタラ（多羅）という地名が頻出する。こうした事情から、天日矛の出身地が「新羅」と伝えるとはいえ、伽耶地域のうちの大伽耶や安羅、多羅あたりが実際の出身地とみられる。すなわち、洛東江流域の咸安（安羅）やその北方近隣の陜川（多羅）の一帯、ないしその北方の高霊（大伽耶）が、源流関係地であって、天日矛の先祖・一族がこれらの地を通じて、更に東方近隣の新羅にも関係があったかと窺われる。

五伽耶の王家の祖はみな、金官伽耶国の首露王と兄弟だという系譜を伝える。首露王と新羅金氏王家とが同族との系譜もある。これら辺りは神話・伝承にすぎないが、天日矛については次項でもうすこし見る（詳細は拙著『神功皇后と天日矛の伝承』を参照のこと）。

更に、新羅初期段階の重臣・瓠公《ここう》が倭人としてあげられる。この者についても先に触れたが、神武の兄で海原に入るという異界行きの伝承をもつ稲飯《いない》命に当たることも、年代的に考えられる。『姓氏録』には右京皇別に「新良貴《しらき》」氏をあげ、稲飯命は新良国に出て、新羅の王者はこの者から出たという記事も見える。この記事は難解で、解釈が分かれる。稲飯命（稲氷命）の子孫が朴氏を名乗り、初代の朴赫居世も出たという系譜すらある（『百家系図稿』巻六所載の「朴姓」系図）。実際には、瓠公は赫居世に仕えた（脱解王にも仕えたという）とされるから、この辺がほぼ同時代であって、瓠公が赫居世と同族の可能性もいちがいに否定できない。

新羅の第四代国王となった**脱解**も倭人だと「新羅本紀」に見え、出身地が倭国の東北千里の多婆那国（『三国遺事』に龍城国）と伝える。この場合の「多婆那」の位置について諸説（丹波国、但馬国や肥後国玉名郡など）があるが、これらはみな疑問である。「多婆那」の意が「多婆（娑婆）＋国（那）」とみられ、すなわち周防国佐波《さば》郡（山口県防府市一帯）にあたる。「倭国」の地も北九州の邪馬台国連合圏域ではなく、古来の倭人（狭義では越系）が本拠とした沿岸部の博多平野の奴国あたりと端的にするのが素直である。そこから、「千里」を当時の倭・韓地の尺度の短里（一里が約八〇～一〇〇メートルと諸説ある）で東北方面に測れば、地理的にすこし長いがほぼ妥当する（あるいは倭国圏の境界からの距離か）。父の名と伝える「含達婆」の後ろ二文字も「多婆、娑婆」に通じよう（この名は、実名というより通称であろう）。

景行天皇の九州巡狩の時に国東半島や宇佐に向けて船出した海上交通の要地・佐波は、多伐・多羅にも通じる（「バ（伐）」は羅と同義。管見に入ったなかでは、拙見とほぼ同様な思考の基礎で、古田武彦氏が下関あるいは北九州市とする）。韓地同様、周防の佐波でも金属資源の豊富な後背地をもったから、天日矛は列島内の移遷の過程で、一族を当経由地に残したとみられる。脱解の母は女子国（女国ともされ、女王国の意か）の王女と記され、高天原・邪馬台国の王族の出か。

「天日矛」なる者は単数ではなく、韓地・倭地を含めて同一系統・一族に複数人がいたとみられる（この名は特定の個人ではなく、集団だとみる説が多い）。最初に列島に渡来してきた天日矛（阿加流日古）の子孫に脱解があたりそうである（昭和二年に刊行の岩本善文の『朝鮮から見た日本の古代』では、多婆那を但馬とみて、脱解は「天日槍の子供」との指摘があるが、「子孫」となろう）。脱解に卵生神話や鍛冶屋伝説があることも先に述べた。「新羅本紀」には、卵で生まれた脱解と七宝を入れた箱が流され、それが韓地に着いたとき鵲《かささぎ》が傍にいたという伝承に因んで、昔氏を名乗ったという。この昔氏一族から上古の新羅国王が八人出たことも同書に見える。

複数の天日矛のうち、日本列島に初めて渡来した「アカルヒコ」は、その妻神たる比売許曽神（ヒメコソ神、阿加流比売（アカルヒメ））を追って来たと伝える。彼女は白玉（一に赤玉）の化身ともいい、近江の鍛冶部族三上祝の祖・天御影命（天若日子の子。天照大神の孫）の妹・辛国息長大姫大目命（「大目」は大刀売の意か）のことだとその系図に見える。すなわち、豊前国田川郡の三座の一として『延喜式』神名帳にあげられ、いま忍骨《おしほね》命神社、豊比咩命神社と三座合わせて香春神社として祀られ、豊後国国前郡の姫島でも祀る。

昔氏王家は第十六代の国王訖解《きっかい》（奈勿王の前代で、四世紀後半の治世か）を最後として、新羅王統としては断えた。このため、架空の王家だとみられがちだが（井上秀雄氏『古代朝鮮』（一九七二年刊）が勘違いで、「貴族にもない仮空の昔氏」と記して否定するが、現に族譜を伝える）、五世紀の実聖王の母が阿干・昔登保の娘・伊利夫人と伝えるほか、同福呉氏の族譜には六世紀代の大阿飡の昔成初、七世紀代の「昔氏大角干徳」が見えるから、貴族にないとの記事も明白な誤りである。

その後裔も**月城昔氏**という形で長く残り（二〇〇〇年現在で族人の数は九千五百人余という）、初祖に脱解王をあげる。「月城昔氏世譜」（東洋文化研究所所蔵）や公州の昔徳経家で発見の旧譜でも、昔脱解が始祖だとする（中興の祖が校書郎を務めた昔載興とされ、その遠祖は第十一代助賁王で、載興は脱解の二二代孫といい、世譜に歴代が記される。その子の兵部令の時宗、その子・運尼の三代が著名）。昔氏一族の後裔には、日本列島にまた戻った者もあって、山田造・近義《こぎ》首（共に未定雑姓和泉）を出した。同じ和泉に在って、「新羅国人億斯富使主」の後とされる日根造も遠い同族の出で、その系譜では新羅朴氏王家の族裔と伝える。

百済や新羅、諸伽耶はともにツングース系らしき種族を国の根幹（支配層）にして成り立った国で、新羅の王都・慶州には支石墓があり、多鈕細文鏡も慶州（月城）から出た。慶州に残る初期王墳は積石木槨墓が特徴的であって、馬具の随伴が多い。騎馬崇拝の習俗は四世紀の古新羅古墳の馬墳が示すように、慶州に濃く見える。

スサノヲと天日矛の天降り伝承

天日矛には、韓地では「高麗国」（朝鮮半島全域をいうか）の**意呂山**に天降り伝承がある（『筑前国風土記』逸文）。この韓地に「天降りした者」を他と区別する意味でも、ここではその別名を「**迎烏**」としておく。

この降臨地が慶州の南近隣で伽耶にも近い鉄産地、慶尚南道の蔚山《ウルサン》（三韓時代の辰韓の于尸山国）に当たると多くみられている。仮にそうだとすれば、新羅諸王家には天日矛の族裔の可能性もある（肝腎の新羅の金氏王家や伽耶諸王家は、天日矛との接点が見つからず、関係不明も、おそらく異系統であろう。「晋州蘇氏」の族譜によると、東九夷風夷の赤帝祝融の子孫といい、辰韓を建国したのが蘇伯孫で、その四世孫が蘇伐都利（蘇伐公。新羅初代王の朴赫居世を見出す）とされており、蘇伐公の曾孫が金閼智だとの系譜所伝も別途ある。「意呂山＝蔚山」は語呂合わせに近い感もある）。

蔚山市では、韓国無文土器時代中期の検丹里遺跡が発掘され、環壕集落も見つかった。『韓国古地名の謎』を書かれた光岡雅彦氏は、具体例をあげて、朝鮮地名に関し、「軽率に語呂合せ的な地名比定はできない」と訓戒するから、蔚山の比定には注意する必要もある。とかく、日本に限らず、地名比定などの語呂合わせに要注意ということである。

上記の「迎烏」が天降り伝承で共通するスサノヲ（の一人）にあたることも考えられ、その場合、五十猛神後裔となる天皇家もその流れとなろう。ちなみに、スサノヲの天降り地とされるのが「新羅」（これも朝鮮半島全域の意か。元の狭い新羅を考えるのは疑問）のソシモリ、すなわち牛頭山であって、韓地に八個所ほど候補地がある。そのうち最も北方なのは平壌東北方の妙香山とされており（鈴木真年も「楽浪の牛頭山」という表現をとる。平壌付近では、より近い祭霊山とか九月山の可能性もないのだろうか）、箕子朝鮮や檀君と相通じる要素を考えれば、これも無視しがたい。

朝鮮半島の中部以南では、古くから有力な候補地の一つが江原道春川の牛頭山とされる。

伽耶でも、陜川郡の伽倻面にも牛首里がある（この地にある海印寺は九世紀初頭の開基で、古来信仰の対象とされた。韓国三宝寺刹の一、世界文化遺産）。その北東近隣の慶尚道の中央部（北道と南道の交界）にあって、陜川（古代の多羅国の都域）・高霊（大伽耶国の都域）の近隣に位置するのが**伽耶山**（主峰の上王峰は標高一四三〇メートル）で、この別名が牛頭山ともいう。伽耶山神とされるのが「正見母主」（天神の夷毗訶との間に、大伽耶王初代の伊珍阿鼓王（別称が内珍朱智、悩窒朱日。イジナシと読んで、イザナキに通じるとの見方もある）を産んだという女性の山神）で、この神を祀る「局司壇」が海印寺にある。安羅があった咸安にも伽倻邑（郡庁の所在地）の地名が残る。

この伽耶山は、北九州糸島半島の可也《かや》山（標高三六五メートル）とも同名であり、この地も版図とした伊《い》覩《と》（怡土）県主の祖・五十跡手《いとで》は、意呂山に天降りした日桙の子孫と称した（『風土記』逸文）。忠清南道の天安・牙山の付近にも伽耶山（標高六七八メートル）があることを思えば、伝承のソシモリや意呂山に当たるのは、慶尚道の伽耶山ないし牛頭山という可能性が大きいのかもしれない（天降りの地を牛頭山かとみる見方もある。多羅の玉田古墳群、高霊の池山洞古墳群は、各々王者級の墳墓として評価される）。北九州でも福岡市南方の大野城市に大字の牛頸、牛頸川の地名が残る。

任那と加羅

天日矛に関連する記事だが、『書紀』垂仁二年条（翌三年条に天日槍の記事）には、来朝した「任那人の蘇那曷叱智《そなかしち》」に関する割注があり、その記事では、都怒我阿羅斯等《つぬがあらしと》は別名が「于斯岐阿利叱智干岐《うしきありしちかんき》」と言い、「于斯岐」は牛の角やクビを思わせる。「意富加羅《おほから》」の王子とされるが、この比定地について金官加羅とみる説が多いようでもあるが、むしろ素直に大伽耶（高霊あたり）とするのが自然であろう（李丙燾氏に同説）。阿羅斯等の祖らしき弥麻那国主の「牟留知《むるち》王」（『姓氏録』）の名も、金官加羅王家の系譜には見えず、同じ伽耶の地域でも金官とは別国であろう（後述）。

『姓氏録』に未定雑姓河内に掲載の大賀良や賀良姓の二氏は、ともに「新羅国の郎子王の後」とするも、この「賀良」は辛、加良とも書き、大伽耶の意で、その王族の流れを汲んだか。郎子王の名は新羅王族には見えず、端的には伽耶諸国の王族だったか。関連して、六国史の『日本後紀』弘仁五年（八一四）八月条には化来の新羅人加羅布古伊等六人を美濃国に配すとあり、『続紀』の天平宝字二年（七五八）には美濃国人席田郡大領外正七位上子人らに対し、その六世の祖・午留和斯知は賀羅国より来朝しており、このほど賀羅造を賜姓すると見える。これより先の霊亀元年（七一五）

に、尾張国人席田君邇近及び新羅人七四人を美濃国に貫し初めて席田郡を建てると見える。

このほか、奈良時代後期には、カラ（韓・辛・甘良・加羅）を名乗る人々の賜姓が多く見え（広田連、清篠連、広海造、中山連）、新羅人・百済人とされる。この辺を見れば、わが国の古代では、加羅すなわち大伽耶のあたりを「新羅」あるいは「百済」と表示した傾向があったと窺われる。先祖の渡来の原因は、祖先の年代活動から見て、欽明朝の新羅による加羅の併合であろう。道田連（後述）など大伽耶王族の後裔とみられる氏が『姓氏録』の諸蕃任那の部にいくつかあるが、金官加羅王家の系譜と混淆されて伝わる模様である。

「**任那**」（とくに好太王碑文の十年庚子の記事に見える「任那加羅」で、狭義のほう）の地域について、日本では金官説が多数のようである（田中俊明氏記述の『日本古代史大辞典』など）。これに対し、韓国では従来から「任那＝高霊」説のほうが有力であって、李丙燾氏の見解でも「大加耶（高霊）の本名が弥摩那、あるいは任那」と記される（『古代韓国史』参照）。鮎貝房之進も弁辰の弥烏邪馬《みうやま》国説とされる（これが高霊説には直ちにつながらない模様だが）。

岡田英弘氏は、「任那というのは、三世紀の弁辰十二国連合の後身で、洛東江畔の聖地である伽倻山のふもとの高霊の大加羅国に本部を置く」と指摘する（『倭国の時代』）。基本的に、私見もこれら高霊説に同説である（根拠は、『姓氏録』三間名公の記事などに拠る。主山という山が高霊の中心地にあり、任那は「主の国」の意味か〔主那。nim-na〕。好太王碑文の上記記事でも、新羅の王城から逃げる倭軍を追って、任那加羅の従抜城を攻めて降伏させたとあるから、地理的に高霊とするのが自然である。上記の「ミウヤマ」がミマナの語源とみる説もある）。伽耶諸国のなかで宗支関係にあって、当初の盟主的な地位の国ということで、大伽耶と別称され、任那の名称が連盟諸国に拡大されたとみる李丙燾氏の見解に同意ということである。

金官伽耶王家の系譜の流れには、三間名公・美麻那宿祢が見えない。大加耶（高霊）の後末期頃の嘉悉王（嘉実王）が伽耶琴の製作者とされ、これが正倉院では「新羅琴」と伝わり、『姓氏録』左京諸蕃の道田連条に「出自任那賀室王也」と記される事情があげられる。

さらに、「任那」は、『三国史記』巻四六の強首列伝に「臣は本任那加良人」と見える。西暦六五四年の時点とされる新羅・武烈王の質問に、文人の強首が答えたものであるが、この強首が高霊の大伽耶の後とされる（なお、後世の九二四年の「真鏡大師宝月凌空塔碑」の「俗姓新金氏、先祖は任那王族」の記事からは、直ちに金官に結びつけられないし、「新金氏」〔＝金海金氏〕という表記にも疑問があるともいう）。

こうした諸事情から見て、狭義の「任那」は、高霊にあった大伽耶をさすとみるのが自然となろう。王墳に伴う馬具の分布状況を見れば、騎馬崇拝の習俗は、古新羅の慶州一帯に加え、高霊やその北方の尚州にも同様に含まれるとの指摘もある（光岡雅彦氏）。日本の学界では、なぜか金官説のほうに強い予断があるが、これに束縛されすぎる傾向がある。

「于斯岐《うしき》」のほうは「牛鬼」とも言われ、「角の生えた冠」「角干（新羅等の最高官位）」とみる説と、「牛頭山」に通じるとみる説もある。この辺を見ても、天日矛は高霊・陜川・咸安あたり（大伽耶・多羅・安羅）の伽耶山に近い洛東江上・中流地域と関係しそうである（いま韓国の私学・加耶大学の高霊校では、その敷地を「高天原故地」だとする標識が建つ。これは、国語学者で筑波大学名誉教授だった馬渕和夫氏や李慶熙氏の説に基づくという。同大学の北側近隣に池山洞古墳群、その北側に高霊の主山・主山城が位置する。これが「天孫族の遠祖が居た地」とする場合には、ほぼ妥当な地理配置なのかも知れない〔前二、一世紀頃に当地を天孫族が離れたとみるのは早すぎるが〕。高霊を本貫とするのが、新羅の朴王家の流れを汲む高霊朴氏〔新羅第五四代国王、景明王の次男高陽大君朴彦成が始祖）である。「慶州高天原説」（日本では井上重治氏）もあるが、韓地に求める場合には高霊のほうが妥当であろう。仮に高霊の地名由来が「高羅」ならば、これは高天原の意に通じるが、命名が八世紀代という。なお、このほかの朴氏一族の本貫は、慶州・月城のほか、密陽・咸陽など慶尚道に多い）。

高霊が、『三国志』魏志弁辰伝に見える弁辰十二国のうちの「弁辰弥烏邪馬」に当たるとの見解が強く（李丙燾著『韓国古代史』や井上秀雄著『古代朝鮮』など）、これが邪馬台国の名にもある意味、通じるのかもしれない。

戦後の歴史学界の大勢では、神功皇后の韓地遠征が否定されるが、これは時期や人物関係の把握を誤ったことに因るにすぎない。神功皇后の母方祖先が天日矛と伝え、新羅方面に通じることに注目されるが、それどころか、天皇家自体がなんと新羅・大伽耶方面あたりに関係していた。瓠公や昔氏脱解王の伝承なども、この辺を傍証するとみられる。

高天原故地碑
韓国・慶尚北道高霊郡の加耶大学内に建つ

天日矛の地名伝承

原初期の神武天皇家の支流で応神天皇を出した**息長氏族**系統にも、アヤを名乗る有力大族がある。それが、讃岐の中央部にあった綾君一族で、讃留霊王《さるれお》の後裔とされる。綾君一族は、後裔が長く中世末まで讃岐各地で繁衍した（本シリーズの拙著『息長氏』を参照）。

ところで、綾君の「綾」について言うと、語源の「アヤ・アナ・アラ」は韓地南部の同じ名の地域、安羅（「阿・安」＋「耶・那・羅・良」（地域・国の意））を指す。「穴、荒」とも書かれて、大和の初期王都纏向遺跡に近い「穴師」にも通じ、日本各地に同種の地名が多く散見する。これら地名の担い手として、列島に渡来の天孫族や天日矛一族があげられる。

とくに近江では、天日矛の移動・遷住の足跡のなかに「吾名邑」に比定されそうなアナ類の地名が頻出し、タラの地名も多い。息長氏の後の本拠となる坂田郡阿那郷（現・米原市で、旧近江町域の能登瀬あたり）がその代表で、この地が比定の有力候補とされる。西方近隣には「多良」の地名もあって、米原市の大字で残る。

天日矛の従者の後が近江国蒲生郡鏡村（現・竜王町域）の谷の陶人だという伝承も、『書紀』に見える。天孫族系統の出雲国造・物部氏一族から土師氏が出たり、

陶荒田神社（堺市上之）

布留式土器に関係し、高霊付近には陶器窯跡が残る事情にもつながる。高霊あたりから新羅へかけての弁辰の地には、鉄資源が多くあった（『三国志』東夷伝）。高霊式土器がわが国の須恵器の祖となったともいう。大阪府堺市中区を中心とする陶邑窯跡群のなかにある大鳥郡式内社・陶荒田神社では、荒田直氏の祖神の高魂命・剣根命（葛城国造等の祖。『姓氏録』和泉神別）などを祀り、摂社には弁天社もあって市杵島姫を祀る（同社の他の祭神は、三輪氏の祖・太田田根子とその係累神）。

伽耶諸国の略図

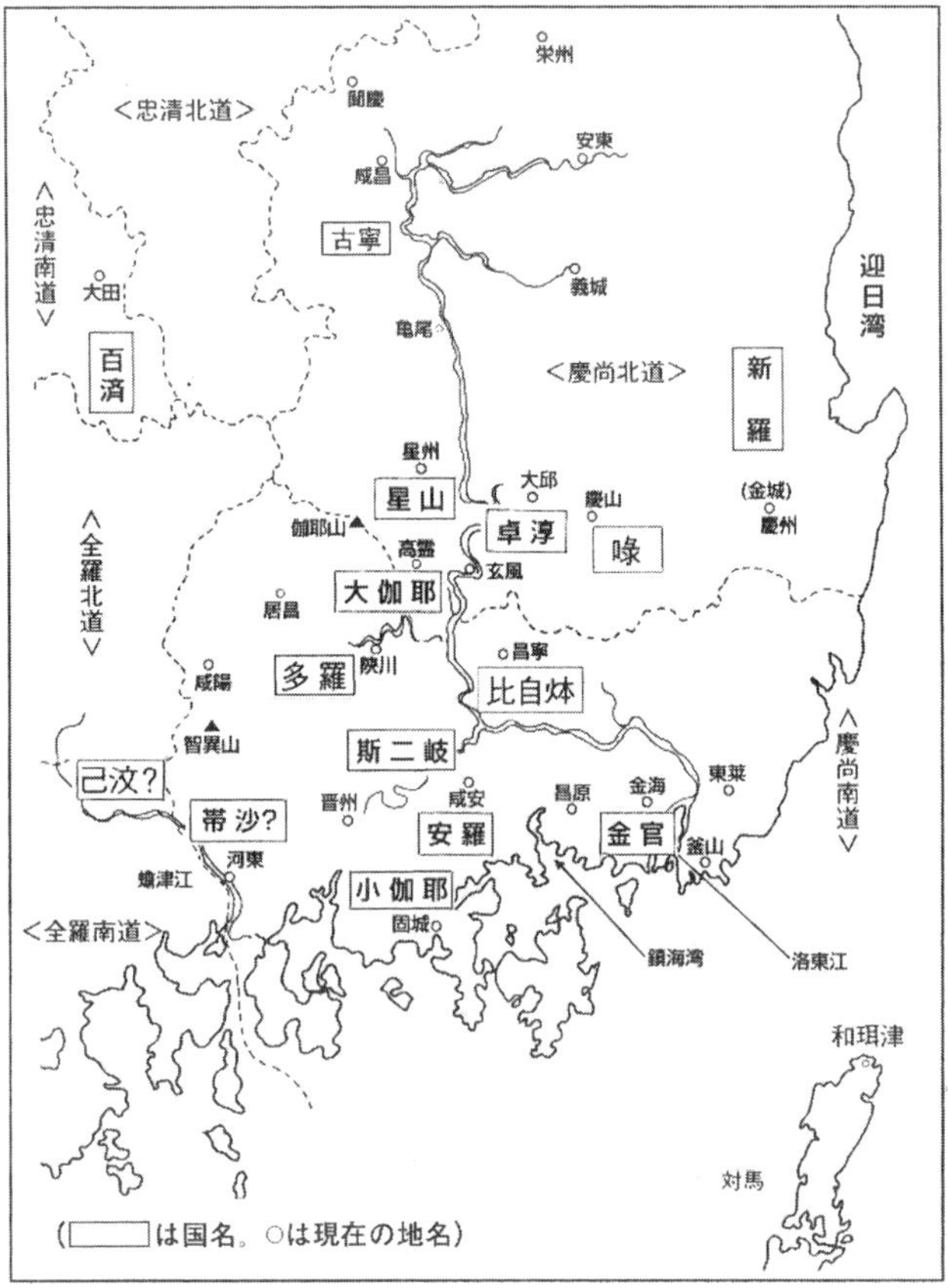

弁辰の鉄資源は豊かで、慶尚南道の昌原市（咸安と金海とのほぼ中間の地）の外洞の城山貝塚で発掘された製鉄遺跡は、紀元前後の年代とされている（東潮氏「古代朝鮮との交易と文物交流」、『日本の古代3』所収）。高霊が鉄産が盛んだった多羅国（陝川郡あたり）の治炉面まで勢力を及ぼしたという見方もある。

朝鮮文化の探究者金達寿《キムタルス》氏は、天日矛が「南部朝鮮の小国家であった加耶（加羅）諸国のうちの**安羅**（安耶、安那ともいう）か**多羅**から渡来したものではないか」と指摘する。基本的には、私も当初はほぼ同旨であった。ただ、対象を「天日矛」集団ばかりではなく、天皇家を含む天孫族まで広く考えたほうがよいとみていた（本書作成では、検討が進むほど高霊方面を次第に重視するようになった）。日向国諸県郡にも同じく綾の地名があり、中世に綾氏がいた（地名自体は、天孫族系の息長氏同族の日向国造・諸県君一族が命名か。この一族に日下部君氏がおり、日向三宮の高牟礼神社に奉祀し、これに因み、高牟礼の苗字も出た）。

伽耶諸国の地はもとは弁韓（弁辰）と呼ばれ、朝鮮半島南東部の洛東江《ナクドンガン》流域の小国の総称である。なかでも高霊加羅（大加羅）、金官加羅、安羅加羅が有力であり、安羅には倭王権の使館（いわゆる「任那日本府」。倭宰の所在地）が置かれた。この地域こそ、わが国天孫族の韓地における起源関係（故地）候補の一かとみられる。上記の比定地は現在の地名で、多羅が慶尚南道の陜川《ハプチョン》一帯、安羅がその四十キロほど東南の咸安《ハムアン》一帯であって、両地ともに洛東江中流の支流域で近隣に位置しており、ほぼ一体の地域として捉えられる（洛東江下流の金海や釜山の地域にあった金官加羅国の王家は、六世紀前半に新羅に降伏した後、新羅の大貴族・金海金氏として残ったが、その支族と称する者〔大伽耶支族とか多羅王族の可能性もある〕が欽明朝に来朝し、周防の大族多々良公氏〔中世の周防守護大内氏の祖〕が出たとされる）。

金官伽耶の始祖・系譜の伝承

伽耶の**首露王**は、駕洛《から》国を紀元四二年（後漢・光武帝の建武十八年）から同一九九年までの一五八年間も治めたと「駕洛国記」抄録に伝える（一二八九年成立の『三国遺事』に同書の抄録記載があるだけで、全体の原本・写本は残らない）。同書は、金官の知州事・金良鎰により十一世紀後葉に編纂されたが、編纂年代の遅さからいって、記事のまま信頼してよいかはかなり疑問もある（『三国史記』のなかには当該記事が入らないから、これと同じレベルで考えるのには疑問がある）。

初代首露王も、治世時期から見ると異常な長寿である。これが実在の人物だとすると、これが「X倍年暦」で記載されたとも考えられ、仮に四倍の場合には実年代は四〇年弱の治世となるが、これでもまだ長い（もっと大きい倍率の「X倍年暦」かもしれないが、例が管見に入っていない。室谷克実氏は、「駕洛国記」の伝える降臨神話が後代の造作だと厳しく批判し、これも含め、「駕洛国記」には捏造ファンタジーがあまりに多いとする）。いまのところ、この関係の年代検証の手段がないが、次のような応対交渉は一つの手がかりとなるものか。

すなわち、首露王伝承のなかに、新羅の脱解王とも応対交渉があったと伝えること（「月城昔氏族譜」にも、脱解の子の仇光が首露の娘を妃としたと記事あり。「駕洛国記」には、両者の呪術による鷹、鷲など鳥類への変身合戦が記載される）から、首露王の実際の活動年代はもっと繰り下げられて、三世紀代前半ないし半ば頃となろう。一方、『三国史記』には、「新羅本紀」の第五代婆娑尼師今二三年条に老齢で知識豊かな金官国首露王が見える。この記事の比定実年代は西暦二六〇年頃ではないかと推定される（拙著『神功皇后と天日矛の伝承』の新羅王の王暦表参照。一般になされる単純な年代比定では西暦一〇二年に換算される。仮に脱解が三世半ば頃の人であれば、母が女国〔積女国〕の王女の意味も、卑弥呼一族の出につながろう）。

これらに見るように、新羅・百済及び伽耶の『三国史記』『三国遺事』に見える紀年は、そのまま西暦の年代に換算すると過剰な年代遡上の形になるので、注意を要する。だから、その年紀記事は直ちに信用せず、系譜や同時代人などの近縁の人間関係から実際の年代を考えるアプローチが必要となる（こうした思考法がなぜか朝鮮半島や日本にはまるで見えない）。

駕洛国は鉄器文化を持った農耕国家で、『三国志』魏書の韓伝に見える弁辰狗邪国、同東夷伝倭人条（いわゆる『魏志倭人伝』）に見える狗邪韓国にあたる。弁辰を構成する一つの集落に首露王が出た。建国伝承では、六個の金の卵が天上から亀旨峰（慶尚南道金海市）に降りてきて、そこから各々男子が生まれたが、ひとつから首露王が生まれて駕洛国を治め、他の五つの卵から生まれた者も他の五伽耶（大伽耶、小伽耶、阿羅伽耶など）の始祖となったという。この伽耶諸国合計で六国は、新羅の六村、後の六部に通じるものかとみられるが、六伽耶の王家がみな同族というのは疑問であろう（首露王関係の系譜にも、六伽耶分岐が具体的に見えず、無理がある）。

首露王は、李丙燾氏が『三国志』魏書韓伝に見える「拘邪秦支廉」（拘邪国の臣智の廉）にあたるとみる（『韓国古代史』）。そうすると、その活動時期が三世紀前半頃になるが、これは金官王家の世代や新羅の年代と比較して、やや年代遡上か。上記のように、『三国史記』で新羅の婆娑尼師今廿三年条に見える首露王の調停譚などで、拙考では三世紀中葉頃の活動かとみるから、この辺が一応のメドで、首露王と秦支廉との関係は十分考えられる。

卵生説話は、高句麗始祖の東明王、新羅始祖の朴赫居世や昔脱解にも各々ある。新羅金氏王家の祖・金閼智《あち》にも、金の箱（卵にも擬せられる）に入って出現したという伝承がある。金閼智の出自・系譜は不明であるが、一に新羅六部のうちの沙梁部の出といわれ、蘇伐公の孫で、首露王とも同族だという（元が蘇姓としたら、鮮卑や古代朝鮮半島に見えて蘇を名乗る人々との関係も考えられる。晋州秦氏の族譜では、辰公蘇伯孫の後裔〔四世孫〕が蘇伐公であり、『後漢書』東夷伝に見えて、建武二十年〔西暦四四〕

に光武帝から漢の廉斯邑君〔楽浪郡含資県廉斯邑の長。黄海道瑞興付近という比定は疑問か〕に補任の韓人で廉斯の蘇馬諟《ソマシ》の族裔にも当たるか。これが、「韓」の初出という。なお、魏志の裴松之注には、王莽の地皇年間〔西暦二〇～二三〕に、辰韓右渠帥の廉斯鑡《サク》が楽浪郡に亡命し、辰韓に誘拐された漢人を取り戻したと「魏略」逸文として記される）。

閼智の子を勢漢（星漢、聖韓）といい、史記・遺事では閼智が慶州金氏の始祖だが、「文武王陵碑」（星漢が文武王の十五代祖）や金仁問の墓碑文、興徳王陵碑などでは、星漢が慶州金氏の始祖とされる。

新羅王家とは別系統の金海金氏からは、新羅の朝鮮半島統一事業に最大級の貢献をした大功臣・金庾信《ゆしん》（金海金氏の祖で、生没が五九五～六七三年）が出た。『三国史記』の「金庾信列伝」には、首露王の十二世孫（年代的に考えると十四世孫ほどが適当か）とされる。金庾信石碑（現存しない）の碑文には、祖系は軒轅（黄帝）の子の少昊《しょうこう》金天氏の後裔で、それ故に金氏の姓を名乗ったと見えるという。金庾信の妹が第二九代武烈王（金春秋）に嫁して文明夫人となり、その間の長子が後の第三〇代の文武王（在位が六六一～六八一年）となる。西暦五三二年に新羅に投降した金官伽倻国最後の王・仇衡の曾孫が金庾信である。

ちなみに、少昊は中国古代五帝の一人にも数えられる見方があり（孔安国。ただし、『史記』では五帝に数えない）、金天氏とか鳳鳥氏、青陽氏、窮桑氏、雲陽氏とも称される。東夷の祖神で、鳥トーテミズムや太陽神祭祀に関係が深い。中国の秦王家が少昊の後裔で嬴姓といったから、金海金氏が秦王族の流れなら、これと同族にもなろう。高句麗王家には、黄帝の孫の高陽氏（帝顓頊）あるいは黄帝の曾孫の高辛氏（帝嚳）の後裔という伝承もあって、高辛氏は少昊の孫にあたり、その子の契が殷王朝の祖とされる（この辺は巻末の系図参照）。

首露王の兄弟の子孫が、仮に実際にも大伽耶・安羅などの伽耶諸国王家であれば、その場合は金官伽耶王家も天皇家と同族関係があったことになるが、新羅や金官伽倻の金氏と、天皇家や天日矛一族との具体的な系譜関係は知られず、むしろ別系のようである。上記の系譜伝承がどこまで信頼できるか不明だが、これら諸氏がツングースの血脈をうけた可能性がある（大胆に血統を推測してみると、東北アジア地方では上古代から土俗族長層に二つの大きな流れがあって、それが、①殷系（姚姓箕氏で、同族に倭天皇家、新羅の朴・昔両王家や徐氏が出たとみられ、扶余系の蓋、解の姓氏、高句麗・百済の王家も同族か。後述）、②秦系（嬴姓で、秦、蘇、金の諸氏であって、日本の秦氏や新羅の金王家、金官伽耶王家が出たか）、なのかもしれない。ともに、系譜は少昊金天氏の後となる流れか）。

大伽耶の歴代王と後裔諸氏

大伽耶は新羅に併合されて後、八世紀半ば頃には高霊県となり、『東国輿地勝覧』（李氏朝鮮時代の一四八一年成立、一五三〇年増補）掲載の同県条には記事がわずかに見える。

その別伝には、伽倻山神の正見母主が天神夷毘訶の気に感じて、大伽倻王の悩窒朱日（内珍朱智ともいう。初代伊珍阿鼓王の別称）及び金官国王の悩窒青裔（初代首露王の別称という）の二人を生んだという。新羅にあっても、『三国遺事』に、仙桃山（慶州市西岳洞にある山。標高三二二㍍で、武烈王陵墓の西北近隣に位置）の神母が辰韓に来て生んだ子が同国の始祖（赫居世か）となったと伝え、『東国輿地勝覧』にも仙桃山の聖母祠の神は婆蘇と言い、世間の伝承ではこの聖母が生んだ子が朴赫居世だという。新羅と金官伽耶・大伽倻の各々の始祖伝承は、聖山の母神をもつ点でよく似ている。

大伽耶の歴史は、田中俊明氏の『大加耶連盟の興亡と「任那」』で論究されるが、不明なことが多い（どうも金官と大伽耶が種々混同される面もある）。この国の後末期には嘉悉王、異脳王、道設智王という歴代が続いた模様であり、西暦五六二年に道設智王のとき新羅の真興王に滅ぼされたとみられている。

歴代の王は系譜が不明なものの、十代ないし十六代ほど続いたようである（異脳王が正見母主の八代孫という）。真偽不明ながら、鈴木真年の著『朝鮮歴代系図』には、初期段階の王として、「神斫―跋折奚―蘇那曷―牟留叱智（大市首・清水首・辟田首等祖）、その弟・阿鼓伊珍（これが首露王同人とする）」とあげており、その場合、神斫を新羅金氏王家の祖・金閼智の叔父にも作るが、この辺の関係の裏付けはなく、疑わしい面もある（鈴木真年でも、金官と大伽耶の王家系譜が種々混同する模様）。なお、牟留叱智は『姓氏録』に弥麻那国主の「牟留知王」と見える者であり（未定雑姓右京の三間名公の祖）、阿鼓伊珍は大伽耶王初代とも伝えるから首露王とは別人か。

上記十代ほど歴代王の伝承が正しければ、初代の伊珍阿鼓王は金官の首露王と活動がほぼ同時期頃かもしれない（その場合、三世紀中葉頃の人か。金官でも、初代首露王から最後の仇衡王までが十代と伝える）。歴代のうち**嘉悉王**は、建元元年（四七九）に中国南朝の斉より輔国将軍本国王の称号を受けた加羅王荷知にあたるとされる。全盛期の大伽耶は、多羅・安羅（陜川・咸安）まで広く影響を及ぼした模様である。

『姓氏録』左京諸蕃の任那の項におかれる**道田連**は、「任那国賀羅の賀室王より出づ」と記載される（「賀室王＝嘉悉王」とみられる）。この氏は、もと三田首といい、『続紀』大宝元年（七〇一）八月条に大和国忍海郡人の三田首五瀬が対馬島に派遣されたとあるのが初見で、宝亀元年（七七〇）には三田毘登家麻呂ら四人が道田連を賜姓した。その兄弟とみられる道田連安麻呂は外従五位下で主税助となり（宝亀七年〔七七六〕）、近親の道田連桑田も延暦四年（七八五）に外従五位下に叙された。三田首一族は豊前にも分布が知られるから、その辺が経由地か。

天皇氏族の列島渡来の基地

記紀神話に見える「高天原」の舞台は、実際の比定地が筑後川の中下流域にあったとみるのが自然である。ニニギによる「天孫降臨」が韓地から直接に筑紫海岸部に向けて行われたはずがないが、ここまで見るように、朝鮮半島南部にも天皇家遠祖関係者の居住があった。だから、その地が「高天原」候補地と受けとられても不思議はない。いま、具体的に北九州沿岸部への移動経路を考える。

ニニギの天孫降臨説話と『駕洛国記』に見える首露王など六伽耶国の建国伝説が、内容の重要な点で一致する（神勅を承けて降臨、布帛に包まれて落下、クシフル〔槵触、槵日〕と亀旨という降臨場所、という諸点）。それに続く、神武東征の際の亀の背にのった国神珍彦《うづひこ》による海導伝承は、扶余の東明や高句麗の朱蒙の建国伝承に酷似する。これらは、江上氏が『騎馬民族国家』で指摘するが、この辺も天皇家との同祖性ないし同族性を示唆する。

安羅・多羅の名前が日本列島の地名に頻出する。安羅には日本府が置かれたと『書紀』欽明紀に見える（「日本府、倭府」あるいは「倭宰」の位置づけ・役割には諸説あるが、その存在まで否定するのは行きすぎで、疑問大）。それに加え、古くは倭国と高句麗の戦で安羅兵が倭を助けたと「好太王碑文」の永楽十年（一般通行の比定年は西暦四〇〇年）条の記事に見える。安羅の領域か近隣の南江南岸部、晋州市東部の月牙山あたりには初期の支石墓が見られる。

ここまで見てきたように、六伽耶のうち金官・安羅・小伽耶（固城。これを数えないこともある）などの沿岸諸国の地を渡航基地にして、対馬・壱岐を経て松浦半島に天孫族が上陸した。こうみるのが、地理的に最も自然である。これは、邪馬台国、卑弥呼の時代よりも二百数十年ほど前のことになるが、後年の魏使の歩んだ道程とほぼ同様であろう。ちなみに、固城には松鶴洞古墳という日本式の前方後円墳があり、五世紀後半～六世紀に築造とみられる。これが、韓国の歴史観に合わないとして、前方部と後円部とを二分し、その間に小山を入れ込むという悲劇的な改変が加えられた（森浩一氏『森浩一・語りの考古学』）。

上古の蓋国

検討の視野をもうすこし拡げると、古朝鮮の時代には燕の域外に「蓋国」（盖国）があったと、『**山海経**』の「**海内北経**」に見える。

それによると、「蓋国は鉅燕《きょえん》の南、倭の北に在り、倭は燕に属す」と見える。最古の地誌とされる同書のなかで、海内北経は紀元前後の成立と推定されており、倭に関する最古の記録の一つである。これより遥かに早い周王朝初期の成王のとき（『史記』では、治世が前一〇四二～前一〇二一とする）に「盖国」が見える。出土した銘文には、「王伐盖侯、周公謀禽……」とあり、盖国は度々起兵し周朝に反抗するので、成王が平定したと伝える。

蓋国の具体的な位置については、諸説多い。後の玄菟郡の「蓋馬」（西蓋馬県、蓋馬大山など）とする説、遼東半島の「蓋平、蓋県」（現在の遼寧省営口市のなかの蓋州市）とする説、朝鮮半島江原道の「穢」とする説、馬韓の「乾馬」（現在の全羅南道益山）とする説などがある。ちなみに、高句麗権臣の蓋蘇文らの蓋氏一族の起源の地は、蓋牟城（遼寧省撫順の北。後述）というが、上記遼東の蓋平県という可能性もある（同名の蓋平県が、かつて遼寧省の朝陽市や瀋陽市の地域にもあった）。「鉅燕」とは「大燕」の意だから、李丙燾氏は、「真蕃以南、つまり漢江以南に分布している部族社会を中国人は早くから蓋国、または辰国と称していたことがある」と記す（『韓国古代史』）。これは、馬韓・辰韓・弁韓など三韓区分の生じる以前のことであり、蓋国が後の辰国にあたるとみる説がある。

こうした地域概念には時代により変遷がある模様で、古くは燕の領域外を朝鮮あるいは韓と呼び、更にその外側を蓋と言ったと把握するのが一応、無難なところか。だから、それが漢江以南の地域となるのは比較的遅い時期であり、その段階で蓋国が辰国とも重なってきた。馬韓は蓋馬韓の略称とされる。弁韓の「弁」も蓋（ふた）に通じ、カサと称された。蓋は解（太陽の意ともいう）にも通ずるようであり、扶余の初期王族の解夫婁や解慕漱にも通じるか。「令集解」の百済戸・狛戸の条には蓋縫（かさぬい）が見える。

蓋馬が「ケマ、コマ」と訓まれて、高句麗や、狛・貊・貉、濊貊、そして神・熊にも通じるという李丙燾氏の指摘がある（『韓国古代史』）。貊・熊を守護神・祖先神として崇拝するトーテム思想から生まれたとみる。これが、「中国古典に初めて現れる韓民族の族名を単に貊（貉）の字で表記されているのは、彼らが貊（コマ）トテム種族であったからであり」、また「漢代から穢貊、または濊貊などの表記をしたのは、貊の韓語であるコマ、ケマ」を音訳したもの、濊と貊とを区別して二つの種族と取るのは間違いだ、と指摘する。

これらは重要な指摘であり、檀君神話で穴に棲む熊女も実体は貊女であり、日本の熊野神などで現れる「熊」も日本の熊（羆、ヒグマ）ではなく、元は貊だということにもなる。

この「貊」が具体的に何かというと、李丙燾氏は、『説文』に「北方豸種」、『字典』に「熊に似た動物」と引き、今日の学名ではなんというのか分からないと記すが、具体的には「アナグマ」類似の猛獣で、パンダに近いというところか（角川の『新字源』に「猛獣の名。くまに似て、ろばくらいの大きさのけもの」とあるが、実体が不明。具体的には、猛獣としてのパンダ〔大熊猫〕かともいう。ネットの堀貞雄氏「古代史・探訪館」の記事に、前漢末期の人で王莽の時代にも生きた楊雄が著した『方言』の解説に、パンダが北燕〔河北省東北部や遼寧省〕と朝鮮の間では貊と言う、とある。パンダの体色と白帝〔東夷に関係深い少昊〕、貊の文字の白とが関連するものか）。

ともあれ、濊貊すなわち扶余種の王族は、天から降臨した伝承の男系が、貊をトーテムとする種族の女系と婚して生じた、ということを示唆する。『周書』高麗伝には、神廟が二個所あり、一つが扶余神という婦人で、もう一つが登高神で、これは彼らの始祖で扶余神の子といっている、けだし河伯女・朱蒙親子か云々、と記される。登高神は朱蒙（檀君に通じる）だとして、扶余神は扶余族がもともとトーテムとした「熊」の女（穴神＝隧神。「隧神」を中国神話の燧人氏とみて、太陽神・火神とみる谷川健一説は疑問）なのであろう。『三国志』及び『後漢書』の高句麗伝に、十月には祭天の大集会（これを「東盟」という）や、国の東にある大洞穴で祀る神「隧神」を迎えて祭ることが記される。

倭人は呉・太伯の後か

次は、南方から倭地へのアプローチである。『魏略』逸文（『翰苑』引用）には、顔面と身体に入墨をする倭人についての旧伝があり、呉の太伯の後裔だと称すると見える。中国春秋時代の呉は姫姓とされ、太伯は周王家の一族で、周文王の祖父・古公亶父の長子とされるが、この太伯の後と称した。

近年、安徽省寿県の蔡侯墓から出た銅器銘文などにより、春秋時代の呉王室が周と同じく姫姓を称したことが明らかになった。だから、呉太伯伝説も一概に否定されるべきではない（大島利一氏執筆の平凡社『アジア歴史事典』の記事）。

さて、太伯後裔の場合の「倭人」とは、何だったのか。これまでの論争のなかで、①皇祖を太伯とする説（林羅山、藤貞幹など）、②皇祖太伯を否定する説、③太伯後裔が熊襲など倭の国の主となったとみる説（新井白石、鶴峯戊申など）、などが出されてきた。

中国南方の習俗からして、稲・青銅器を日本列島にもたらしたタイ系の海神族に倭がつながって、奴国の建設者とみられる面もある。『越絶書』には、呉越の二邦は同気同俗ともいう。この種族は江南の越人の末流とみられ、夏后（夏王朝の第七代帝王）の少康の子（無余）が江南の会稽（浙江省紹興市あたり）に封じられ、入墨・断髪をして水中の怪魚の難を避けると同書に見える。夏の竜蛇信仰から見て、これが越につながるから、呉の太伯の後というのは疑問がある（ただし、王族と国民が二層という可能性もあったかもしれないが）。『姓氏録』には呉王夫差の後という姓氏の記載もあり、それが右京諸蕃の松野連だとある。

鈴木真年の諸著作（『古代来朝人考』など）には、**呉王夫差の後裔**について記事や系図が見える。それらに拠ると、春秋時代の呉王夫差の子の慶父忌《けいふき》の後裔と称した一統が九州に渡来してきて、初め肥前、次に筑前の夜須郡等に住し、推古朝に山城国に遷したという。中間の先祖には熊襲や邪馬台国、倭五王の関係者を掲げる不思議な系譜（『諸系譜』等に掲載の松野連の系図）の伝承も見える。しかし、これら古い時代の内容は疑問が大きく、結論的には、海路を通じる倭の太伯後裔説は疑問であろう。

呉王族で夫差の叔父・夫槩（夫概）が北にはしり扶余の祖となったとの伝承も、中国にある。『姓解』の三巻に「夫餘」という見出しがあり、『風俗通義』（漢の応劭の著。現存書には氏姓篇は残らない）に「呉公子夫槩、楚に奔り、子孫去らざる者は夫餘氏を称す。また百済王は初め夫餘を姓とす」という逸文がある。現代の『姓氏詞典』には、夫概の後が概氏となったことが見えるが、これは江南在住の氏とみられ、同書に「五代時代に呉越に概斉という者あり」という同書の記事にもつながろう。

この夫概なる者は、呉王闔閭《こうりょ》の弟であり、『史記』に拠ると、前五〇六年に呉は楚討伐を行い、王の闔閭が楚に在って戦っている時、夫概はひそかに呉に帰り自立して王になろうとしたことで、王に攻められ楚国に亡命した。楚の昭王封は夫槩を堂谿《どうけい》（棠溪。現・河南省西平県の西で、すぐれた金属器の産地）に封じ、堂谿氏がこの子孫だ、と伝える。この後は『史記』には出てこない。夫概の墓は河南省南部の駐馬店市泌陽県沙河店にあるという。

扶余王家の祖系

楚の夫概の関係の系図も、明治期に鈴木真年は採集していた。それが、『朝鮮歴代系図』や『百家系図稿』巻九の「高麗百済系図」等に見え、扶余王家につながる形で記される。

それらによると、夫概には「楚余に奔り、扶余を以て氏と為す」とし、その子に蓋盧辛（一に蓋を解に作る）をあげて「北扶余の長」と記す。その後は、「屈里解婁―禄解婁―延渾―解烏羅―尼罕斤―温骨婁―解夫婁」として、解夫婁を扶余王とする。扶余は『史記』貨殖列伝に見えるのが初見のようで、ここには前二世紀頃に漢人との間に交易を行なったと記されるが、前一世紀頃には国家を形成したとされる。初代かどうかは不明だが、解夫婁が初期段階の扶余王という所伝は信頼して良さそうである。

ほかに史料に見えず、これら記事の裏付けもないが、蓋盧辛以下七代の世系は、否定して切り捨てればよいものでもない。とくに初代ともいうべき盧辛は、姓を蓋とも解とも書かれ、「蓋、解」が相通じるものであれば、蓋の地域名を名乗ったと受けとられる。

解夫婁からはその子の「金蛙―帯素」と続くと見え、解夫婁の弟・解乙婁の子が解慕漱、その子に高朱蒙がいたとされる。金蛙の娘には朱蒙妃という註記もあるから、これらが正しければ世代的には、こうした系図は符合する。解乙婁には索離に徙くという記事があって、この場合だと「索離」は高麗に通じ、しかも朱蒙の時の移遷ではなくなる。

こうした系図とは、一見まったく別系のように見えて、接点や交わりがないが、高句麗の重臣・**盖蘇文**を出した盖（蓋、イリ〔伊梨〕）氏の系図がある。その系図（『百家系図稿』巻八の「朝鮮系図」等）では、檀君の末裔とし（箕子朝鮮後裔の意か）、**宇陀麻**の弟の倶婁の後が盖氏だとされる。倶婁は「盖牟」に徙いたことに因み盖氏となるという。盖牟は高句麗の盖牟城があった地で、遼寧省十里河（瀋陽市南部の蘇家屯区十里河鎮）あたりと推定される。

宇陀麻の子が忍骨、その子が迎烏とされ、その後が天日矛の系統につながる。忍骨は、豊前国田川郡（もとの地名は鷹羽）の鹿春《かわら》神社（鷹巣鉱山の近隣）に祀る三柱の神の一人であろう（一般には、「忍骨」が訓みの近い天照大神の長男の天忍穂耳尊とされるようだが、天日矛の遠祖神のほうが妥当性が強い）。『豊前国風土記』逸文の鹿春郷の項には、昔、新羅の国の神が自ら渡り来て、この河原に住んだので鹿春の神というと記される。この神は多く辛国《からくに》息長比咩（天日矛の妃の阿加流比売《あかるひめ》）とされるが、併せて祖神も祀ったとしたら、忍骨はこの祖神に該当しよう（日本で生まれた天忍穂耳尊ではない。鷹に因む伝承の彦山にも祀られる）。

蓋蘇文のほうの系統は、高句麗の東部大人で、代々蓋牟に住みその城率でもあって、高句麗の男武王・美川王などに仕えたという。同じ檀君の後裔と伝えたことで、高句麗王家ともども倶婁の後裔にあたるのだろう。こう考えるのが自然であり、その場合、両系統は同族になる。いま、年代等を考えて、倶婁が尼罕斤に重複する（ほぼ相等する）と仮置きしておく。

解氏は、高句麗の前部や渤海国の貴族にある。百済では、大姓八族のなかにもあって、最高官職たる佐平などの重職に就いた者を一族から輩出した。百済初代の温祚王の重臣たる右輔には、元来扶余の人、解婁の名が早くも現れる（『三国史記』温祚王四十一年条）。

宇陀麻の後は、歴代が『朝鮮歴代系図』に見えており、その子孫の五多弖が「イタテ」と訓まれれば、五十猛神に通じる。五多弖の子孫となる比牟介が「ヒムケ」で日向としたら、これが文意的に「明彦《あかるひこ》」（同系図では世代配置が混乱して迎鳥の子におかれるが、これが日本に最初に渡来してきた天日矛に当たるか）に対応する。比牟介の子の曽那良は、瓠公とともに新羅の阿珍浦（慶州市の浜辺）に戻り、韓地に居したと見える。その子孫の前津《さきつ》のときに再び日本列島に渡来し、こんどは近江を経て但馬に移り定着した。天日矛の本拠、但馬の出石の南方近隣、養父郡の式内社に佐伎都比古《さきつひこ》阿流知命神社二座（兵庫県朝来市和田山町寺内）があり、天日矛こと前津彦の夫妻を祀るとみられる（阿流知は韓地での名か）。

天日矛は本来、複数人（部族名）いたのが、日本では全てを一人の行動として名と伝承が一括されたとみられる。研究者のなかでも現在は集団説が強い（天日矛は、単一人が率いる集団で、かつ複数回の渡来があったと拙考ではみる。新羅神を研究する出羽弘明氏も、天孫族の出で複数人とみる）。近江の足跡の地や出石に鉄資源があり、加陽《かや》、安良、荒木など故地の伽耶諸国を思わせる地名も出石に残る。墓制や出土品などからも、朝鮮半島との深いつながりが分かる（岡谷公二氏）。

箕子朝鮮と濊貊族

扶余の王すなわち濊貊族の長については、古代中国の『詩経』大雅篇に見える「韓奕《かんえき》」と題された詩が事情を伝えよう。詩の内容（「王、韓侯に其の追、その貊を賜いて、北国を受けしめ、其の伯とせり」）から見て、周王朝中興の祖・第十一代宣王（『史記』には前八二七～七八一に在位。西周を滅亡に導いた幽王の父）が韓侯に追国・貊国など北方の異民族を支配させ、その長としたと分かる（この関係記事が『孟子』告子篇にもあり、この時、白蛮は韓侯を王に任じたと見える。「白蛮」は、『後漢書』東夷伝に見える東夷の一種の白夷とするほうが妥当か）。

この詩の「韓侯」とは朝鮮半島南部の韓の始祖であり、その城が燕の地のさらに北東辺境部にあった。こう指摘するのが田中勝也氏であり（『環東シナ海の神話学—倭韓始祖伝承』）、これに同意できる。宣王のときの韓侯が燕の近く居たことは『潜夫論』にも見える。韓侯が黄河の竜門改修の治水工事において燕・代・胡貊の民を使役したことも、『墨子』兼愛篇・非功篇にある。西周時代、燕の東方近隣に居た「韓侯＝箕侯」の本拠が現在の中国遼寧省朝陽市の喀喇沁《カラチン》左翼蒙古族自治県あたりとされる。この地から匽侯盂という盛食器の出土もあり、燕（匽）の属国であった。それが、北方遊牧民に滅ぼされたとも、燕に壊滅的な打撃を受けたともいい、その結果、燕に亡命したり属した者も多かったようで、春秋時代以降、燕の士大夫層に「韓」や「箕」を氏とする者が見られる。

この韓侯こそ、「箕子朝鮮王」といわれるものと同じで、中国の遼西におり（渡辺光敏氏『天皇とは』の記事に同見）、その支配した濊貊や扶余の族長も韓王家一族から出た可能性がある。『後漢書』には、王の準は韓王と記される。先に見た系図の蓋盧辛は、系図の世代から活動年代を推すると、前三世紀代頃の人かとみられるが、韓侯一族で濊貊の族長となった者がいて、「蓋」という氏を号したことも考えられる。

ところで、韓侯・韓王の始祖とみられる**箕子**は、『史記』によれば、名は胥余《しょよ》で、中国の殷王朝第二八代文丁の子とされ、太師となるに及び、甥の帝辛（紂王）の暴政を批判して隠退したと伝える。『朝鮮歴代系図』に拠れば、箕子は殷王室別系の姚姓の出で（姚姓は帝舜の後とされ、殷王室と同族。箕子は外戚でもあったか）、先祖の遂の十五世孫であり、その二八世孫が準とされる。箕氏は帝舜の子・商均（殷の遠祖）より出て、遂という者が成湯（殷の初代王・天乙）のとき山西の箕伯（「箕」は山西省の太原市の南にある晋中市の太谷県・楡社県〔箕城鎮に県政府〕の地という）に封ぜられ、その子孫が箕子胥余とされる。

殷周革命革命のとき周の武王に取り立てられ、帝舜の後裔として陳国の初代となる**胡公満**（虞遂の後という。田斉の祖）とも同族であろう。なお、上古の神話的帝王たる「帝俊、帝舜、帝嚳」の三名は、実は一人だと郭沫若は指摘し、白川静氏もこれを踏襲しており、妥当と考えられる。その場合、「商均＝契」でもある。

李丙燾著『韓国古代史』では、箕子朝鮮といわれる地域にあったのは韓侯・韓氏だとして、箕子の東来を否定する。しかし、先に記したように考古遺物から見て箕侯の存在が認められるから、「箕侯＝韓侯」と考えておく。清州韓氏の始祖仮飾により箕子東来説が出てきたと李丙燾氏はみるが、具体的な系図（韓国に所伝の系図は歴代の名など内容的に疑問が大きく、日本に伝わる系図のほうが妥当）から言って、この見方には無理がある。「清州韓氏の始祖仮飾」は立証のない仮説にすぎない（韓氏先祖の歴代の名の虚飾は後世の造作だが）。

なお、中国の戦国七雄の大国・韓のほうは、華北や朝鮮とは別系である。『史記』韓世家に「韓の祖先は周と同姓で、姓は姫氏。その後、子孫が晋に仕え、韓原に所領を得て韓武子といった」と見える。一族に解氏もあり、周の武王の子で晋・韓の祖・唐叔虞の子、良が解を領して地名に因むという。同じく燕（春秋十二列国の一、また戦国七雄の一であり、薊、すなわち北京あたりを本拠）も、召公奭《せき》の子の燕侯克を初代として、姫姓とされるが、実際には黄帝の子・伯倏《はくじょう》から出た姞《きつ》姓とするのが妥当なようであり（『竹書紀年』。姞姓は東夷の出で、子姓の殷と同族か）、当初は燕ではなく「匽」と書かれ、秦の同族には匽もあった。

殷の卵生神話とそれらの源流

卵から出生する物語は種々見てきたが、東北アジアに多い。中国の始祖神話のなかでは、殷王朝（商王朝）の始祖、契（セツ）の「玄鳥の卵を食べたら妊娠」した婦人から生まれたという伝承と似ている。契は、有娀氏の娘で帝嚳《ていこく》の次妃・簡狄《かんてき》が玄鳥（燕よりは別鳥、あるいは鳥か）の卵を食べて生まれた子という。白川静氏は、高句麗の卵生神話は明らかに殷の玄鳥神話の系列に属するとみる（『中国の神話』）。

契は帝舜のときに禹の治水を援けた功績が認められ、商に封じ子姓を賜ったと伝えるが、商均と同一人とみられる（「帝嚳《ていこく》＝帝舜」で太陽神の性格をもつ、と白川氏もいう）。

周王朝の遠祖とされる后稷は、帝嚳の元妃（正妃）であった姜原が、野にあった巨人（「熊」の意ともいう）の足跡に感精して生まれたといい、殷とともに遠祖を同じくする伝承をもつ。帝嚳高辛氏は少昊金天氏の孫にあたるとされる（三皇五帝関係の系譜には様々に矛盾する所伝もあることに留意される）。

秦にも玄鳥・卵生の説話があって、『史記』秦本紀に見える。その遠祖の大廉は鳥俗氏の祖でもあり（その弟・若木ないし叔父・季の後が徐氏）、中衍は体が鳥で頭は人間とされる。秦の穆公（春秋五覇の一人といわれ、名は任好。秦第九代の王で、在位が前六五九～前六二一と伝える）の前に鬼神として現われ、その寿命を延ばしたと伝えるのが、中国の神話の「**句芒**《こうぼう》」という神である。少昊の子孫で鳥身人面とされ、帝伏羲の補佐として東方を治める神で、木の神でもあって、太陽が毎朝あがる神樹・扶桑を管理した、という。木の神は日本列島に木種をもたらし植樹したという伝承の五十猛神に通じる。

帝少昊は、秦と同じ嬴姓ともいい、**白帝**と称され、即位の席に鳳鳥が飛来する瑞兆があったと伝える。秦の襄公や献公は白帝を祀った。ちなみに、陰陽五行説では白を西・秋にあてるところからも、西方の神となる。少昊は窮桑（現在の山東省曲阜市）に生まれたとも伝えるから、この段階で山東など沿岸部に来ていたものか。

秦と同じ嬴姓の諸国は、上古の河南から湖北にわたる沿岸部に、江・黄・徐・穀・葛・奄などで多く分布して東夷と呼ばれた。なかでも、徐（江蘇・安徽省の北部）では偃王《えんおう》のときに勢威が強盛となり、周の穆王（『史記』によると、周第五代で在位が前一〇〇一～前九四六）は親征し楚の助力で徐国を討伐した。この徐偃王にも卵生伝説があって、『博物志』に見える所伝は東明王伝承に酷似する。年代的に見て、その焼直しが扶余・高句麗の伝承だと受けとられる。偃王の後裔が秦始皇帝のときの**徐福**とされ（廿九世孫という）、不老長寿の霊薬を求めて東海に漕ぎ出したと伝える（日本列島到達の信用性は疑問だと上述。江蘇省連雲港市北部に徐阜村がある）。

殷・秦の両王朝には、鳥信仰、太陽神（男神）という共通点もある。殷は氏族共同体の連合体で、後年の亀甲獣骨文字の解読から見て、王室は複数系統の王族（氏族）から構成されたという見方（松丸道雄氏）もあるが、当該王統に分脈・傍系があったとしても、一つの氏族なのであろう。

殷の滅亡（**殷周革命**）の時期については、中国の「夏商周年表プロジェクト」で紀元前一〇四六年だと結論した。これは『竹書紀年』に言う紀元前一〇二七年を否定するものだが、これら双方ともに年代遡上がかなりあるのではないか（実際には、一五〇〜二〇〇年ほど遡上か）、と私見ではみる。ちなみに、殷王朝の始まりは前一六〇〇年頃と同プロジェクトではみるが、殷王統が三〇王・十七世代で約五五五年（一世代平均の三二・六年、一王在位平均が一八・五年）というのは、上古当時の人間活動としては期間が明らかに過大である。こうした「生物としての人間」の活動を考えない検討は、国家プロジェクトによる「決定的な数値」だとしても疑問が大きい（当該プロジェクトでは炭素14年代測定法も併用されているが、この算出数値にも一般にいろいろ疑問がある）。

商（殷）の先祖の居地については、諸説あるようで、幽州（中国の古代区分で東北部にあたる）の燕の地から出たとみて、大部分の商人（商すなわち殷の一族）が主に中原を入った後も、余部は東北部に居留し、東北少数民族の祖先となり、高句麗人の源流となったとする見方もある。高句麗の出自でいわれる穢貊、高夷、鳥夷、扶余、商人、どれも古代の中国東北部に居た民族である。高句麗は殷と同系とする見方が近年の中国にあり（耿鉄華氏）、かつても、殷族を濊貉族の一分派とみる説や殷族はツングース族だという説があったが、殷族がツングースそのものかは疑問もある。

高句麗・百済に五部、殷にも五方土があり、日本でも、天孫ニニギや物部氏祖神の饒速日命、忌部氏祖神の天太玉命の降臨・移遷には五部の伴造（五部人〔神〕・五部造）が随行したとの伝承がある（『書紀』や『旧事本紀』『古語拾遺』）。遼寧省西部から内蒙古・河北省にひろがる紅山文化の大形積石墓が高句麗積石塚の淵源になるとの指摘は参考になるか。この文化は、内モンゴル自治区赤峰市で発見された紅山後遺跡に由来する。高句麗では古六暦の一という「殷暦」ないし顓頊暦を用いて、殷と同じ白衣が尊ばれた。顓頊暦は、秦から前漢の太初元年（紀元前一〇四）の改暦にいたるまで使われた太陰太陽暦である。

黄河上流部から西域につながる流れ

殷族も周族も、もと西方遊牧民だと水上静夫氏はみる。殷族の主要食糧の大麦も西アジア原産種である。殷族の中国中原への流入経路は、おおむね現在の新疆ウイグル自治区のタリム盆地（天山山脈の東南方）あたりから出て、モンゴルのステップ草原地区を東方に行き、オルドス（中国・内モンゴル自治区の南部）の北辺を過ぎたころから晋陝峡谷の東側を黄河本支流に沿って中原まで南下する道順を主に考えている（同氏の著『中国古代史の謎』。時間的な経過は不明）。

殷の始祖の契は、亳《はく》（河南省商丘といい、陝西省の商県ともいう）に都して以降、殷王朝創建者の湯王までに八回の移遷をし、殷王朝成立後でも五回の移遷をしたとされる。王朝初代の天乙（成湯、大乙）の都が「西亳」で、これが偃師商城だとみる説もある（偃師商城の性格には諸説あるが、殷文化に属することで一致という。水上氏は、河南省洛陽の東隣の偃師市二里頭遺跡あたりとみるが、この地は夏の遺跡とする説が中国では多い）。ともあれ、殷の初期の都城が中華中原の中岳たる嵩山の北西近隣にあったことに注目される。

もう一つ考慮しておきたいのは、中国最大級の塩湖である山西省運城市の「解池」で、魏の都・安邑の近隣に位置して、古代からたいへん重要な塩の生産地であった（当地を領したのが周王室一族で晋の始祖・唐叔虞の子の解良であった）。解池の赤みをおびるのは蚩尤血（蚩尤が死んだ時の血が化したもの）と伝えられる。蚩尤は牛頭といい、鉄の額で鉄石を食うとも、兵主神ともいわれるから、鍛冶神でスサノヲ神に通じるところもある。大和国磯城郡纒向にあった崇神以下三代の纒向王権は、纒向山を仰ぎ、その山麓で穴師坐兵主神社（名神大社）を祭祀した（これが、三輪山を尊重した「三輪王権」というのは誤解で、表現も悪い）。『逸周書』嘗麦解には「蚩尤は少昊にいた」とも見えるから、少昊との関係もある。「解」という地名も、天孫族では少彦名神の系統が塩供給に関与したことも想起される（拙稿「塩の神様とその源流」を参照。『日本塩業の研究』第二五集、一九九七年三月）。

わが国の天孫族が殷族と同種族の系統であれば、源流の地は黄河上流部南岸部の大湾曲地帯、すなわち**オルドス**地

穴師坐兵主神社（桜井市穴師）

方にあろう、と私はみている。
「オルドス（鄂爾多斯。綏遠）」地方とは、中国・内モンゴル自治区南部の黄河上流大屈曲部で、西・北・東を黄河に、南を万里の長城に囲まれた高原地域である（この地域では、特に紀元前五世紀頃から二世紀頃にかけて遊牧騎馬民族によるオルドス青銅器文化が栄えたが、これは殷系種族が移遷した後のこと）。現在はその大部分が砂漠であるが、往時の当地は大森林地帯と草地であったとされ、そこに棲む鳥類との関係で鳥トーテミズムも生じたとみられる（このことは、『逸周書』の記事を引いて上述）。

太白山（中国陝西省）

注目すべき地名で言えば、「太白山」という名の山が中国の内陸部にもある。山西省の西隣、陝西省の西南部にあって、主峰の抜仙台は海抜三七六七メートルであって、秦嶺山脈の最高峰、中国大陸東部の第一峰である。同じ山脈の近くには、西方に太陽山（二二七〇メートル）、東方に首陽山（二七二〇メートル）という高山もある。山西省の西北部には天帝山（二八三一メートル）という高山もあり、その北西には神木という地名も見える。これら地名から見ると、黄河上流部の本・支流の流域あたりに天孫族の遠い故地があった可能性もある。

更に、東夷に深く関連する帝少昊が、中国神話では西方の天帝・日没の太陽神とされる。『山海経』「西山経」には、西王母が居る玉山の西に積石の山、その西に「白帝少昊」の住む長留の山があり玉石が多い、その先に天山や太陽の沈む山があるという記事もある。この辺は中国中原から遥か西方の由来を示唆する。更にタリム盆地あたりまで遡るかどうかは不明だが、わが国の「天山」の意味・分布を考えると、天山山脈南方のこの地にまで及ぶ可能性もある。中央アジアの麦や大麻の起源（ヒマラヤ山脈の北西部山岳地帯が麻の原産地といわれ、タリム盆地からも近い）や積石塚の分布とも関係しそうであり、わが国天孫族（少彦名神後裔の忌部・麻績連）も麻に関係した。日本の三種神器の源流も遠くはスキタイの三種の宝器にあって、それがアルタイ系遊牧民などにより伝わったとの見方も先に記した。

まとめ―天皇氏族の一応の総括

古代の日本人の民族構成には幾つかの複合的な要素があり、主な古代の制度・習俗・祭祀や始祖伝承などが東北アジアに通じるものが多い。その一方、中国の江南系文化につながるもの（稲作などの農作儀礼、竜蛇信仰、鵜飼、潜水漁法、文身、銅鐸に通じそうな銅鼓など）も古代関係ではかなり多く、こちらは海神族の流れにつながる。だから、一概に言えないが、総じて言えば、最後に日本列島に入った天皇家などの古代支配層（天孫族）が箕子朝鮮の王族末流を主にした可能性が大きい。これには、満鮮のツングース種族（濊貊族）の血も交えた模様であり、これら両系統が同じ東夷系種族で、朝鮮半島南部の錦江の中流域付近（「韓王＝辰王」として居た天安・牙山あたり）でなんらかの融合をしたことも考えられる。天孫族の流れを引く諸氏族には月星祭祀も見られ、これは韓地ですでに持ったものか。

その地から伽耶の洛東江の中・上流域（高霊〔大伽耶〕・陜川〔多羅〕あたり）へと東南へ移遷したが（時期は紀元前一世紀代か）、更に南方へと動き、朝鮮海峡を渡って倭地に来たという心象が出てきた。とくに大伽耶が鉄産で栄えた事情も、天孫族や天日矛一族（昔氏脱解王も含む）の持つ鉄産・鍛冶の技術や太陽神祭祀・鳥トーテムにつながる。高霊の地は陶磁器好適な粘土も出し、大規模窯跡も多く残る。池山洞古墳群にはいくつか殉葬墓がみつかっており、殷・ツングースや上古代の大和王権の殉葬習俗に通じる。

更に、高霊の市街地北側、主山（標高三一〇メートル）に王城たる主山城（耳山城）があり、その山麓に王宮跡、東方の望山には王都防衛の石垣山城がある。朝鮮半島では、高句麗でも百済、新羅でも山城があり、その麓に王宮がおかれた。この意味でも、高良山神籠石の朝鮮式山城に注目される。天日矛も、韓地で分かれた広義の天皇家同族で、故地も共通であったのだろう（これら諸事情から言うと、天皇家祖先がもった姓氏は姚姓の箕氏から出た解氏か徐氏あたりか）。

スサノヲ神・八幡神や天日矛が来たという「新羅」も、狭義の新羅（慶州一帯）ではなく、もとは「徐氏の国（徐羅〔珍島金氏世乗にこの表現あり〕、徐耶伐）」の意で、主に大伽耶あたり（高霊から大邱にかけての地域）を中心とする広域を指したものか。

新羅の第二代王の「次々雄（慈充）」がスサノヲと同義だとする見解もある。園城寺北院など日本各地で祀られる「新羅明神」がスサノヲ（ないし五十猛神）とされるように、大伽耶や「新羅」の要素は、たいへん重要だと本書の著作過程で実感してきた。出羽弘明氏は古代日本と新羅神の強い関係を説き、岡谷公二氏も、わが国神社信仰の成り立ちに新羅・伽耶が或る役割を果たしたとみる（ここでの拙見に多少とも通じるものでは、スサノヲを「朝鮮の国魂」で、欽明紀十六年二月条で百済救援のときに倭国が神頼みした「建邦神」とみる近藤喜恒氏の見解にも通じるか。金元龍氏の見解では、衛満朝鮮が追われ南下して慶州で新羅を建て、更に日本に入って定着したが、その時期は古墳時代より先のことだとするが〔『韓国上古史上の争点』一九七七年刊〕、これだとかなり差異が大きい）。

カラ・カヤも、多くが本来は「大伽耶」のことを指すのであって、箕準の韓王に通じる。とはいえ、伽耶諸国の上古歴史など諸事情は、現在に残る文献資料ではきわめて乏しい。しかも、大伽耶、安羅や残る伽耶諸国が六世紀中葉迄には新羅にみな滅ぼされて、これら王族後裔も殆ど知られない。

それらの系図も伝えられないが、一部が金官王家（金海金氏）の系に後に混入した可能性もある。『姓氏録』には、右京皇別の新良貴氏が神武天皇の兄の稲飯命の後裔だと見えるが、これもたんなる系譜伝承だと切り捨ててはならない。

韓地から倭地への渡来については、大規模集団による征服・侵入ではなく、比較的に中小規模の集団移住という程度であろう（当時の船の渡海能力、造船能力から考えても、大規模な数の征服集団は考え難い。片山一道氏『骨が語る日本人の歴史』では、五～八世紀頃の渡来人はせいぜい総計で一万人ほどとみており、弥生時代全体で見てもほぼ同様かもっと少ないものであろう）。

この渡来時期も、様々な考古遺物や東北アジア・日本の古族の系譜伝承などから見て、紀元一世紀代前半頃とするのが穏当な線である。後漢の光武帝が建武中元二年（西暦五七）に倭の奴国（倭奴国）からの朝貢に対し、蛇鈕の印綬を賜与し、これが「倭」の初見とされる。この時は、天孫族の遠祖が北九州に既に来ていたとみるものの、まだ辺地の微小勢力にすぎない。「倭人、倭地」は、この当時の北九州における主体的な勢力（越〔タイ族〕系、海神族系）を当初、指しており、金印の蛇鈕もそれを傍証する（漢の印制に不適などと、偽印説も出たが、後に蛇鈕の「滇《てん》王之印」〔前漢の武帝のとき賜与の蛇鈕〕や後漢の「広陵王璽」〔亀鈕の金印〕の出土もあり、これら諸事情から見ても真印としてよい）。西暦一〇七年に後漢に朝貢の倭国王帥升も含めて、この頃は倭地にあっても、天皇家の遠祖の活動ではまだなかった。

（なお、**澤田洋太郎氏**の見解があり〔『伽耶は日本のルーツ』など〕、留意しておきたい。すなわち、太陽神祭祀をもつ騎馬系民族の大伽耶〔高霊〕の王族が、洛東江を下り渡海して、西暦紀元前後に博多湾岸に到来し、更に内陸部に進んで筑後川流域の筑前国甘木あたりを押さえたのが、記紀神話の「高天原」であり、「第一次邪馬台国」だ。天照大神は男性神で、記紀の筑紫神話・出雲神話はすべて北九州にあった邪馬台国で実際にあったことを題材にしている、と澤田氏はみる。

私見とは、結論としての上記の基本線がほぼ同様ということであるが、それ以外では様々な点で思考・内容が大きく異なるものでもあって、この辺を併せて付記しておく。拙見では、①騎馬系民族とはとらえず、広義のツングース系で殷王族の流れとみること、②都城地域は、甘木ではなく、高良山麓の久留米あたり、③安曇族と同盟したことには反対、④上陸地は博多湾ではなく、松浦半島とみること、などの違いも多い。こうして見たとき、神統譜は具体的な人間活動の系譜でもある。

また、奥野正男氏の著『騎馬民族の来た道』では、騎馬民族説に立ちつつ、洛東江流域から九州北部に渡来してきたものとし、それを馬具類と伽耶系の陶質土器が象徴的に示すとする)。

ここまでに見てきた多くの事象・習俗・伝承などをを総合的に考えると、天皇家の父系源流は殷族などと同系統の種族で、鳥トーテミズム・太陽神祭祀・鍛冶技術や殉葬習俗をもった。各々の諸王・族長による遷都の多さも共通する。白川静氏も、天皇家の祭祀等には商王朝（殷）の末流の色彩が見られると指摘する。殷の遥か先まで考える場合には、鳥トーテミズムの観点から少なくとも黄河上流域のオルドス地方あたりまで遠祖の足跡が辿りうるのではなかろうか（あるいは、遠くは西域・中央アジアあたりまでかもしれないが、その辺まで行くと傍証でも少なくなる）。

大雑把に言えば、淵源のオルドスあたりから出て、山西省↓河南・山東省↓遼西（朝陽あたり）↓朝鮮半島北部の**大同江流域**（平壌あたり）へと移遷してきた。その後、朝鮮半島西部を南下した後に（天安・牙山あたりを経て）、伽耶の**洛東江上流域**（高霊あたり）、更に南下して韓地南岸部に行き、渡海して対馬・壱岐へと島づたいに朝鮮海峡を通り、九州北部の松浦半島に着いたのであろう。

朝鮮北部から以降の道程では、江上説と時期は大きく異なるも（約三百年も拙見のほうが古い）、経路はほぼ重なるようには見えそうだが、高句麗・百済同族が動いたとしたら、おそらくは異なるものだろう（江上説では、朝鮮半島南部での動きも、伽耶での拠点も明確には描写されない）。これが、わが国天孫族の祖系が来た道と言えそうである。

おわりに

津田流史学の見直しの必要性

天皇家の遠祖や源流を追求し、日本や東北アジア地域の上古史までを検討してきて、戦後のわが国上古史研究における二大欠点ともいうべきものを痛切に認識した。

その一つは、これら地域関係の文献・史料記事の理解・把握における素朴すぎる先入観・予断であり、もう一つは前者に基づく史料の安易な切捨てと造作論・反映説という粗雑な推論の展開である。合理性を追求する科学的史観が重要であり、適切な史料批判は是非とも必要である。しかし、そうは言いながらも、戦後の歴史研究の主流派となった津田流史学関係者がともに行ったのが上記二点である。これが、客観的な資料だとして考古遺物とその評価に過度に寄りかかり、民族（種族）や国家の成り立ちを説明する姿勢に結び付きやすい。このような姿勢・態度を、佐野学氏は『日本古代史論』で強く批判した（実は、考古遺物の評価自体には必ずしも客観的だとは言えない面があり、この辺に十分留意される）。

そして、時代・場所・人物（When、Where、Who）という歴史事件の三大要素の把握に関して、それら欠点が顕著に現れるから、神話・伝承・習俗も含め貴重な上古史料が投げ捨てられ、上古史の部分が空白の時代とされてきた。ヤマト王権成立期たる重要な四世紀について、「空白の四世紀」という語さえある。いま、学校で使われる教科書ではこの辺が如実に示される。戦後発達した考古学はたいへん重要だが、これだけでは個別の人物の具体的な動きや歴史的事件、政治過程を殆ど把握できない。

だから、上記重要要素の的確な把握のため神話・習俗まで含めて総合的広域的に歴史全体の流れのなかで検討する必要性を痛感する。井沢元彦氏も、「日本の歴史学界は現象を通りいっぺんに説明するだけで終わっており、それ以上の展開がない。…（中略）…その理由も……歴史を全体像として見ていないからである」と指摘する（夕刊フジ連載「北条執権と元寇」の記事。後に『井沢元彦の激闘の日本史』に所収）。

江戸時代以降で見ると、津田博士などの研究も通じて、特定の「先入観・予断」が原型ないし史実を探るうえで大きな障碍になってきた。最もそれを感じたのは、史料の年紀（年代、暦法）の不的確な把握と習俗・祭祀・トーテミズムの不理解という問題である。日本史料の「記、紀」の年数の長さをありえないこと、これが後世の造作だと強く批判する内外の研究者が、朝鮮の『三国史記』の記事になると、日本の紀年表記例をすっかり忘れ、異常に長い年紀にもかかわらず、同書記事の年代をそのままに受けとりがちになる。その結果、韓地について誤った歴史展開に導かれる。

また、距離の尺度である「一里」という中国・日本の概念を見ても、具体的な長さは時代により変遷した。邪馬台国論争においても、「長里・短里」の議論がある所以でもある。それは、距離尺度に限った話ではなく、地名・郡治・国・都府など地理概念でも同様であり、時代によりかなりの変遷をする。いつの時代でもそれらが現代と同じ基準であるはずはないというのが基本認識であるべきである。ところが、この辺もまったく素朴に、現代の認識・感覚と同じく受けとるという先入観が強くあって、これが有名な大学者の見方にあっても働きすぎてきた。

本書を執筆しながら強く感じたのは、例えば「熊襲」は南九州地方の未開種族、「出雲」は現・島根県、「日向」は現・宮崎県だという『書紀』成立時の奈良時代人の認識を、なんら疑うことなく先入観で受け入れ、それに基づいて神代・上古の記事を把握することである。史料の記事は、事件発生時の認識、次ぎに当該史料成立時の編纂者の認識、という二重のフィルターで覆われ、しかも所伝には年代経過に伴い様々な転訛もあるのだから、記紀成立時の認識把握が正しくとも、史実原型の把握にほど遠いことがありうる。要するに、奈良時代人の認識そのものが史実原型から大きく変わっている場合がある。熊襲は、狗奴国でも隼人でもなかった。天日矛の降臨伝承がある「意呂山」も、語呂が通じやすい蔚山ではない可能性が大きい。戦後古代史学に頻出する語呂合わせ比定は、もういい加減に改めるべきであろう。

この認識関係で最も重大な要素の一つ、記紀の紀年問題も、現代の年紀・干支でそのまま素朴に受けとめていることが多い。日本の上古史については、さすがに年紀の過大な延長があるという認識のもとで、干支二巡繰下論なども出されたが、総じて不十分な検討が多い。「上古史の謎」があるならば、それを解く大きなカギの一つは時間観念など主要要素の把握であるのに、それが誤解されて、的確になされなかったことである。

いわば、これら誤解された把握の基礎のうえに、津田博士流の視野狭窄な「合理的史観」が出てきた。その影響で『記・紀』の上古記事などが切り捨てられ、白紙になったところで勝手な造作論と妄想論が展開された。要は、先入観に基づく誤解から全てが始まっている。そして、東北アジア地方が絡んでくると、想像論・願望論が更に飛躍する（呆れることに、朝鮮の誰かが日本列島の特定者（天皇とか大豪族の族長）に当たるという見解さえ、平気で出る。これも、津田史学による記紀の造作論・虚偽論の悪影響の一つか）。

端的に何を言いたいかというと、上古史関係の記事は中世史料と異なり、情報報道の5Ｗ１Ｈ、とくにWhen 時間、Where 場所、Who 人物について、先入観をもたずに、時代の変遷に応じた的確・適切な具体的把握が必要である。神異的な事象（例えば、天降り、動物関係の神話）についても、東北アジア、更には中国や西域という広域のなかで、古代からの習俗・祭祀やトーテミズムをよく踏まえて、意味する実態を把握すべきである。津田博士流の上古史を見る見方は、必ずしも論理的ではない。それどころか、視野狭窄で中途半端な「合理史観」にすぎないものがかなり多い。このことを十分認識する必要がある。関連する年代や距離などの数値（推定値）も、素朴な粗い試算数値ではなく、精査・検証されたものが用いられるべきところ、「生身の人間や種族としての活動」を考慮しないものを基礎に考える傾向が往々に見られる。紀年や暦法の不的確な把握の基礎には、人間性の無視という事情が大きく横たわる。考古遺跡は勝手に出来上がるものではなかった。

戦後の古代史学における記・紀批判の方法（反映論、モデル論、分布法の多用）には日本独特のものがある。こうした史料批判が「かなり恣意的に行われている。記・紀批判が後代の記・紀編者の造作・作為を強調するあまり〝伝承〟というものの歴史への接近の通路を簡単にふさいでしまう場合も多い。また記・紀の分析方法としての反映法・モデル論・分布法で不当に歴史的事実を創造してしまう場合も多い」という指摘が、小林敏男氏からもなされる（『日本古代国家形成史考』二〇〇六年刊）。

この小林氏の指摘は正鵠を得ており、研究者自身が理解不能なことを簡単に造作・創造だと切り捨てる津田流史学の悪弊に、歴史学界がそろそろ気づいて、これを是正すべき時期にきている。考古学だけでは事件・人が様々に織りなす歴史を語ることはできないし、人間としての具体的な活動に基本視点をおき、「バランスの取れた社会常識」について、歴史学者はもっと自覚し、この辺を踏まえた新たな歴史像を再構築する必要がある。

本書執筆過程を経ての認識の変化

古代史の解明のためには、歴史事件の三大要素の的確な把握が必要であると共に、歴史全体の流れに加えて、個別の事件などに様々に関与して、歴史体系のなかに「横糸」を織り込む活動をする個別氏族の研究が是非とも必要である。本書は、これまでの本古代氏族シリーズ既刊本の集約的な要素をもち、広範囲で長期間にわたる問題を取り上げるため、結論的な要点を掲げて済ました個所もかなりあることを改めてお断りする（註などもつけて、終始、丁寧な記事で続ける場合、相当大部な分量になる。その意味で、やや分かりにくい表現もあるかもしれず、適宜、別の拙著関連個所をご参照いただけたらと思われる）。

総じて「人間不在の感」がある考古学者の古代史観には問題が大きいと思いながら、本書の検討・執筆にかかってから四年超の期間を経たが、その過程で当初の認識が変化した事情がいくつかあった。そのなかで、特に主なもの三点を最後にあげておきたい。

先入観の排除を最初に記したのは、私自身の誤った思込みも本書執筆過程で気づかされ、その都度驚いて、考え方の変更を余儀なくされた事情がいくつかあるからである。例えば、天皇家の遠祖が伽耶の安羅・多羅あたりに居たかと認識していたが、その先が具体的にどの地に居たのかについては、漠然と扶余系の流れではないかとみていた（この辺は、江上氏の騎馬民族説に影響された面があるかもしれない）。

それが、執筆過程での様々な検討を経て、いまでは、箕子朝鮮系の流れを汲み、平壌あたりから馬韓の地（牙山・天安までを含む錦江流域）へ行き、次ぎに大伽耶あたり（高霊あたりの洛東江流域で、新羅にも近い地域。高霊郡にも茶山面に月城里がある）を経て、北九州へ渡来してきたとみるほうに大きく傾いた。

そこで、高霊の**位置付け**が重要になってきて、「任那」や伽耶の意義についても考え直した（これら地域比定にあたり、従来の日本での多数説、予断が疑問だとも認識した）。これら認識の変化にあたって、韓国の研究者二人、李丙燾氏・全向来氏には貴重な知識・示唆を与えられており、その学恩にまず感謝申し上げる。それにしても、天孫族の祖系を尋ねるため是非とも必要な伽耶関係の史料の残存が皆無に近いのは残念なことである。

次ぎに、**トーテム関係の動物**では、「熊」の原型が大熊猫（パンダ）や貊・狢・猪などを含む豕豸類で、「三足烏」の原型がイヌワシ（金雕）という可能性が出てきたのも、意外であった。この辺は、少彦名神やその後裔の備前・和気氏が猪トーテムをもったことにもつながり、鴨氏族にも関係する。白い猪が穀霊の御歳神へ献上する贄であって、御歳神を祀ったのは葛城鴨氏だとの見方もある（笹川進二郎氏の「白猪史と白猪屯倉」、『論究日本古代史』所収）。中央アジアにあった上古の遊牧民・烏孫《うそん》（元は甘粛省の敦煌、青海省の祁連の間に居住し、匈奴に追われて西遷した種族）の末裔というカザフ族がイヌワシをトーテムとする事情も、「烏＝イヌワシ」を傍証しよう。これが、太陽に棲む「烏」であり、ヤタガラスが金鵄につながる事情でもある。

更に、「宮中八神」の一座として永く皇居に祀られてきた**玉積産日神**の存在である。この神名は、高良玉垂命や天活玉命が男性神たる天照大神の異名の一つであることに通じ、この神を主祭神とする高良大社のある福岡県久留米市が「高天原＝邪馬台国」の都城であったことを示唆する（併せて、高良神の祭祀が筑後川以南に集中して多数分布しており、邪馬台国の領域を示唆するか。現在の考古学者主流派が邪馬台国に固執する奈良県纒向遺跡は、後代の崇神・垂仁・景行三代の王都関係遺跡にすぎない。崇神朝当時の勢力版図は九州には達してないことに留意）。

ところが、当該神は、これまでは研究者からはまるで無視される存在であったのであり、四年ほども携わってきた本書著作の最後の段階で初めて重要性を認識し、これに驚愕した。この辺も含め、天皇家の遠祖神の神統譜に様々な示唆を得たものである。

以上の例などからみて、国際的なアジア広域という視野で、海外研究者の学説をも踏まえつつ、現在に伝わる各種資料を丁寧に取り扱って、日本の上古史を総合的に見る必要性を痛感する。人間が天から降ってくるはずがないから、「天孫降臨」伝承が非科学的で造作だとする論理は明らかにおかしい。日本列島はもちろん、東北アジア・朝鮮半島を含むの広域の古伝や祭祀・習俗などを十分に視野に入れて考察することの重要性を認識する。

本書の最後に、私が長く関心を持ち続けてきた天皇家の遠い先祖や神統譜の解明・整理の問題がこれで一応、形となって提示できたことで、先学に深く感謝いたしたい。江戸期の平田篤胤の著作のなかに『神代系図』（『古志徴』一之巻附録）という書もあるが、天活玉命などの神々の実体やその系譜の把握には疑問も多々あって、その辺への疑問も提示した。太田亮博士による神統譜の把握（『姓氏家系大辞典』所載の「神代御系図、皇室御系図」）についても、同様に疑問なものがある。

こうした大家にあっても、誤解が多いことの要因は、神統譜に現れる神々は複数の異名をもったこと（後裔氏族で先祖神の名を別々に伝えた結果か）を自覚しないか十分に留意せず、しかも、古代氏族の系譜・先祖を的確に考慮しなかったことで、各々の神名の実体把握に大きな問題があったからでもある。総じて、記紀や『旧事本紀』等の記事を素朴に（表面づらで）把握・理解する傾向もあって、この辺も問題が大きい。これまでの日本神話の研究については、萩野貞樹氏の『歪められた日本神話』という厳しい批判があり、その論調全てに同意するわけではないが（同氏にも思い違いの面があると思う）、それでも、総じて言えば、神話研究が古代史学同様、津田学説の影響が強すぎて、問題が大きいと考える。

学恩を受けた内・外の関係者のうち、とくに、本書執筆中に福井の**白崎昭一郎氏**のご逝去（平成二十六年八月）があった。私の富山在勤中の頃から何度も交信し、研究誌『古代日本海文化』の長年の編集や継体天皇、好太王碑文、考古学関係の諸著作などの業績・研究がある（結論には多く賛成というわけでもないが、様々な示唆・刺激をうけた）。これまでの学恩への感謝と共に、ご冥福をお祈りします。先日、雑誌『東アジアの古代文化』最終号での白崎氏の著述を見て、拙著『神功皇后と天日矛の伝承』への高評価も知った次第である。

併せて、私の外務研修所での中国語の教師で、殷の甲骨文研究の大家であった欧陽可亮先生や、北京で遊戯も含め広く親交のあった毎日新聞記者・中野謙二氏（羌族研究関係の著作がある）は共に故人となられたが、両氏へは学恩のみならず様々な思いを馳せたい。敬愛する友人の東出甫君に対しても同様である。

また、朝鮮半島の古代歴史に関し坂元義種氏、中国の神話・習俗に関し白川静氏などの諸著作に種々の教示・示唆をいただいた。このほか、「百度百科」（中国語版）などネット上の各種情報などを含め、ここで名をあげない多くの研究者・編集者や様々な知識の提供者に対しても、同様に深く感謝申し上げる次第でもあります。

資料編

1　天皇氏族の遠祖系図試案

天皇家の海外遠祖を含む祖系について、鈴木真年・中田憲信などの収集系図や各種の朝鮮族譜などに基づき、現段階で整理した推定試案を提示しておく。応神天皇以前の族外婚（同姓不婚）と仁徳天皇以降の差異にも十分留意のこと。

第2図　天皇氏族の遠祖系図（推定試案）

※一部に推定・試論を含む。長幼の順は不定。

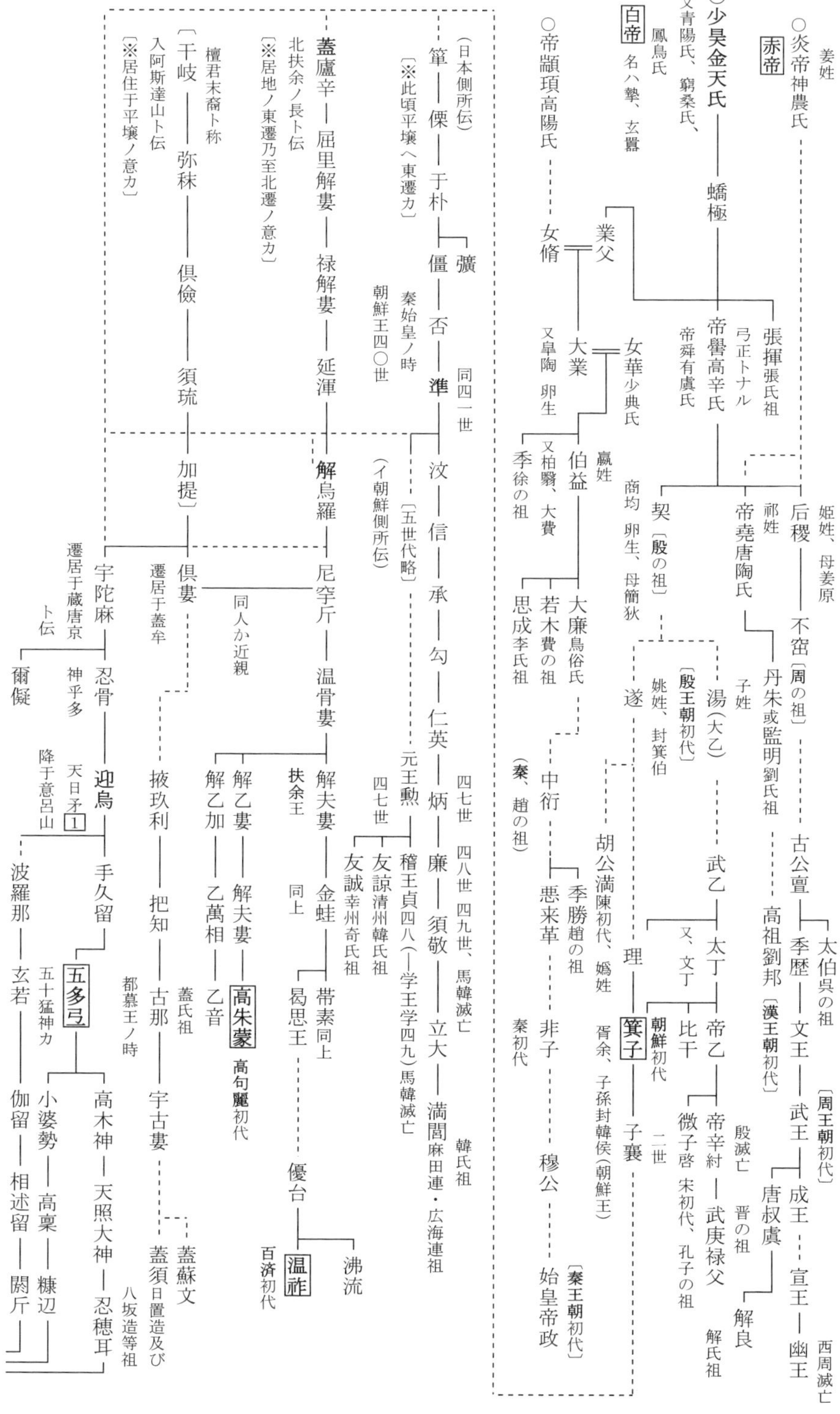

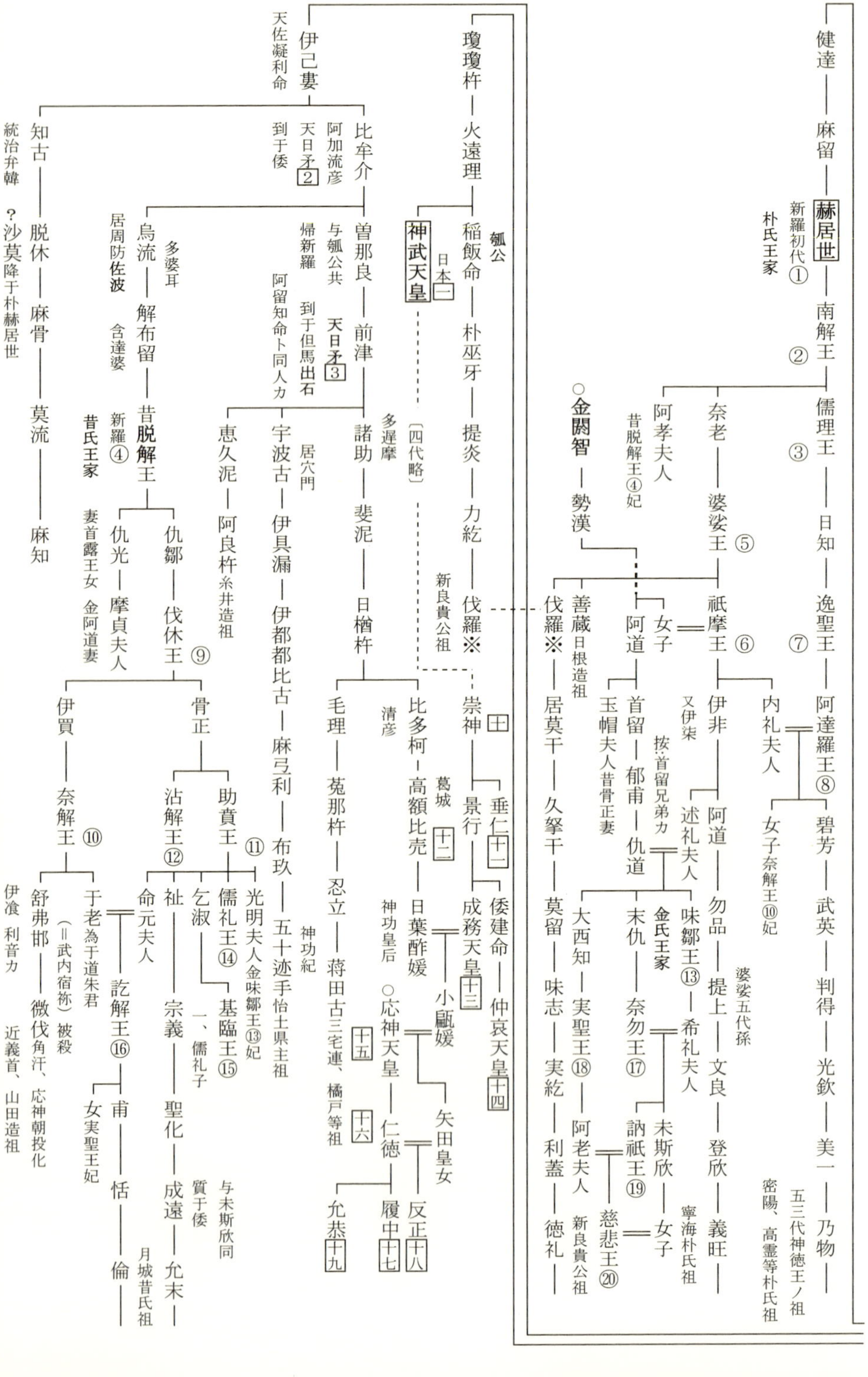

健達—麻留—赫居世 新羅初代① 朴氏王家
南解王②—儒理王③—日知—逸聖王⑦—阿達羅王⑧—碧芳—武英—判得—光欽—美一—乃物
五三代神徳王ノ祖
密陽、高霊等朴氏祖
内礼夫人
女子 奈解王⑩妃
奈老—婆娑王⑤—祇摩王⑥—伊非 又伊柒—阿道—勿品—提上—文良—登欣—義旺
婆娑五代孫
寧海朴氏祖
女子
阿孝夫人 昔脱解王④妃
○金閼智—勢漢—阿道—首留—郁甫—仇道
按:首留兄弟カ
玉帽夫人 昔骨正妻
味鄒王⑬—希礼夫人
金氏王家
末仇—奈勿王⑰—訥祇王⑲—慈悲王⑳
未斯欣—女子
大西知—実聖王⑱—阿老夫人
新良貴公祖
善蔵 日根造祖
伐羅※—居莫干—久拏干—莫留—味志—実紇—利蓋—徳礼
瓊瓊杵—火遠理—稲飯命—朴巫牙—提炎—力紇—伐羅※
瓠公
新良貴公祖
神武天皇 日本一
〔四代略〕
崇神十—垂仁十一
景行—倭建命—仲哀天皇十四
成務天皇十三
比多柯—高額比売—日葉酢媛
清彦
葛城 十二
小瓺媛—矢田皇女
神功皇后
○応神天皇十五—仁徳十六—履中十七
反正十八
允恭十九
伊己婁 天佐凝利命
比牟介 阿加流彦 天日矛2 到于倭
曽那良 与瓠公共 帰新羅
前津 天日矛3 到于但馬出石 阿留知命ト同人カ
諸助 多遅摩—斐泥—日楢杵—毛理—菟那杵—忍立—蒋田古 三宅連、橘戸等祖
十五
十六
宇波古 居穴門—伊具漏—伊都都比古—麻弖利—布玖—五十迹手 怡土県主祖
神功紀
恵久泥—阿良杵 糸井造祖
烏流 多婆耳 居周防佐波
解布留 含達婆
昔脱解王 新羅④ 昔氏王家
仇鄒—伐休王⑨—骨正
助賁王⑪—儒礼王⑭
光明夫人 金味鄒王⑬妃
乞淑—基臨王⑮ 一、儒礼子
祉—宗義—聖化—成遠—允末
質于倭 与未斯欣同
月城昔氏祖
沾解王⑫
命元夫人
仇光—摩貞夫人
妻首露王女 金阿道妻
伊買—奈解王⑩
于老 為于道朱君 (=武内宿祢) 被殺
訖解王⑯—甫—恬—倫
女 実聖王妃
舒弗邯—微伐 角汗、応神朝投化
伊飡 利音カ
近義首、山田造祖
知古—脱休—麻骨—莫流—麻知
統治弁韓
?沙莫 降于朴赫居世

〔天皇家〕

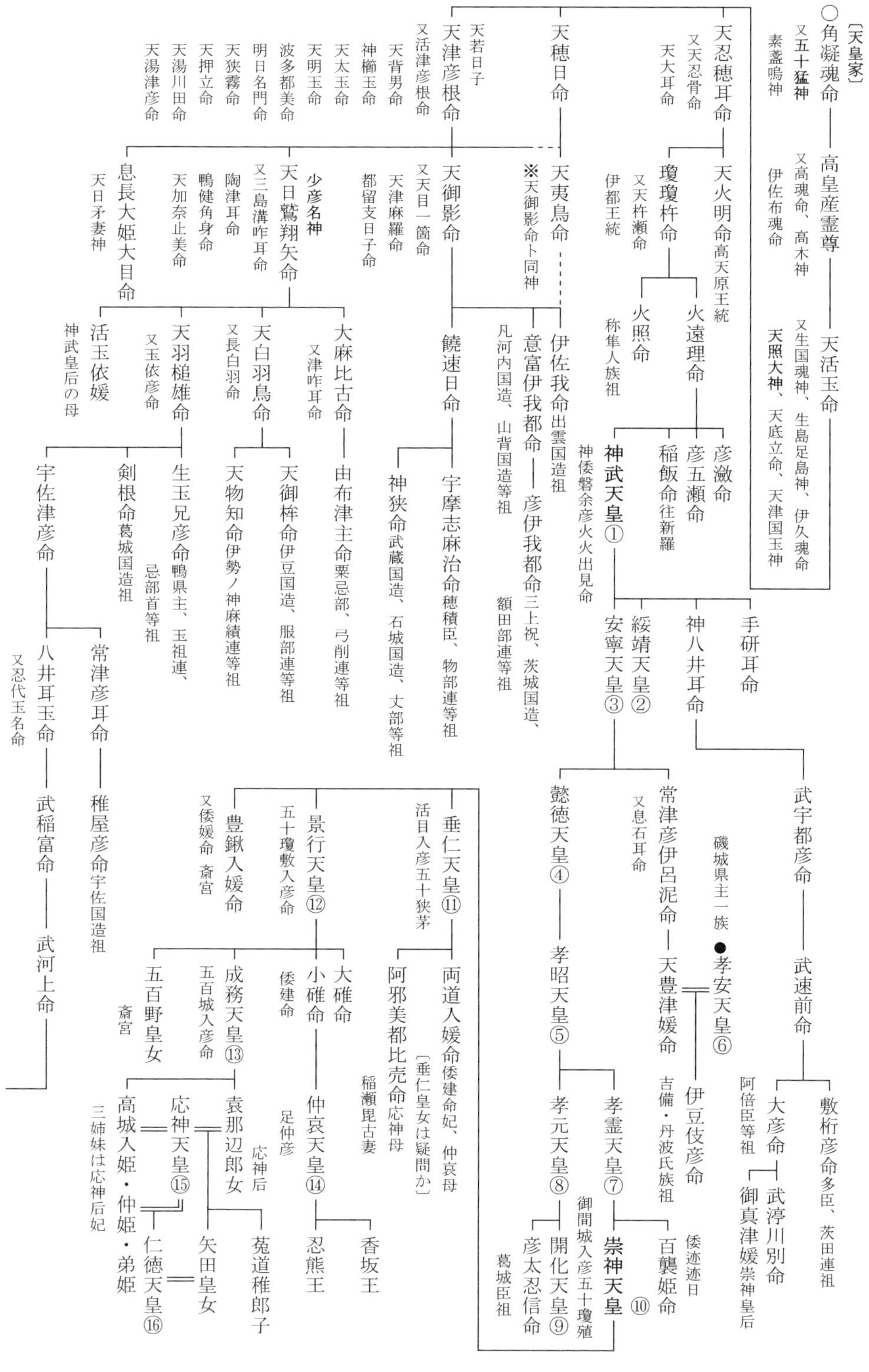
○角凝魂命
又五十猛神
素戔嗚神
高皇産霊尊
又高魂命、高木神
伊佐布魂命
天活玉命
又生国魂神、生島足島神、伊久魂命
天照大神、天底立命、天津国玉神
天忍穂耳命
又天忍骨命
天大耳命
天火明命高天原王統
瓊瓊杵命
又天杵瀬命
伊都王統
火遠理命
火照命
称隼人族祖
彦瀲命
彦五瀬命
稲飯命往新羅
神武天皇①
神倭磐余彦火火出見命
手研耳命
神八井耳命
綏靖天皇②
安寧天皇③
武宇都彦命
武速前命
敷桁彦命多臣、茨田連祖
大彦命
阿倍臣等祖
武渟川別命
御真津媛崇神皇后
磯城県主一族
●孝安天皇⑥
常津彦伊呂泥命
又息石耳命
天豊津媛命
伊豆伎彦命
吉備・丹波氏族祖
懿徳天皇④
孝昭天皇⑤
孝霊天皇⑦
百襲姫命
倭迹迹日
孝元天皇⑧
崇神天皇⑩
開化天皇⑨
御間城入彦五十瓊殖
彦太忍信命
葛城臣祖
垂仁天皇⑪
活目入彦五十狭茅
両道入媛命倭建命妃、仲哀母
阿邪美都比売命応神母
〔垂仁皇女は疑問か〕
稲瀬毘古妻
景行天皇⑫
五十瓊敷入彦命
豊鍬入媛命
又倭媛命 斎宮
大碓命
小碓命
倭建命
仲哀天皇⑭
足仲彦
香坂王
忍熊王
成務天皇⑬
五百城入彦命
五百野皇女
斎宮
袁那辺郎女
応神后
菟道稚郎子
矢田皇女
応神天皇⑮
高城入姫・仲姫・弟姫
三姉妹は応神后妃
仁徳天皇⑯
天穂日命
天夷鳥命
※天御影命ト同神
伊佐我命出雲国造祖
意富伊我都命
凡河内国造、山背国造等祖
彦伊我都命三上祝、茨城国造、
額田部連等祖
天津彦根命
又活津彦根命
天若日子
天御影命
又天目一箇命
饒速日命
宇摩志麻治命穂積臣、物部連等祖
神狭命武蔵国造、石城国造、丈部等祖
天背男命
神櫛玉命
天太玉命
天明玉命
波多都美命
明日名門命
天狭霧命
天押立命
天湯川田命
天湯津彦命
天津麻羅命
都留支日子命
天日鷲翔矢命
又三島溝咋耳命
少彦名神
陶津耳命
鴨健角身命
天加奈止美命
息長大姫大目命
天日矛妻神
大麻比古命
又津咋耳命
由布津主命粟忌部、弓削連等祖
天白羽鳥命
又長白羽命
天御桙命伊豆国造、服部連等祖
天物知命伊勢ノ神麻績連等祖
天羽槌雄命
又玉依彦命
生玉兄彦命鴨県主、玉祖連、
忌部首等祖
剣根命葛城国造祖
活玉依媛
神武皇后の母
宇佐津彦命
常津彦耳命
稚屋彦命宇佐国造祖
八井耳玉命
又忍代玉名命
武稲富命
武河上命

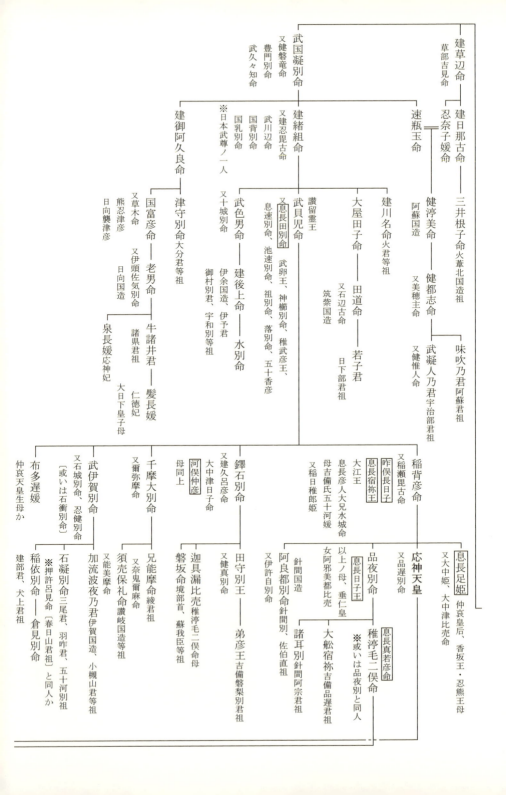

建草辺命
草部吉見命
武国凝別命
又健磐竜命
豊門別命
武久々知命

建日那古命
忍奈子媛命
速瓶玉命
建緒組命
又建忍毘古命
武川辺命
国背別命
国乳別命
※日本武尊ノ一人
建御阿久良命

三井根子命 火葦北国造祖
健渟美命
阿蘇国造
健都志命
又美穂主命
味吹乃君 阿蘇君祖
武凝人乃君 宇治部君祖
又健惟人命
建川名命 火君等祖
大屋田子命
田道命
又石辺古命
筑紫国造
若子君
日下部君祖
武貝児命
讃留霊王
又息長田別命
武卵王、神櫛別命、稚武彦王、
息速別命、池速別命、祖別命、落別命、五十香彦
武色男命
又十城別命
建後上命
伊余国造、伊予君
御村別君、宇和別等祖
水別命
津守別命 大分君等祖
国富彦命
又草木命
熊忍津彦
日向襲津彦
老男命
又伊頭佐気別命
日向国造
牛諸井君
諸県君祖
髪長媛
仁徳妃
大日下皇子母
泉長媛 応神妃

稲背彦命
又稲瀬毘古命
咋俣長日子
息長宿祢王
大江王
息長彦人大兄水城命
母吉備氏五十河媛
又稲日稚郎姫
鐸石別命
又建久呂彦命
大中津日子命
河俣仲彦
母同上
千摩大別命
又爾弥摩命
武伊賀別命
又石城別命、忍健別命
〔或いは石衝別命〕
布多遅媛
仲哀天皇生母か

息長足姫
又大中姫、大中津比売命
仲哀皇后、香坂王・忍熊王母
応神天皇
又品遅別命
品夜別命
息長日子王
以上ノ母、垂仁皇
女阿邪美都比売
稚渟毛二俣命
息長真若彦命
※或いは品夜別と同人
大舩宿祢 吉備品遅君祖
諸耳別 針間阿宗君祖
阿良都別命 針間別、佐伯直祖
針間国造
又伊許自別命
田守別王
又健真別命
弟彦王 吉備磐梨別君祖
迦具漏比売 稚渟毛二俣命母
磐坂命 境部首、蘇我臣等祖
兄能摩命 綾君祖
又奈鬼爾麻命
須売保礼命 讃岐国造等祖
又能美摩命
加流波夜乃君 伊賀国造、小槻山君等祖
石凝別命 三尾君、羽咋君、五十河別祖
※押許呂見命〔春日山君祖〕と同人か
稲依別命
倉見別命
建部君、犬上君祖

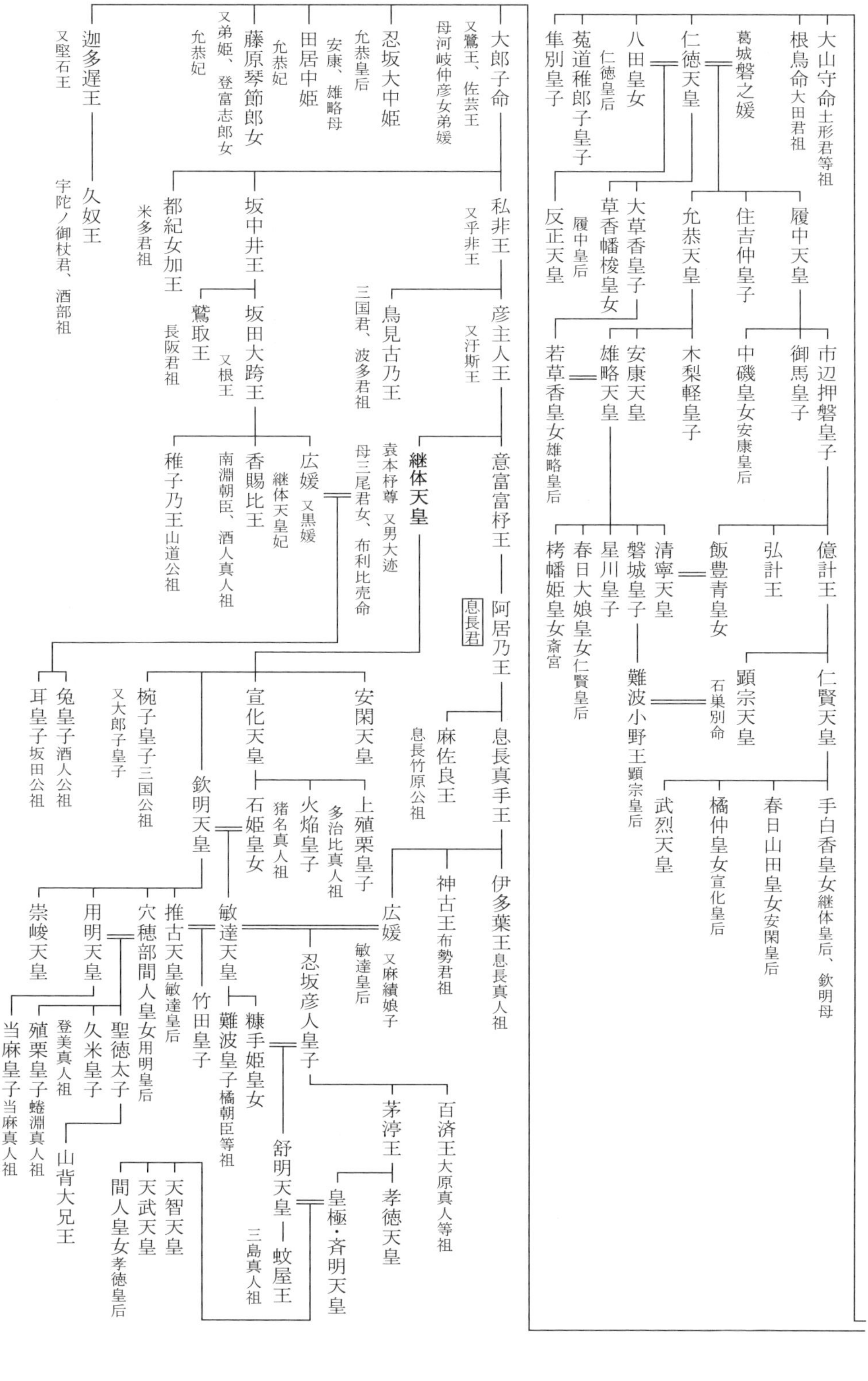
大山守命土形君等祖
根鳥命大田君祖
葛城磐之媛
仁徳天皇
八田皇女
仁徳皇后
菟道稚郎子皇子
隼別皇子
履中天皇
住吉仲皇子
允恭天皇
大草香皇子
草香幡梭皇女
履中皇后
反正天皇
市辺押磐皇子
御馬皇子
中磯皇女安康皇后
木梨軽皇子
安康天皇
雄略天皇
若草香皇女雄略皇后
億計王
弘計王
飯豊青皇女
清寧天皇
磐城皇子
星川皇子
春日大娘皇女仁賢皇后
栲幡姫皇女斎宮
仁賢天皇
顕宗天皇
石巣別命
難波小野王顕宗皇后
手白香皇女継体皇后、欽明母
春日山田皇女安閑皇后
橘仲皇女宣化皇后
武烈天皇
大郎子命
又鷺王、佐芸王
母河岐仲彦女弟媛
忍坂大中姫
允恭皇后
安康、雄略母
田居中姫
允恭妃
藤原琴節郎女
又弟姫、登富志郎女
允恭妃
迦多遅王
又堅石王
私非王
又平非王
坂中井王
都紀女加王
米多君祖
久奴王
宇陀ノ御杖君、酒部祖
彦主人王
又汗斯王
鳥見古乃王
三国君、波多君祖
坂田大跨王
又根王
鷲取王
長阪君祖
意富富杼王
継体天皇
袁本杼尊 又男大迹
母三尾君女、布利比売命
広媛 又黒媛
継体天皇妃
香賜比王
南淵朝臣、酒人真人祖
稚子乃王山道公祖
息長君
阿居乃王
息長真手王
麻佐良王
息長竹原公祖
安閑天皇
宣化天皇
欽明天皇
椀子皇子三国公祖
又大郎子皇子
兔皇子酒人公祖
耳皇子坂田公祖
上殖栗皇子
多治比真人祖
火焔皇子
猪名真人祖
石姫皇女
伊多葉王息長真人祖
神古王布勢君祖
広媛
又麻績娘子
敏達皇后
忍坂彦人皇子
敏達天皇
推古天皇敏達皇后
竹田皇子
穴穂部間人皇女用明皇后
用明天皇
崇峻天皇
糠手姫皇女
難波皇子橘朝臣等祖
百済王大原真人等祖
茅渟王
孝徳天皇
皇極・斉明天皇
舒明天皇
蚊屋王
三島真人祖
聖徳太子
久米皇子
殖栗皇子蜷淵真人祖
登美真人祖
当麻皇子当麻真人祖
山背大兄王
天智天皇
天武天皇
間人皇女孝徳皇后

2 天皇氏族諸氏から出た姓氏と苗字

I 皇親系氏族

○『姓氏録』では、最初に継体天皇の先祖、稚渟毛二俣命の後裔氏族（同命の後裔で、継体天皇以降の天皇の後裔を含む）に「皇親」としての位置づけをする。

稚渟毛二俣命の系譜は、記、紀、録及び『皇胤紹運録』等諸書ともに、応神天皇の皇子に記すが、実際には針間国造の祖・稲瀬毘古（稲背入彦命。記紀に景行天皇の皇子とするのは、のちの系図付会）と垂仁天皇皇女・阿邪美都媛との間に生まれ、后妃には袁那弁《おなべ》媛（小甂媛。成務天皇と神功皇后との間に生まれ、宇治稚郎子・八田皇女の母）や高木入媛・仲媛姉妹（妹が仁徳天皇の母）がおり、応神の姉妹には仲哀天皇の皇后で香坂王・忍熊王兄弟を生んだ大中姫がいたという結論を記しておく（詳しくは本シリーズ『息長氏』参照）。

息長氏族はもと宇佐国造の支流で、五十猛神が始祖の天孫系（初代神武を祖とする皇統と同族の流れ）であり、広い意味で邪馬台国以降のわが国は万世一系の王統といえよう。

○皇親系氏族の姓は、八色之姓制定以前は「君」（「公」とも書くが、奈良中期以降は一般に「公」と表記）

であったが、制定以後はそのうち有力な氏族は「真人」を賜った。それが平安初期頃から真人姓氏族の不振を反映してか、新しく臣籍に降った氏族は朝臣姓となった。

皇親系氏族の居住地は、息長一族が近江及びその周辺、継体天皇後裔の三国君が越前、宣化天皇後裔氏族が摂津であったが、欽明天皇以降の天皇の後裔は、母系の住居地を承いで大和に居住の当麻君（真人）という例外を除き、京及びその周辺に住むことが多い。

○皇親系氏族の姓氏及びそれから発生した主な苗字をあげると、次の通り。なお、苗字は（）内に記した。以下は同じ記述例による。

(1) **若渟毛二俣命後裔**……「息長氏族」（氏族諸氏の詳細は本シリーズ『息長氏』を参照されたい）。

息長君、息長真人（録・左京皇別〔以下では「皇別」を省略〕）。

南淵朝臣、槻本公、坂田宿祢（録・左京）、坂田朝臣、山道君、山道真人（録・左京、右京）、坂田酒人君、坂田酒人真人（録・左京）、波多君（羽田公）、八多真人（録・左京）、三国公、息長丹生真人（録・右京）、息長竹原公（録・山城）、息長連（録・右京）、息長宿祢、布勢君（布施―近江国蒲生郡人）、布勢宿祢、筑紫ノ米多君、長阪君、坂中井君。

●上掲の諸氏は、稚渟毛二俣命の長子の大郎子（実名は佐芸王、また鷲王か）の後裔であり、その弟の堅石王（迦多遅王と同人か）の後裔とみられる諸氏（木ノ酒部阿比古、宇陀ノ酒部、宇陀公、酒部君、御杖君）は、真人賜姓など皇親としての扱いはされない（これは、祖が大郎子の異母弟だった故かもしれない）。

(2)**継体天皇後裔**……三国君（祖の椀子皇子はあるいは安閑天皇と同人か）が代表的存在。

三国君、三国真人（録・左京、右京、山城。岡山―近江国人。大浦―摂津国川辺郡人。菊田、峰松―尾張熱田社祝部）、三国宿祢、三国豊道真人。

酒人公、酒人真人（録・大和。山県、阪内―安芸国山県郡人。坂戸―大和国城下郡住。金剛―同上族で散楽、大和国金剛院住、後二者は本来別族の可能性があり、その場合は服部連姓観世の同族か）、坂田公、坂田真人（録・右京）。

●遠江西部の井伊氏一族は、三国真人から出る系譜も伝えるが、藤原姓（北家良門流とも南家為憲流とも）とも称しており、水神信仰が強く見られ、実際には海神族系の三河・遠江の古族の流れか（丹波道主命後裔の穂国造や神服部連の同族か）。

(3)**宣化天皇後裔**……多治比真人氏が代表的で、奈良朝に有力官人を輩出したものの、平安期になると次第に衰え、後裔は平安後期には姿を消した。武蔵の丹党をこの出自とするのは系譜仮冒であり、武門諸氏で丹治姓を称する殆どが実際には古族後裔かとみられる。

丹比公、多治比真人（多治真人、丹治真人、丹墀真人。録・右京。久保、福井―大和国春日神人）、椎田君、猪名君（偉那君）、為奈真人（為名真人、猪名真人。録・右京、摂津。萱野―摂州豊嶋郡人。加野井、上嶋―播磨人）、川原公（録・摂津）、茨城公、茨城真人。

(4)**敏達天皇後裔**……橘朝臣氏が後世まで残り、諸国にもこの氏の出自と称するものが相当多いが、中央の公家官人以外の地方諸氏については大多数が疑問。武家で橘朝臣姓と称するものでは、伊予の越智国造族裔（橘遠保の族裔）か熊野国造族裔（河内の楠木正成一族）などで、物部氏族の系統から出た諸氏が多い模様である（本シリーズ『物部氏』参照）。

橘宿祢、橘朝臣（録・左京。薄―京官人、のち絶家。山科―九条家諸大夫。岸大路―京官人で近衛府。実花葉《みかば》―花山院家諸太夫。服部、中山―薄一族。頼―安芸人。橋本、薄田―右京梅宮神司で、橋本は上北面にもあり。梅若―丹波散楽師。海妻―丹波人。薬師寺、八木―京人。梅忠〔埋忠〕―京人刀鍛治、三条小鍛冶宗近の後。井川―河内人。

田中―近江国高嶋郡田中住で秀吉配下の大大名田中吉政を出すも、系譜に異説があり、おそらく古代物部氏族ないし和邇氏族の流れを汲むか。

近世の下級官人にも橘姓がかなりあり、青山（中務省史生）、宇郷（九条家諸大夫）、櫛田（二条家諸大夫、陣官人）、浜崎（西園寺家諸大夫）、角田（知恩院坊官・諸大夫）、玉木（聖護院宮侍）、上原（今出川侍）、野村（滝口）、袖岡（蔵人所衆）、岩垣（大舎人寮）などが橘姓と称したが、いずれも系譜・真偽等は不明。疑問有りの橘姓の苗字は省略）。

広岡朝臣、有良朝臣、甘南備真人（録・左京。神南、河村―河内人）、甘南備朝臣。

守山公、守山真人（録・左京）、路公、路真人（録・左京）、路三野真人、三野真人、高橋公、飛多真人（録・左京）、国見真人、大宅真人（録・左京。山角、山崎―山城人）、英多真人（録・左京）。

大原真人（録・左京。大原―大和人。小原―備中国都宇郡人。大原、神守、内小路、池辺、広辻、松島、広岡、綾幡、三辻、藤江、嶽氷、菅小路、宮後―尾張の熱田社家）、豊国真人（録・左京）、丘基真人、吉野真人（録・左京）、芳野朝臣、池上真人（録・左京。池尻―大和国人）、桑田真人（録・左京。桑田―丹波、備後にあり）、島根真人（録・左京）、山於真人（録・左京）、海上真人（録・左京）、清原真人（浄原真人。録・左京。道瀬、緘藤―越前国敦賀郡人）、波登理真人（服部真人）、香山真人（録・左京）、春日真人（録・右京）、高額真人（録・右京）、高額朝臣。

(5)**用明天皇後裔**……登美真人（録・左京。山中―和州春日神人）、当麻真人（録・右京。当麻―大和、相模、武蔵にあり。高田―大和国葛下郡高田邑より起る。土庫《どんご》、有井、広瀬―同上一族。都留、鶴―甲州都留郡人。功力、曽雌《そし》、小沢、小林、田辺―甲州人。大岡―大和人）、当麻朝臣、蜷淵真人（録・左京）。

大和国広瀬郡の長川党刀祢の箸尾氏は称藤原姓（良門流）も、通字等からみて当麻姓かとみられる。「当麻氏高田由緒記」には、麻呂古王の末流に当麻雅楽ノ正箸尾為方という表記が見える。一族に富河、新、大門、唐古、服部、木村、阪堂〔伴堂〕。

(6)**舒明天皇後裔**……舒明皇子の蚊屋（賀陽）皇子の後裔で、平安中期まで見える。

三島真人（録・左京。三嶋）、内真人（宇治真人）。

(7)**天智天皇後裔**……川嶋・志貴（施基）・大友の諸皇子の流れで、このうち春原朝臣が山城・京の祠官・官人として永く続いた。

淡海真人（録・左京。川嶋―近江国箕作辺に住。竹之下―相模人、これには疑問もあるか）、淡海朝臣（録・左京）、永世真人、永世朝臣、美作真人、近江真人、志賀真人、惟原朝臣（湯原―出雲国島根郡住人。羽根〔波根〕―石見国安濃郡人。岩原、伊原〔庵原〕、三保、福依、米原―湯原

一族。楢崎、宇多─備後国芦田郡人、宇多源氏とも称した湯原同族。これら湯原の一族は、天智天皇の皇子湯原親王後裔と称も、実系は駿河の盧原君末流で興津支流か）、美海真人、山科真人（山階─京人）、長井真人、岡原真人。

春原真人、春原朝臣（録・左京。藤森─山城国紀伊郡の藤森社神主。出雲路─京の下御霊社祠官。小栗栖、小野、錦部─山城人。藤嶋、赤塚、岩橋─藤森庶流の京官人で上北面。尾崎─山城国紀伊郡の伏見稲荷社神人。中川─有栖川宮諸大夫）。

(8)天武天皇後裔……多くの真人姓の諸氏が出て、高階真人及び清原真人、文室真人が平安前期まで栄えた。これら皇親系の後という中世の地方武家では殆ど皆、系譜仮冒に留意。

高階真人（録・左京。高階、玉井─大和国城上郡宗像神社祠官）、高階朝臣（高階─京官人、幕臣で医家。安宅─同上族。大谷、鳥居小路─京、青蓮院坊官。大渓─三宝院門跡坊官。佐々部─備後人。堀尾─尾張人、藤原姓ともいい、尾州葉栗郡の古族末裔か。別流で江戸期の大舎人寮史生にも高階姓の堀尾あり。山鹿、麻生、黒崎─筑前国遠賀郡人、下野宇都宮の猶子の後。吐山、谷川─大和国山辺郡人、この姓氏出自との所伝も疑問か。足利家宰の高一族は、高階朝臣姓と称するも仮冒で、常陸北部の多珂国造末裔か〔高宿祢か〕）。

藤原朝臣（長屋王の子、弟貞〔初名山背王〕の後）、永原朝臣（同上改姓。録・左京）、豊野真人（録・右京）、美和真人、豊岑真人、竜田真人、御高真人、清滝真人（柴原─美作人。大滝─石見人。吉尾─伯耆人）、清滝朝臣、三園真人（録・左京。御園真人）、笠原真人（録・左京。笠原─信濃に住）、清春真人。

清原真人（長野―豊後国玖珠郡人で、同郡に古後・帆足など一族が繁衍も、本来は別族か。山田―玖珠郡山田郷に起り、のち山田顕義伯爵家を出す。大隈―筑前国上座郡人。葉室、大久保、光永、中嶋、御手洗―在九州。肥後国天草郡の栖本、古江は菊池庶流と称も、山田支流か。貴志、田村―紀州那賀郡人、出自に疑問もあり実際には額田姓か。

・なお、芳賀など下野国芳賀郡に拠った下野清党の諸氏は、実際に清原真人姓に出自したかは疑問大で、毛野氏族の族裔か〔壬生公末流か〕。丹波の小畠、岩崎の一族は、出羽山北俘囚長の清原一族の出で、実際は古代奥羽の吉弥侯部の流れか。大和国添上郡の古市、葛上郡の倶尸羅《クシラ》〔櫛羅〕なども清原姓というが、総じて皆、疑問）、清原朝臣。

浄額真人、岡真人（録・左京）、御長真人（三長真人）、山辺真人（山辺）。

中原真人（近江北部に繁衍した諸氏を出したが、実際には息長丹生真人氏か犬上君氏の末裔か。一族の苗字では、余語、伊香、富永―近江国伊香郡人。井口、宮部、甲良など近江国愛智・犬上郡に住。藤堂―江州犬上郡人、武家華族、藤原朝臣姓とも称。多賀―江州犬上郡の大族で、出雲国島根郡や飛騨等に分る。三木―飛騨国益田郡の多賀一族。余語氏の後として中江や、尾張の佐々があり、称菅原姓）、中原朝臣。

文室真人（録・右京。安西―駿河国の有度八幡神主）、文室朝臣（二星、池田、印南、池口、小池、池内、芝山、向井―播磨人。文屋―江州愛智郡の客人二所権現〔押立神社〕祠官。南条、江川―伊豆国田方郡人。門間、黒田、間島―尾張人。五十嵐―越後、武蔵、相模、能登等にあり、実際は越後の古族の末裔か。萩原、有鹿―相模人、同上族）、文室宿祢、三山朝臣、三諸朝臣、有沢真人、長谷真人。

氷上真人（録・右京）、三原朝臣（録・左京。三原―武蔵にあり）、御方（三方）、御方宿祢、甲能（録・左京）、甲能朝臣。

(9)**文武天皇後裔**……高圓朝臣（録・右京）。

(10)**光仁天皇後裔**……広根朝臣（録・左京）、佐保真人。

(11)**桓武天皇後裔**……なかでも、葛原親王流の平朝臣が公家・武家として栄えた。この流れと称する苗字が繁多でも、関東を中心とする武家平氏はその殆どが系譜仮冒とみられる。長岡朝臣（録・左京。長岡、広畠、櫃園、望月、篁岡、三串、竹室、桑園、広松、中大路―尾張の熱田社家）、良峰朝臣（良峯朝臣。録・左京。平河、深田、山田、横瀬、永池、高田―肥後国球磨郡人。なお、尾張国丹羽郡の大族良峰氏は仮冒で、実際には多氏族の椋橋宿祢姓か）、平朝臣（後掲）、久賀朝臣（興我朝臣）。

●天長二年閏七月以降、数次にわたり平朝臣姓を賜ったのは、葛原・賀陽・萬多・仲野の四親王の後裔で、後世に残る平氏の殆どが葛原親王の子孫であり、大きく二流あった。

①その子・**平高棟の後**は公家として永く続き、権中納言惟仲の従兄弟・親信の流れは有職故実に通じ、「日記の家」と称された。親宗流・行親流などもあったが、近世まで残るのは信範流のみで、華族として西洞院、平松、長谷、交野、石井の五家。平時忠の後裔と称する能登の時国氏や大谷十二名（頼兼、則貞、頼政等の諸氏）は系譜に裏付けがなく、疑問。

②高棟の甥・**高望の後**は平清盛一門などを出し、この系統の武家は関東や伊勢などに大いに繁衍し

たように伝えるが、確実に平姓の武家は極めて少ない。平姓武士としてよいのは、平高望の長子国香の子、貞盛流の伊勢平氏の一部、その弟・繁盛流の常陸大掾一族・越後平氏、国香の弟・良兼流の尾張平氏、及び鎮西の一部の平氏（常陸大掾支流）くらいか。

源氏に滅ぼされた清盛一門では、頼朝に保護された池大納言頼盛の流れが鎌倉末期まで中下級公家として残ったくらい。若林〔尾崎〕―仁和寺宮諸大夫家として近世まで存続。生島―摂津国河辺郡生島荘に因み、桂宮諸大夫で、公卿への昇進者も数名。頼盛の兄弟、経盛の孫という経菊丸（源勝）を祖と称するが、系譜に裏付けがない。

このほかは、清盛兄弟の子孫という地方諸氏は殆ど信じ難い。頼盛流と称したものは多く、伊勢国一志郡の本居〔本折〕、紀伊国日高郡の汐崎〔塩崎〕、伊賀国山田郡の安村、和泉国大鳥郡の上神・小谷、越後国蒲原郡の山吉・池、讃岐の尾池などがある。

桓武天皇以降、仁明、文徳、光孝の各天皇の子孫にも平朝臣姓が与えられた。平氏を称する近世の京官人もかなりあり、その殆どが系統・真偽が不明だが、それらには、津田（伏見宮諸大夫）、丹羽（三条家諸大夫）、日比野（典薬寮史生）、梶江（中務省史生）、中大路（掃部寮史生で、もと岡松と号）、原（内舎人、縫殿寮史生）、吉村（内舎人）、河合（番長家）、赤尾（滝口）、土橋（蔵人所衆）、並河（滝口、青蓮院宮侍。相馬同族というも疑問、丹波出身か）、林（青蓮院宮侍）、川合（醍醐家侍）など。

武家華族として桓武平氏の系譜を称するのは、岩城、相馬、土屋、戸沢、平野、北条（伊勢氏庶流と称）、三浦、水野の諸氏と少ないうえ、その大多数が冒姓で、実態は殆どが古族末裔であろう。木下は平姓杉原一族の出のような系譜をもつが、これも疑問、高台院の縁で豊臣朝臣姓を称した。明らかに皇裔とは別系の織田、鳥居も冒姓で平氏を称した。

(12)**平城天皇後裔**……在原朝臣（京官人で伏見宮侍の八木原は在原姓という）、在原真人。また、平安末期に見える在原宿祢も同族か。

●中世の武家で在原朝臣姓の諸氏は、殆どが業平後裔と称するも、みな疑問あり。足利家宰の高氏が在原業平落胤という師尚の子孫との称も虚構。このほかの称在原朝臣姓には、

・長野―伊勢、上野に住み、中世上野国の大族で、業平後裔と称。上州箕輪城主の長野一族は当地古族（毛野氏族の石上部君か）の末流で、和田、寺尾氏と同族か。

・荒尾、坂野―尾張国知多郡人、業平後裔と称するも、実際には同郡の和邇部臣末裔か。

・長谷川―大和国式下郡長谷川住人、おそらく系譜仮冒で大和古族（服部連か）の末か。法貴寺、唐古などが同郡住の長谷川党諸氏。吐山〔早山〕―山辺郡人、長谷川氏と同族で、高階姓また藤原姓と称。幸《こう》―散楽者で幸流小鼓、在原姓を称するも服部・結崎の族か。

・土佐国高岡郡の津野氏は、在原姓とも称したが疑問。讃岐の紀氏一族末流か。

(13)**嵯峨天皇後裔**……源朝臣（録・左京）、春朝臣。

源朝臣は、嵯峨天皇の皇子信以下の男女三十数名に賜り、源朝臣信の戸籍に貫された。源朝臣姓は、嵯峨天皇の子孫のほか、これ以降、仁明、文徳、清和、陽成、光孝、宇多、醍醐、村上、花山、三条、後三条、順徳、後嵯峨、後深草、正親町の各天皇の子孫に賜姓。

嵯峨源氏では、河原左大臣源融の後裔と称するものが後の世にあらわれ、摂津の渡辺党と肥前の

松浦党の流れとなった（両党の一族諸氏の苗字は繁多につき省略）。

●渡辺党関係…渡辺源次綱の子の源太久の子、滝口大夫安及び源六貞・精等兄弟の流れ。渡辺―摂津国西成郡渡辺より起り、甲斐（囚獄佐家）、安芸に分る。他氏も含め党的活動あり。紀伊国在田郡の湯浅党には、藤並、福室、川上など嵯峨源氏出自の諸氏があった。

●松浦党関係…源太久の子、正が大宰府傔仗となり、肥前国松浦郡に住んで祖となった。松浦党の嫡宗家は宇野御厨執行で、一族諸氏は松浦郡や壱岐を勢力圏として、中世大いに繁衍した。支流の峯氏から出た平戸氏が最も勢力を得て松浦と名乗り、戦国大名次いで幕藩大名、武家華族。上松浦党の首領は波多氏。松浦党には養猶子・通婚関係を基に異姓（安倍宗任後裔の牟田部・鶴田など）の諸氏をかなり多く包含し、南北朝期以降に異姓諸氏を同族化する動きが顕著に見える。上掲の安倍氏のほか、宇久氏は五島列島（南松浦郡）の住民で幕藩大名五島氏となり、嵯峨源氏流とも称するが、物部一族で古代末羅国造の末裔。

●その他…箕田―武蔵国足立郡人。入交《いりまじり》―土佐国香美郡に住、渡辺党の出ともいう。

(14)**清和天皇後裔**……源朝臣。いわゆる清和源氏であり、清和天皇の皇子女たる長淵・長鑒・載子（貞観十五年賜姓）、長頼（貞観十八年賜姓）及び貞固・貞元・貞保・貞純・貞数・貞真の各親王の諸子に対して、数次にわたる賜姓あり。その殆どが子孫が長くは続かず、貞純親王の子の源経基（六孫王。源氏賜姓の時期は諸説あるも、延喜二十年六月説が妥当か）の後のみが武家として大いに栄えた。公家では、足利将軍家義輝の推挙により久我家諸大夫から格上げされた竹内家のみがこの源氏から出た華族（竹内氏の清和源氏〔義光流の平賀支流と称〕は冒姓で、実際の出自は山城国乙訓郡久我郷に起る久我直の末流と推定される)。

武家としては鎌倉・室町幕府の将軍家を出して勢威があり、源氏各氏の苗字は畿内以東の地(とくに摂津、河内、大和、近江、美濃、尾張、三河、甲斐、信濃、上野、下野、常陸など)に起源したものが多く、足利、新田、武田、小笠原、南部、佐竹、多田、山田の一族など極めて多数ある。南北朝期以降は全国に広く分布したが、なかには系譜仮冒も相当に多い。とくに戦国期以降の武家源氏の系図には十分な注意を要するし、美濃の土岐氏、信濃の井上氏、村上氏や陸奥国石川郡の石川氏でも、源氏出自の確実な裏付けがない。

武家華族では、清和源氏として確かなものは小笠原、喜連川〔足利〕、佐竹、津軽、南部、細川、山名といった鎌倉期以来の家くらい。次に、松前、溝口、柳沢などの諸氏は、清和源氏出自という点では、比較的信頼がおけそうである(具体的な系譜は家伝通りでもないものもある模様。米倉には疑問も留保)。浅野、関、土岐の美濃源氏系統は、出自が清和源氏かどうか疑問が残る。これ以外の石川、板倉、市橋、稲垣、井上、植村、大河内〔松平〕、太田、片桐、五島、酒井、榊原、真田、諏訪、仙石、高木、土屋、土井、中川、西尾、丹羽、蜂須賀、林、土方、保科、堀〔奥田〕、本堂、松井〔松平〕、松平、水野、森、米津などの諸氏には、疑問点が多くあり、総じてむしろ否定的にみられる。

『尊卑分脈』は、南北朝期までの人物を掲載する系図では信頼性が比較的高いが、それでも武家源氏諸流の初期段階等の系譜記事には、疑問点が少なくない。明治期に星野恒博士が石清水文書に基づき六孫王は陽成源氏だという説を出し、最近でもまだこれに同調する学者がいるが、疑問が大きい。すなわち、当該文書自体に大きな疑問があるうえ、源経基と陽成皇子元平親王が同世代(没年が同じで、生年は後者が五年ほど早いか)であって、前者を後者の子とする陽成源氏説は、生物学的に成立し難い（朧谷寿著『清和源氏』もほぼ同説）。貞純親王流は経基の諸子から出て各地で発展し、武家嫡流は「満仲—頼信—頼義—義家」と続いて、二度の奥州合戦に勝利した義家は源氏の棟梁としての地位を確立した。

(15)以下の皇族系氏族では、源朝臣、平朝臣以外にも、統《むね》朝臣（淳和天皇裔）、貞朝臣（仁明天皇裔）、滋水朝臣（光孝天皇裔）がある。源平二姓以外は早くに絶えた模様で、後裔の氏は知られない。嵯峨源氏及び清和源氏を除く、その他の源氏・平氏については、次の通りで、宇多・醍醐・村上の諸源氏が公家・官人で後世まで続いた。

仁明源氏……纐纈《はなぶさ》〔花房〕—美濃国可児郡に起り、一族は備前に住。実際には美濃の守君末裔か。

一族に根村―美濃人。

文徳源氏……坂戸、福田、松尾、鳥羽、小木、閑井—河内国大県郡坂戸牧住、北面の武官など中下級官人として室町期まで見えるが、藤原氏などが系に入る。

陽成源氏……山田。なお、武家の清和源氏はその実、陽成源氏とみる説は疑問大。

光孝平氏……隅田〔角田〕、柚木、大岩、岩崎—駿河国安倍・有度郡に住、実際には駿河国富士郡の和邇部宿祢一族の出か。平姓を称する安倍郡の藁科、有度郡の手越も同族か。出羽の戸沢氏は光孝平氏・平兼盛の後裔を称も、実際は陸奥の毛野氏族末裔か。

光孝源氏……七條—大仏工。

宇多源氏……庭田、綾小路、五辻、大原、慈光寺—公家華族。佐佐木野、葛岡、田向、見雲、六角—公家で絶家。岡崎、春日—諸大夫家。北小路—京官人、もと勘解由小路、中川と称。青蓮院坊

官の谷氏もおり、伊予の宇和郡に下向して御荘、竹中氏。

武家では、近江の佐々木一族が近江・出雲などに繁衍し、宇多源氏を称するが疑問大で、佐々貴山君の後裔の系譜仮冒（一族のなかに宇多源氏の流れもあったとみるのは疑問）。

醍醐源氏……中世以降は中下級官人として存続。信濃小路―九条家諸大夫、橘姓とも称。森、岡本―久我家諸大夫。西野―常陸人。堂上の富小路（摂家二条支流と称）は当流盛明親王後裔の家に浄土寺門跡侍法師の子が猶子となったのが起源（藤原姓は仮冒）。

村上源氏……久我、中院、六条、岩倉、千種、東久世、久世、梅渓、愛宕、植松―公家華族。北畠―伊勢国一志郡多芸にあり、公家でもあったが絶家。北畠一族で伊勢住が多く、陸奥の北畠一族では、津軽郡に波岡（浪岡、行岳《なみおか》）。なお、播磨の赤松一族、伯耆の名和一族、伊予の村上一族は村上源氏を称するが、いずれも仮冒で古族末裔。

花山源氏……白川〔白河〕―公家華族、神祇伯家で世々伯に任じて王氏に復した。

三条源氏……南長尾、鳴滝〔成多喜〕―仁和寺坊官。

後三条源氏……田代―伊豆国田方郡に起り、常陸和泉に住。但し、系譜は疑問で、実際には清和源氏多田一族の出か。

正親町源氏……広幡―公家華族、九清華の一、ただし後に続く実際の血脈は藤原氏。

(16) その他

●出自不明であるが、賜姓記事等から皇親系と認められるもの

飛鳥真人、畝火真人、清海真人、清岳真人、栗前真人、志紀真人、高澄真人、都長真人、豊島真人、

奈良真人、丹生真人、春岳真人（春岡真人）、常道真人、真春真人、三谷真人、宗高真人、室原真人、大和真人、仲真人。

●賜姓はないが、その他天皇の後裔……世々親王であった四宮家、伏見宮（北朝崇光天皇後裔）、桂宮（正親町天皇後裔）、有栖川宮（後陽成天皇後裔）、閑院宮（東山天皇後裔）。

幕末から明治にかけての時期に、伏見宮から山階・久邇・賀陽・朝香・東久邇・小松・北白川・竹田・華頂・東伏見・梨本の十一宮家が分立したが、これら宮家一族は戦後、宮家の号を苗字として臣籍に降った。戦後も存続した大正天皇の子孫の秩父宮、高松宮は絶え、現在存続の宮家は三笠宮、桂宮、高円宮、常陸宮、秋篠宮。

●このほか、天皇後裔とされる苗字は次の通り。

後嵯峨天皇後裔……祐乗坊—惟康親王末流、医師。

亀山天皇後裔……常盤井宮—宮家はのちに断絶。

後伏見天皇後裔……高千穂—豊前国田河郡の彦山権現別当家、慶応に僧官返上して英彦山神社大宮司に任じ、明治に華族に列。姓氏がなく、鈴木真年は「王氏」と記す。

後二条天皇後裔……木寺宮、花町宮—この両宮家はのちに断絶。前者の子孫は遠江国敷智郡・京にもあって、木寺、赤津。

崇光天皇後裔……安藤—丹波に住。

称後醍醐天皇後裔……奈須—大塔宮護良親王末流といい、官人・幕臣にあって医師。

以下にあげる後南朝関係の苗字も系譜に確認しがたいことが多く、殆どが疑問か。

称後村上天皇後裔……岩田、珠城、堀—大和に住。高来—肥前に住。近江の篠原、周防の久富、肥後の山尾などは母系の苗字を名乗るというが、皇裔かどうかは不明。

称後亀山天皇後裔……浅里（朝里）―紀州牟婁郡に住。熊沢―尾張に住。川瀬―紀州人。

Ⅱ 皇別系氏族

○『姓氏録』では、初代天皇とされる神武天皇及びその兄弟の後裔（と称するものも含む）の氏族を「皇別」と位置づける。そのうち、皇親系氏族以外の皇別氏族について「皇別系氏族」（いわば称皇別系氏族も含むが）として、ここに掲げる。

○天皇家の上古系図は、相当早い時期（七世紀前半の蘇我馬子、聖徳太子による『天皇記』『国記』の編纂時か或いは更にそれ以前）に整理・改編されたと推され、原形は極めて探索しにくい。皇統男系の万世一系伝承には疑問があり、①神武から仲哀まで、②応神から武烈まで、③継体以降、という三つの皇統部分に分れ、後の二者は同系（息長系）であって（広く天孫族の範囲で見ると一系）、仲哀天皇の死後に姻戚の応神天皇が皇位を簒奪した、とみられる。

一般に皇別系氏族とされる氏族は、実際には大半が非皇別氏族とみられる。言い換れば、神武天皇から仲哀天皇までの初期諸天皇から出た氏族は、多・阿倍などを除くと殆どが後世に残らない。その場合、非皇別氏族とはいえ、応神天皇以降の皇統とは遠祖が同じで早く先に分岐したもの（角凝魂命〔五十猛命のこと〕を共通の遠祖神の名とする）や海神族系氏族の紛れ込みもあり、実際の系譜はさておき、便宜上、本書では以下の皇族系氏族に記した。

○皇別系とされる氏族を概観してあげると、次の通り。

(1)**神武天皇皇子、神八井耳命後裔**氏族……「多氏族」。この氏族と称する諸氏全てが神武天皇の後裔とすることには疑問があり、出自等で相当複雑な構成をもった。神武の兄・稲飯命の後と称する新良貴が『姓氏録』右京皇別に見え、新羅王家朴氏の後裔と称される。

多氏族は、神武天皇の皇子神八井耳命から出て、大和国十市郡多村（『和名抄』の飯富郷、現・磯城郡田原本町多）の多坐弥志理都比古神社を氏神として奉斎した。多神社の祭神・弥志理都比古神とは「水知津彦」の意とみられ、水神であろう。同族の科野国造は皇祖神たる生島足島神を奉斎することから、皇族後裔の系譜は信拠できよう。

多臣から分出したと称する氏も多く、分布は全国的であった。その流れは大きく五つほどで、大和など畿内、尾張・伊勢地方、常陸・磐城地方、信濃、九州・四国の西海方面に分かれるが、実際の系譜としてはおそらく二流で、九州系統と畿内から東海・東国方面の系統とに分類される。前者は宇佐国造と同族の流れとみられて本来は別族であり、多臣氏を含む後者は上古の勢力があまり大きくはなかった。多臣の実質的な祖として崇神前代の敷桁彦命《しきたなひこ》があげられ、その近親から中央の大族阿倍氏が出たとみられる。

地方の国造としては、東国の科野国造、仲国造（常陸国那珂郡）、印波国造（下総国印幡郡）、長狭国造（上総国長狭郡）、石城国造（陸奥国磐城郡。実際には疑問か）、闘鶏国造（後に国造は廃止）、及び九州・四国の諸国造（阿蘇、火、大分、伊余。系譜的に疑問）と数多い。

多氏族とされる**姓氏及びそれから発生した主な苗字**は次の通り（九州四国関係を除く）。

①**大和等畿内**……多臣（意富臣）、多朝臣（太朝臣。録・左京。多―大和国十市郡多神社祠官。植田―多支族。多―京伶人、多神社祠官家と別系で具体的な出自不明も信濃あたりから出た支族か、

宿祢からの改姓)、多宿祢、小子部連(録・和泉)、小子部宿祢(録・左京。岡橋—大和国十市郡人。戸部〔小部〕—雅楽人)、太物忌臣。

雀部造、雀部臣(録・和泉)、小泊瀬造(小長谷造)、小泊瀬連(小長谷連)、小長谷宿祢(小長宿祢。中田—遠江国中田住人。志村—信濃人、後に遷甲州山梨郡。鎮目—甲州人)、小長谷朝臣、都祁《つげ》直(都介直。小山戸、喜多〔北〕—大和国山辺郡の都介水分社神主で称藤原姓。鞆田〔友田〕—山辺郡人。同郡都介野村等の多田、深田、大門、白石、神田〔迎田〕、水涌《みずわき》、相川も同族か。水涌等は素盞嗚神後裔とも称)、坂合部連(坂合部—大和人)。雀部・坂合部は異系の疑いもある。

『姓氏録』では「彦八井耳命」(『記』では神武天皇の皇子とされ、『姓氏録』では神八井耳命の男とされる。『書紀』には見えない)の後という一群の諸氏がある。河内国北西部の茨田郡を本拠の茨田連のグループで、祖は多一族の武多伎利命の模様であり、多氏族としてよい。

茨田連(録・右京、山城。大和国葛上郡の野口、西京は族裔と伝う)、茨田宿祢(録・河内。茨田—河内国茨田郡人)、志紀首(録・右京、河内)、志紀県主(録・河内、和泉)、志紀宿祢、紺口県主(録・河内)、下家連(録・河内)、薗部(園部。録・右京)、豊嶋連(手島連。録・摂津)、松津首(録・摂津)、江首(録・河内)、尾張部(録・河内)。

②**尾張・伊勢地方**……島田臣(録・右京)、島田朝臣(島田—尾張国海部郡人)、県連(爾波県連。村瀬—尾張国丹羽郡の梻埜神社祠官。もと磯貝といい、藤原姓の村瀬も同族か)、県主前刀連、丹羽臣(鷲津、内田—尾張国丹羽郡人)、椋橋宿祢(良峯朝臣また橘朝臣姓と称。丹羽—尾州丹羽郡人、武家華族で清和源氏一色一族と称。椋橋、井上、前野、吉田、小坂、前口、立木田、成海、坂崎、和田、前刀、小口、榎社、横尾、長塩、原、広戸、林、池上、立木、羽黒、岩部、箱羽、上野、

下野、小弓、川井、大野―以上、同州の丹羽郡に繁衍。諸戸―丹羽同族、伊勢に住。稲田―尾張人、蜂須賀家重臣で淡路領主、武家華族。石塚―越前国敦賀郡に住、小弓の一族。また、丹羽郡高木に起った武家華族高木氏は、清和源氏頼親流と称したが、丹羽同族か）。県宿祢もあり、県連の後か。

伊勢ノ船来直（船木直。船木―伊勢国朝明郡舟木明神祠官。西脇―同郡耳利神社祠官）、船木臣、船木宿祢（舟木、堀内―伊勢国一志郡人。乙部、中村―伊勢人）。

③**両総・常陸地方**……大伴直（大部直。印波国造末流。印波、八代、船本、印東、稷山、門山、湯浅―下総国印旛郡人）、壬生直（印旛郡麻賀多神社神主家で称源姓・藤原姓の太田氏は末流か）、長狭直（長狭―長狭国造末流、上総国人）、春部直、日下部使主。

壬生直（那珂国造〔仲国造〕末流で行方郡領）、宇治部直（同じく那珂郡領。那珂郡の大井神社祠官松本、藤内神社や入野鹿島明神の祠官家横塚・床宿〔徳宿〕、古内の鹿島神社祠官家の鯉淵や同郡等の石川、大生、飯野は那珂国造族裔か）、仲臣（那珂臣。称大中臣朝臣姓。那珂、中郡、藤井、青山、雨谷―常陸の那珂・茨城郡人。大泉、大槻―同国新治郡人。三条、大槻、堀切、栗林―越後国蒲原郡人。金山、桐村―丹波国天田郡人。和具、岡―志摩国英虞郡人。また、常陸の在庁官人で那珂郡吉田郷に起る大中臣姓の香丸〔幸丸〕も同族か）、大舎人部（大舎人。大舎人、箕河、阿佐、浅野、田所、阿久津―常陸国那珂郡の吉田神社祠官一族で、田所は大宮司。同社鍵取の蔀、権守、宮部も同族か）。鹿島臣も鹿島郡を領域とした那珂国造一族か。

なお、於保磐城臣（石城国造末流）は、奥羽の丈部同族の流れなら別流か。於保宿祢も史料に見え、こちらは多氏族か阿倍氏族の出で、越国の於保臣とも関係もあるか。

④**信濃**……信濃君（信濃公、科野君）、金刺舎人直、金刺直、金刺連、金刺宿祢（金刺―諏訪下社大祝。

諏方―鎌倉北条氏家人。手塚、武井〔武居、竹居〕、山田、今井、神、上泉、小泉、蔦木、春日、中村、大輪〔尾和、大和〕、高木、辰野、北原、神原〔上原〕、古田、高木、林―信濃国諏訪郡人。小野―陸奥会津人）、他田直、他田舎人直、他田舎人造（他田、長田、跡目、中津乗、依田、手塚、穴水、深沢―信濃国小県郡人。飯田―伊那郡人。五味―信州から甲斐、播磨に分る。このほか、称清和源氏の信濃の諸氏には、金刺舎人ともども族裔が多く入り混むか）、大朝臣、久米舎人、倉橋部造。

百済系渡来人の科野（斯那奴）氏は、科野国造一族が韓地に渡り、百済に遺した後裔の本邦回帰とみられ、奈良期に清田造（後に宿祢）、石橋連を賜姓。なお、神人部直、神人部宿祢の後の諏訪神党との系譜混淆があるか（諏訪上社大祝などで、諏訪・伊那郡等に一族繁多。拙著『三輪氏』を参照）。

(2)**安寧天皇皇子、磯城津彦命後裔**と称する氏族……『姓氏録』等に記す磯城津彦命が、安寧天皇（磯城津彦玉手看）の皇子かは疑問が大きい。三輪君祖天日方奇日方命の子ないし孫の磯城津彦命と同人であって、職掌などからみて、実際には海神族の出とみられる。神別の生魂命（活玉命。実は皇祖神天照大神のこと）の後裔という系譜を持つ猪使連（『旧事紀』の神代本紀）及び新田部直（同、天神本紀）の存在からみて、その同族であろう。須知及び名張は伊賀国名張郡、三野は同国伊賀郡の地名（いずれも現名張市域）。

伊賀ノ須知稲置、名張稲置（那婆理稲置）、新田部連、新田部宿祢（録・左京。田橋―石見人）、猪使連（猪使、本郷―和泉国日根郡人）、猪使宿祢（録・右京）、伊賀ノ三野稲置。

(3)**孝昭天皇皇子、天足彦国押人命後裔**と称する氏族……「和邇氏族」。孝昭天皇の後裔とすることは疑問が大きく、和邇臣の祖としては孝昭天皇とほぼ同世代の押彦があげられる。海神族阿曇連と同族で、その本宗的なもの（詳細は本シリーズの『和珥氏』参照）。

(4)**孝霊天皇皇子、稚武彦命等兄弟後裔**と称する氏族……「吉備氏族」。吉備氏族の祖たる吉備津彦命・稚武彦命兄弟の父について、記紀のいう孝霊天皇とすることは疑問が大きい。吉備氏の初期系譜は、極めて難解で十分な検討を要するが、実際には三輪同族の海神族系、彦坐王同族の流れで、吉備津彦兄弟の流れが主系統であり（これに鴨氏族系統の混淆が笠氏など若干ある）、能登国造や毛野氏の同族とみられる（詳細は本シリーズの『吉備氏』参照）。

(5)**孝元天皇皇子と称する大彦命の後裔**氏族……「阿倍氏族」。大彦命の父を孝元天皇とするのは位置づけに疑問があり、多氏族の初期分岐か（詳細は本シリーズの『阿倍氏』参照）。

(6)**孝元天皇皇子と称する彦太忍信命の後裔**氏族……「葛城氏族」「蘇我氏族」「紀氏族」など。その大部分は武内宿祢の後裔と位置づけられ、葛城・蘇我・波多・紀・平群・巨勢の有力大族を出したと伝える。武内宿祢の実在性（実際には複数いたか）が認められても、その後裔系譜では葛城臣一族以外は皇裔としては疑問が多々あり（実際には非王族）、個別に記述（詳細は本シリーズの『葛城氏』『紀氏』などを参照）。

このほか、記紀に孝元天皇皇子とされる武埴安彦命の子・多米古命を祖と称する岡屋臣（岡屋、加木波―河内国加木波庄より起る）、岡屋朝臣。右京の岡屋公（録・山城諸蕃の岡屋公の後か。岡屋―山城国宇治郡岡屋郷の人）が貞観期に八太屋代宿祢より出たと称し八多朝臣姓を賜ったが、これらはみな同族か。岡屋氏に連・首・宿祢姓もある。

(7)**開化天皇の皇子と称する彦坐王の後裔**氏族……「丹波（日下部）氏族」。彦坐王の父は開化天皇とは別人である可能性が高く、実際の出自は三輪氏族磯城県主の初期分流か。須知稲置・名張稲置らの祖の磯城津彦命の流れと同族で（本姓は磯部か）、多芸志比古命の後裔とみられる。大王族との頻繁な通婚から彦坐王一族から出た諸氏の地位は高く、同族ともども準王族としての待遇を受けたとみられる。

(8)**開化天皇の皇子と称する武豊歯頬別命の後裔**氏族……日下部氏族と密接な関係を有する氏族で、道守臣・稲羽造・忍海部造などの諸氏が含まれる。武豊歯頬別命は彦坐王とは父親ないしは同人という関係とみられ、「丹波（日下部）氏族」に一括する。

(9)**崇神天皇の皇子と称する豊城入彦命の後裔**氏族……「毛野氏族」。この氏族の実質的な祖は御諸別命であり、これが豊城入彦命の曽孫とされる。豊城入彦命の系譜は実際には非王族で、彦坐王の近い同族（三輪君の初期段階、磯城県主の分かれ）で、吉備氏の同族かとみられる。

(10)**崇神天皇の皇子と称する大入来命の後裔**氏族……能登国造があり、能登・越中など北陸に繁衍した。その系譜は、別系のように伝えても、本来は毛野同族とみられる。大入来命は活目帝（垂仁天皇）の皇子とも伝えるが（「国造本紀」）、豊城入彦命ないし彦狭島命と同人か近親の可能性が強い。毛野氏族という佐味君は能登君支流か。

能登国鹿島郡から出た大族温井（抜井）氏は藤原朝臣姓と称するが、能登国造同系か。同じく藤原姓という羽咋郡の土田・得田（徳田）・酒井・大津氏も同系か。酒井同族に、羽咋郡手速比咩神社祠官の嵯峨井氏。

(11)**垂仁天皇後裔**と称する氏族……いずれも垂仁天皇の皇子で景行天皇の兄弟とされる者の後裔と称するが、世代的に考えると系譜は疑問である。この氏族の多くは宇佐国造の支流で、火・筑紫国造などの祖・建緒組命の後裔とみられ、その始祖は武貝児命（讃留霊王と称される讃岐国造の祖で、建緒組命の子）とみられる（詳細は本シリーズの『息長氏』参照）。

(12)**景行天皇後裔**と称する氏族……この大部分は、称垂仁裔氏族とともに、応神天皇の近い祖先から分岐した息長氏系統の傍流とみられる（両氏族とも、拙著『息長氏』を参照）。

(13)**仲哀天皇後裔**と称する氏族……仲哀天皇の皇子と称する誉屋別皇子（品夜別命。その実体は応神の弟、稚渟毛二俣命と同人か）の後裔が殆どか（詳細は本シリーズの『息長氏』参照）。

間人造（録・山城）、間人宿祢（録・左京）、布施公（録・山城）、蘇宜部首（録・河内）。

磯部臣（録・河内。磯部、梅林、風和、沖見、橋詰—尾張の熱田社祠官。「磯部」の名前等からは系譜仮冒の可能性もあるようだが、系譜の詳細が不明）、磯部宿祢（磯部—河内人、京にて北面

官人。速見、河端―下北面の官人で、称藤原姓。筥崎―筑前人)。

(14)**応神天皇皇子の大山守命の後裔**氏族……遠江国造家と通婚して遠州城飼郡に起り、東隣の榛原郡もあわせた地域に居住した。

土形公(土方―遠江国城飼郡人。入山瀬、篠原、門屋、丹野、小沢、鷲塚―遠江の土方一族。三沢―武蔵国多摩郡士淵荘に住)、榛原公(録・摂津。榛原―遠江国榛原郡人)、蓁原(録・河内)、日置君(幣岐君)、日置朝臣(録。日置―遠江国城飼郡人)。

他の応神皇子の後裔と伝える氏には、深川別(去来真稚命の後という。後裔が大和国山辺郡の深川氏か)、大田君(根鳥命の後という)。これらは後裔が遺らず、詳細は不明。

Ⅲ　箕子朝鮮系氏族

○箕子朝鮮の王族後裔としては、朝鮮半島に箕氏、韓氏、鮮于氏、奇氏や百済の答本《とうほん》氏などが伝えられ、その後も朝鮮にあった氏族では忠清北道の**清州韓氏**が著名である。

○日本列島では、百済滅亡のときに投化してきた答本氏、韓氏が知られ、しばらくこの氏の名で活動した後に、前者が麻田連、後者が広海連を賜姓して、『姓氏録』に記載される。

主な姓氏と苗字としては、

麻田連(録・右京)、麻田宿祢(麻田―摂津人)、広海造(韓男成らが賜姓)、広海連(録・右京)。

中山連を賜姓した百済人・韓遠智らも広い意味で同族か。

○大伽耶王家一族の後裔諸氏についても、本文中の掲載にとどめる。

○天日矛一族も天孫族と広義の同族という可能性が大きいが、その族流の諸氏は省略する

書紀の在位年数	実際の在位年数	（世代）	その推定計算根拠
年	年		
	(1.75)		・神武～仁徳間は、『書紀』に記す在位年数の1/4と考える。ただし、垂仁・仲哀・応神などに例外的計算がある。 ・神武東遷の所要期間の一案 7年×1/4＝1.75年 貝田氏は神武の東遷開始年及び元年を記さないが、その計算方法に基づき記した。
76	19	①	
(空位3年)	(空0.75)		
33	8.25	②	
38	9.5		
34	20.75	③	
(空位1年)	(空0.25)		
83	8.5	④	・懿徳と孝昭、孝安は在位年数や即位順に問題があるようで、「天皇本紀」等を基に見直すと、実態は懿徳（20.75）→孝安（8.5）→孝昭（25.5）という順か。
102	25.5		
76	19	⑤	
57	14.25		
60	15	⑥	
68	17		
99	10	⑦	・垂仁、神功皇后、仲哀、応神の在位年数は、これらの総合計のなかで調整した推定値。
60	15		
60	15	⑧	・成務崩御後に神功皇后摂政。 仲哀崩御後にも、神功が摂政か。 神功の69年に仲哀の9年も包摂とみる。
(空位1年)	(空0.25)		
9	神功8.25		
69	仲哀9	⑨	
41	23		・応神崩御後の空位2年（実質半年）は宇治天皇在位か。
(空位2年)	(空位0.5)		
87	21.75	⑩	・仁徳の在位期間87/4＝21.75
6	3	⑪	・『書紀』に記す在位年数の1/2と考える。 （履中～允恭）
5	2.5		
(空位1年)	21		
42	(空位0.5)		
3	2.5	⑫	・安康から原則、紀年の伸びは無い。 ・雄略即位前紀以下の年数は、継体を除き、『書紀』に記す年数と同じに考える。
23	23		
5	5	⑬	・清寧崩御後に飯豊皇女摂政（在位か）で、併せて治世5年。 ・武烈治世は継体治世と重複とみる。継体の実質的な元年は西暦515年。
3	3		
11	11		
8	8		
25	19		※少なくも雄略朝以降の『書紀』の紀年は元嘉暦で記載。
(空白2年)			
2	2	⑭	
4	4		
32	32		・安閑の崩年乙卯年（＝535年）は記紀で合致。『書紀』の紀年は、安閑以後ではほぼ信頼できるか。 太歳干支は敏達以下を省略。
	採用値の根拠年数		

世代	継承順	天皇名	事件	推計式の理論値	書紀の太歳	その比定値(A)	採用値	《参考》貝田氏の推計値	備考
				西暦年			西暦年	西暦年	
			東遷開始		甲寅	174	174	174	・神武元年は「太歳」と
①	1	神武	元年	175	(辛酉)	181	175	(176)	しては記入されない。
			崩御年	196			崩194		
		(手研耳命)	(元年)		己卯	199	(194)	195	・己卯は綏靖が手研耳命
②	2	綏靖	元年	196	庚辰	200	195		を射殺した年の太歳。
	3	安寧	〃		癸丑	233	203	203	おそらく、手研耳命の
									即位年か。
③	4	懿徳	〃	224	辛卯	211	212	213	空位3年も摂政時期か。
④	5	孝昭	〃	245	丙寅	246	233	221	
	6	孝安	〃		己丑	269	242	242	
⑤	7	孝霊	〃	274	辛未	251	267	267	・3世紀後葉から古墳築
	8	孝元	〃		丁亥	267	286	286	造開始か。
⑥	9	開化	〃	302	甲申	324	300	300	
	10	崇神	〃		甲申	324	315	315	
⑦	11	垂仁	〃	331	壬辰	332	332	332	
	12	景行	〃		辛未	371	342	357	◎ 372,3年の夏季に
⑧	13	成務	〃	369	辛未	371	367	372	神功皇后征新羅か？
		(神功)	(元年)				372		
⑨	14	仲哀	〃		壬申	372	377	387	
		神功	摂政元年	380	辛巳	381	崩386	389	・神功39年にも太歳己未
			崩御年		己丑	389			が記載されるが、事情
	15	応神	元年		庚寅	390	390	407	不明。
			崩御年				崩413		・倭五王の遣使記事
⑩	16	仁徳	元年	409	癸酉	433	414	417	倭王讃の遣使
			崩御年				崩435		(413)、421、425
⑪	17	履中	元年	430	庚子	460	435	439	欠名倭王の遣使430
	18	反正	〃		丙午	466	438	442	倭王珍の遣使438/4月
	19	允恭	〃		壬子	472	441	445	倭王済の遣使443、451
			崩御年				崩462		欠名倭王の遣使460
⑫	20	安康	元年	466	甲午	451	462	466	世子興の授爵462/3月
	21	雄略	〃		丁酉	467	465	467	倭王武の遣使478
			崩御年				崩487	479	(倭王武の叙位479、502)
⑬	22	清寧	元年	495	庚申	480	488	480	
	23	顕宗	〃		乙丑	485	493	以下(A)に同じ	
	24	仁賢	〃		戊辰	488	496		
	25	武烈	〃		己卯	499	507		
			崩御年				崩514		
	26	継体	元年		丁亥	507	515		
							崩534		
⑭	27	安閑	〃	531	甲寅	534	534	534	
	28	宣化	〃		丙辰	536	536		
	29	欽明	〃		庚申	540	540		
			崩御年	(567)	辛卯	571			
記入要領			㋑推計式 $(174.7+13.0G_i+7.8\Sigma N_i)$ の値を四捨五入 ㋺天皇の崩御年＝その次の天皇の即位年として記入		理論値に近い干支の年を記入。採用値と同じ数値を□でくくる。		天皇の崩御年＝その次の天皇の即位年（元年の前年）、として記入。端数切捨て。	天皇の崩御年＝その次の天皇の即位年として記入。端数切捨て。	

【著者】

宝賀　寿男（ほうが・としお）

昭和21年（1946）生まれ。東大法卒。大蔵省を経て、弁護士。古代史、古代氏族の研究に取り組み、日本家系図学会会長、家系研究協議会会長などを務める。

著書に『古代氏族系譜集成』（古代氏族研究会、1986年）、『巨大古墳と古代王統譜』（青垣出版、2005年）、『「神武東征」の原像』（青垣出版、2006年）、『神功皇后と天日矛の伝承』（法令出版、2008年）、『越と出雲の夜明け』（法令出版、2009年）、『豊臣秀吉の系図学』（桃山堂、2014年）など、著作・論考が多数。

「古代氏族の研究」シリーズは『和珥氏―中国江南から来た海神族の流れ』（2012年3月刊）、『葛城氏―武内宿祢後裔の宗族』（2012年10月刊）、『阿倍氏―四道将軍の後裔たち』（2013年3月刊）、『大伴氏―列島原住民の流れを汲む名流武門』（2013年10月刊）、『中臣氏―卜占を担った古代占部の後裔』（2014年5月刊）、『息長氏―大王を輩出した鍛冶氏族』（2014年11月刊）、『三輪氏―大物主神の祭祀者』（2015年8月刊）、『物部氏―剣神奉斎の軍事大族』（2016年3月刊）、『吉備氏―桃太郎伝承をもつ地方大族』（2016年11月刊）、『紀氏・平群氏―韓地・征夷で活躍の大族』（2017年6月刊）、『秦氏・漢氏―渡来系の二大雄族』（2017年12月刊）、『尾張氏―后妃輩出の伝承をもつ東海の雄族』（2018年6月刊）に次いで13作目。

古代氏族の研究⑬

天皇氏族―天孫族の来た道

２０１８年 １１月２８日　初版印刷
２０１８年 １２月１７日　初版発行

著　者　宝　賀　寿　男
発行者　靍　井　忠　義

発行所　有限会社　青　垣　出　版
〒636-0246 奈良県磯城郡田原本町千代３８７の６
電話 0744-34-3838　Fax 0744-47-4625
e-mail　wanokuni@nifty.com
http：//book.geocities.jp/aogaki_wanokuni/index.html

発売元　株式会社　星　雲　社
〒112-0005 東京都文京区水道１－３－３０
電話 03-3868-3275 Fax 03-3868-6588

印刷所　モリモト印刷株式会社

printed in Japan　ISBN 978-4-434-25459-8

青垣出版の本

「神武東征」の原像〈新装版〉

ISBN978-4-434-23246-6

宝賀 寿男著

神武伝承の合理的解釈。「神話と史実の間」を探究、イワレヒコの実像に迫る。新装版発売

Ａ５判３４０ページ　本体２,０００円

巨大古墳と古代王統譜

ISBN978-4-434-06960-8

宝賀 寿男著

巨大古墳の被葬者が文献に登場していないはずがない。全国各地の巨大古墳の被葬者を徹底解明。

四六判３１２ページ　本体１,９００円

奈良を知る

日本書紀の山辺道《やまのへのみち》

ISBN978-4-434-13771-6

靍井 忠義著

纒向、三輪、布留…。初期ヤマト王権発祥の地の神話と考古学。

四六判１６８ページ　本体１,２００円

奈良を知る

日本書紀の飛鳥

ISBN978-4-434-15561-1

靍井 忠義著

６・７世紀の古代史の舞台は飛鳥にあった。飛鳥ガイド本の決定版。

四六判２８４ページ　本体１,６００円

日本書紀を歩く①

悲劇の皇子たち

ISBN978-4-434-23814-7

靍井 忠義著

皇位継承争い。謀反の疑いー。非業の死を遂げた皇子たち 22 人の列伝。

四六判１６８ページ　本体１,２００円

日本書紀を歩く②

葛城の神話と考古学

ISBN978-4-434-24501-5

靍井 忠義著

葛城は古代史に満ちている。最高格式の名神大社が７社もある。遺跡に満ちている。謎に満ちている。

四六判１６５ページ　本体１,２００円

小説 大津皇子―二上山《ふたかみやま》を弟《いろせ》と

ISBN978-4-434-18312-6

上島 秀友著

大津皇子謀反の真相…。二上山のふもとの雪の古寺、美しき尼僧が 1300 年の時を超えて語る。

四六判２７２ページ　本体１,５００円
